개념은 쉽게
기능은 빠르게
실무활용은 바로

회사에서 바로 통하는

엑셀
FOR STARTERS

전미진 지음

왕초보가 시작하는
엑셀 "입문"서

모든 버전 사용 가능
2010 2013 2016 2019

2021 Microsoft 365

한빛미디어
Hanbit Media, Inc.

지은이 전미진 (smileimp@naver.com)

삼성전자, 삼성항공, 삼성코닝, 삼성멀티캠퍼스, 삼성석유화학, 삼성토탈, 지역난방공사, 농협대학, 국민건강보험공단, 경기경제과학진흥원, 한국생산성본부 등에서 업무 개선을 위한 엑셀과 파워포인트, 프로그래밍 관련 강의를 진행했습니다. 저서로는 《회사에서 바로 통하는 실무 엑셀+파워포인트+워드&한글 : 개념은 쉽게, 기능은 빠르게, 실무활용은 바로》, 《회사에서 바로 통하는 실무 엑셀 최강 업무 활용법》, 《회사에서 바로 통하는 엑셀 실무 강의》, 《회사에서 바로 통하는 엑셀+파워포인트+워드 2016&한글 NEO&윈도우 10》 등이 있습니다.

회사에서 바로 통하는

엑셀 FOR STARTERS(개정판) : 왕초보가 시작하는 엑셀 입문서 - 모든 버전 사용 가능

초판 1쇄 발행 2022년 6월 10일
초판 4쇄 발행 2024년 10월 25일

지은이 전미진 / **펴낸이** 전태호
펴낸곳 한빛미디어(주) / **주소** 서울특별시 서대문구 연희로 2길 62 한빛미디어(주) IT출판1부
전화 02-325-5544 / **팩스** 02-336-7124
등록 1999년 6월 24일 제25100-2017-000058호 / **ISBN** 979-11-6224-570-5 13000

총괄 배윤미 / **책임편집** 장용희 / **기획 · 편집** 유희현 / **진행** 오희라
디자인 박정화 / **전산편집** 오정화
영업 김형진, 장경환, 조유미 / **마케팅** 박상용, 한종진, 이행은, 김선아, 고광일, 성화정, 김한솔 / **제작** 박성우, 김정우

이 책에 대한 의견이나 오탈자 및 잘못된 내용은 출판사 홈페이지나 아래 이메일로 알려주십시오.
파본은 구매처에서 교환하실 수 있습니다. 책값은 뒤표지에 표시되어 있습니다.

한빛미디어 홈페이지 www.hanbit.co.kr / 이메일 ask@hanbit.co.kr / 자료실 www.hanbit.co.kr/src/10570

지금 하지 않으면 할 수 없는 일이 있습니다.
책으로 펴내고 싶은 아이디어나 원고를 메일(writer@hanbit.co.kr)로 보내주세요.
한빛미디어(주)는 여러분의 소중한 경험과 지식을 기다리고 있습니다.

엑셀을 잘 다루고 싶나요?

엑셀은 회사에서 가장 많이 사용하는 소프트웨어로 누구나 한 번쯤 들어본 이름일 것입니다. 엑셀을 잘 다루기만 해도 업무를 빨리, 효율적으로 처리할 수 있으며 그러다 보면 유능하다는 말을 듣는 직장인이 될 수도 있습니다.

엑셀은 흔히 어렵다고 알려져 있고 실제로 어렵습니다. 잘 다루고 싶어 열심히 공부해도 생각만큼 쉽게 실력이 쌓이지 않습니다. 따라서 엑셀을 공부할 때는 자신에게 맞는 책을 찾는 것이 중요합니다. 아무리 좋은 책이라도 처음부터 어려운 내용을 접하거나 분량이 너무 방대하면 중간에 포기하는 경우가 많기 때문입니다.

핵심기능과 혼자해보기로 기초를 탄탄하게!

엑셀을 익힐 때는 처음부터 기초를 탄탄히 다지는 것이 매우 중요합니다. 엑셀은 기초 기능을 충실하게 익혀두어야만 실력을 쌓은 후에 여러 가지 기능을 복합적으로 연계해서 사용할 수 있습니다.

이 책은 엑셀의 기초 기능을 빠르게, 쉽게 익히고 싶은 독자들을 위한 책입니다. 꼭 알아두어야 할 기본적인 핵심기능이 103가지의 실무 예제로 구성되어 있습니다. 하루에 최소한 한두 가지 핵심기능만 익혀도 두 달이면 엑셀의 기본기를 완벽히 다질 수 있습니다. 또한 스스로 배운 내용을 복습하며 실습할 수 있도록 각각의 핵심기능과 연계된 혼자해보기 예제를 수록했습니다. 이 책에서 소개하는 엑셀의 핵심기능을 여러 차례 반복해서 학습하다 보면 어느새 엑셀의 기초를 완벽히 익힐 수 있을 것입니다.

엑셀에 대해 관심을 갖는 계기가 되기를!

마지막으로 이 책을 기획하고 완성할 때까지 격려와 노력을 아끼지 않은 유희현, 배윤미 기획자와 한빛미디어 관계자 분들에게 감사의 말씀을 드립니다. 이 책이 엑셀을 처음 사용하는 모든 분들의 기초를 탄탄하게 다지는 기본서가 되기를 바라며, 엑셀에 대해 관심을 가지는 계기가 되기를 바랍니다.

2022년 6월
전미진

엑셀 왕초보를 위한 이 책의 세 가지 특징

회사에서 바로 통하는 엑셀 FOR STARTERS로 엑셀을 배워야 하는 세 가지 이유!
엑셀 입문자에게 특화된 콘텐츠로 엑셀 왕초보라도 엑셀 공부를 바로 시작할 수 있습니다!

01 엑셀을 전혀 몰라도 따라 할 수 있다!

엑셀의 기본 화면 구성부터 데이터베이스 관리까지 한 권으로 배운다!
상세한 따라 하기로 엑셀 핵심기능을 단숨에 익힌다!
바로 통하는 TIP, 쉽고 빠른 엑셀 NOTE로 엑셀 활용 능력을 업그레이드한다!

02 모든 버전에서 엑셀을 학습할 수 있다!

버전별로 차이가 나는 부분은 버전 팁을 통해 설명하여 엑셀의 모든 버전에서 학습한다!
엑셀 2010, 2013, 2016, 2019, 2021, Microsoft 365 등에서 핵심기능 학습 방법을 꼼꼼하게
가이드한다!

03 혼자해보기로 복습해 실력을 탄탄히 기른다!

핵심기능에서 배운 내용을 다양한 실무 예제로 복습하며 엑셀 실력을 업그레이드한다!
혼자해보기로 핵심기능을 실제 업무에 연계하여 활용하는 방법을 익힌다!

반드시 알아야 할 핵심기능으로 엑셀을 쉽고 빠르게 시작하자!

엑셀 왕초보가 엑셀 고수로 성장하는 엑셀 학습의 지름길!
엑셀을 잘 다루려면 반드시 알아야 하는 핵심기능만 쏙쏙 뽑았습니다!

사용 가능 버전

학습할 수 있는 엑셀 버전을 한눈에 확인할 수 있습니다.

핵심기능

엑셀을 다룰 때 반드시 알아야 할 기본 기능과 활용 방법을 소개합니다. 핵심기능을 따라 하면서 기본 기능을 충실히 익힐 수 있습니다.

실습 파일&완성 파일

따라 하기에 필요한 예제 실습 파일과 결과를 비교해 볼 수 있는 완성 파일을 제공합니다.

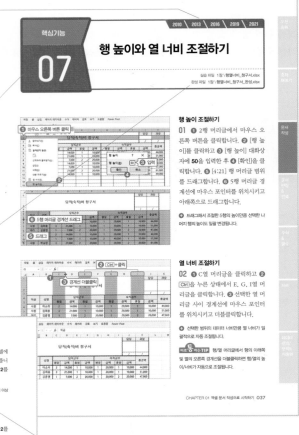

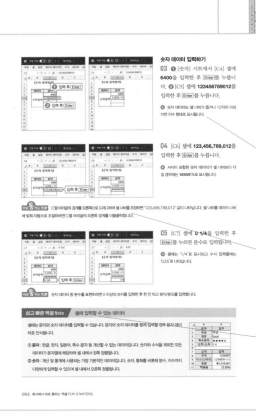

실행 결과 보기

단계별 따라 하기 완료 후 확인할 수 있는 실행 결과 및 주요 변화를 한 번 더 설명합니다.

바로 통하는 TIP

학습 중 헷갈리기 쉬운 부분을 정리해줍니다.

쉽고 빠른 엑셀 NOTE

엑셀을 다루는 데 필요한 유용한 정보, 알고 넘어가면 좋을 참고 사항 등을 상세히 소개합니다.

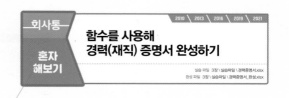

인덱스&우선순위 표시

우선순위 핵심기능을 표시하여 먼저 학습해야 할 기능과 현재 학습하고 있는 지점이 어디인지 바로 확인할 수 있습니다.

따라 하기 단계별 제목

각 과정마다 단계별 제목을 표시하여 작업 내용과 순서를 한눈에 파악할 수 있습니다.

버전별 TIP

엑셀 2010~2021, Microsoft 365 등 모든 버전에서 학습할 수 있도록 버전별로 차이가 나는 내용을 상세하게 설명했습니다.

혼자해보기

실무에서 가장 빈번하게 사용하는 예제를 선별해 핵심기능과 연계하여 학습할 수 있도록 수록했습니다.

예제 설명 및 완성 화면

어떤 실무 예제를 다루고 있는지 설명합니다. 실습 전에 완성 화면을 미리 확인할 수 있습니다.

회사에서 바로 통하는 실습 예제 다운로드하기

이 책에 사용된 모든 실습 및 완성 예제 파일은 한빛출판네트워크 홈페이지(www.hanbit.co.kr)에서 다운로드할 수 있습니다. 예제 파일은 따라 하기를 진행할 때마다 사용되므로 컴퓨터에 복사해두고 활용합니다.

1 한빛출판네트워크 홈페이지(www.hanbit.co.kr)로 접속합니다. 로그인 후 화면 오른쪽 아래에서 [자료실]을 클릭합니다.

2 자료실 도서 검색란에 도서명을 입력하고 ▣를 클릭합니다. 검색한 도서가 표시되면 오른쪽에 있는 [예제소스]를 클릭합니다.

3 선택한 도서 정보가 표시되면 [다운로드]를 클릭합니다.

다운로드한 예제 파일은 일반적으로 [다운로드] 폴더에 저장되며, 사용하는 웹 브라우저 설정에 따라 다를 수 있습니다.

—— CHAPTER 01 ——
엑셀 문서 작성으로 시작하기

CHAPTER 03

수식 작성 및 함수 활용하기

CHAPTER

01

엑셀
문서 작성으로
시작하기

엑셀과 빨리 친숙해지려면 엑셀의 구성 요소들을 잘 다뤄야 합니다. 그런 후에 문서 작성의 기본인 데이터를 입력하는 방법을 익히면 전체 작업 시간을 줄일 수 있습니다. 여기에서는 엑셀의 기본 화면에 대해 살펴보고 각 구성 요소를 익숙하게 다루는 방법과 데이터를 입력하여 통합 문서를 작성하는 방법에 대해서 알아보겠습니다.

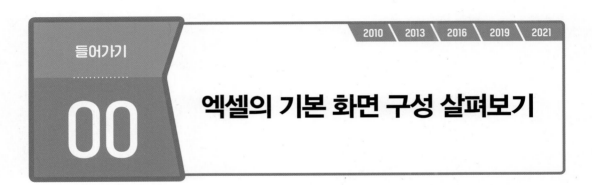

들어가기

00

엑셀의 기본 화면 구성 살펴보기

2010 / 2013 / 2016 / 2019 / 2021

기본 화면 구성

엑셀은 2007 버전부터 최신 버전까지 몇 년간 꾸준히 업그레이드되었습니다. 따라서 각 버전별로 인터페이스 모양이 일부 다를 수는 있지만 기본 화면 구성은 동일합니다. 여기서는 Microsoft 365 버전의 엑셀을 기준으로 설명합니다. 다음은 엑셀을 실행하면 나타나는 기본 화면입니다. ❶ 리본 메뉴, ❷ 워크시트, ❸ 상태 표시줄로 구성됩니다.

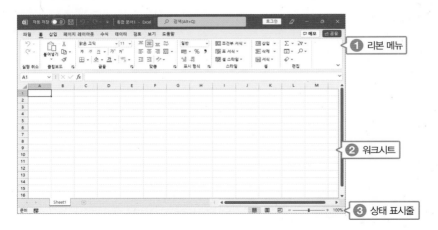

1 리본 메뉴

리본 메뉴는 화면 상단에서 확인합니다. 텍스트 형태의 메뉴와 아이콘 형태의 명령이 모여 있습니다.

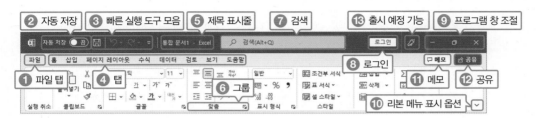

❶ **파일 탭** : 파일을 관리하는 메뉴가 모여 있으며 개인 정보를 설정하고 저장, 공유, 인쇄 및 옵션 등을 설정할 수 있습니다.

❷ 자동 저장 : 파일을 온라인 위치(OneDrive, SharePoint)에 저장한 상태에서 [자동 저장]이 [켬]으로 활성화되어 있으면 파일이 자동으로 온라인 위치에 저장됩니다.

❸ 빠른 실행 도구 모음 : 자주 사용하는 기능을 추가하여 빠르게 실행할 수 있습니다.

❹ 탭 : 비슷한 종류의 명령을 그룹별로 모은 메뉴입니다. 파일, 홈, 삽입, 페이지 레이아웃, 수식, 데이터, 검토, 보기 등으로 구성되어 있습니다.

❺ 제목 표시줄 : 프로그램 이름과 현재 작업 중인 파일 이름이 표시되며 작업 상태에 따라 [읽기 전용], [호환 모드], [공유], [그룹]이 표시됩니다. Microsoft 365에서 온라인 위치(OneDrive, SharePoint)에 저장하면 파일 이름, 저장 위치, 버전 기록을 알 수 있습니다.

❻ 그룹 : 각각의 탭 관련 기능을 세부적으로 구분합니다.

❼ 검색 : 작업에 필요한 키워드나 설명을 입력해 관련 엑셀 기능, 도움말, 스마트 조회 창을 열 수 있습니다

❽ 로그인 : 로그인한 후 온라인 위치에 오피스 문서를 [업로드], [열기], [공유]할 수 있습니다.

❾ 프로그램 창 조절 : 엑셀 창을 최소화/최대화하거나 닫을 때 사용합니다.

❿ 리본 메뉴 표시 옵션 ☑ : [전체 화면 모드], [탭만 표시], [항상 리본 표시], [빠른 실행 도구 모음 표시], [빠른 실행 도구 모음 감추기]를 선택해 작업 영역을 조절할 수 있습니다.

⓫ 메모 : Microsoft 365의 대화형 메모를 활용하면 파일을 공유하거나 온라인 위치(OneDrive, SharePoint)를 이용해 공동 작업을 진행할 때 메신저를 사용하듯 셀에 댓글을 입력할 수 있습니다.

⓬ 공유 : 온라인 위치(OneDrive, SharePoint)에 저장한 오피스 문서를 다른 사용자와 공유합니다. 공유할 사용자를 추가하거나, 보기, 편집 링크를 활용해 공동 작업을 할 수 있습니다. Microsoft 365와 엑셀 2021 버전에서는 실시간으로 파일과 작업을 공유할 수 있으며 동기화 속도가 개선되었습니다.

⓭ 출시 예정 기능 : [출시 예정 기능 🖉]을 클릭하고 [제공 예정]에서 [새 환경 사용해보기]를 클릭해 활성화 ●●켜기한 후 엑셀을 다시 실행하면 최신 엑셀 레이아웃으로 변경됩니다.

---

2 워크시트(작업 영역)

워크시트는 격자 형태의 모눈종이처럼 보이는 공간입니다.

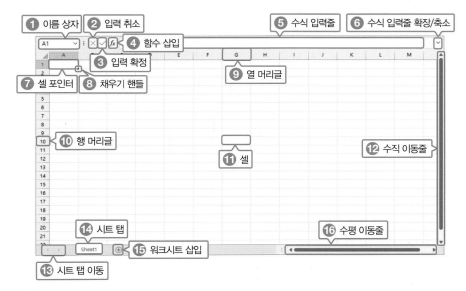

① 이름 상자 ② 입력 취소 ③ 입력 확정 ④ 함수 삽입 ⑤ 수식 입력줄 ⑥ 수식 입력줄 확장/축소 ⑦ 셀 포인터 ⑧ 채우기 핸들 ⑨ 열 머리글 ⑩ 행 머리글 ⑪ 셀 ⑫ 수직 이동줄 ⑬ 시트 탭 이동 ⑭ 시트 탭 ⑮ 워크시트 삽입 ⑯ 수평 이동줄

❶ **이름 상자 :** 셀 주소와 정보 또는 수식이나 함수 목록이 나타납니다.

❷ **입력 취소 ☒ :** 셀에 입력한 내용을 취소합니다. [Esc]를 누르는 것과 같습니다.

❸ **입력 확정 ☑ :** 셀에 입력한 내용을 확정합니다. [Enter]를 누르는 것과 같습니다.

❹ **함수 삽입 𝑓x :** 함수 마법사를 실행하여 함수를 삽입합니다.

❺ **수식 입력줄 :** 선택한 셀에 입력한 내용이나 수식이 나타나며 셀 내용을 직접 입력하거나 수정할 수 있습니다.

❻ **수식 입력줄 확장/축소 :** 수식 입력줄을 확장/축소합니다.

❼ **셀 포인터 :** 셀이 선택되었다는 표시로 굵은 테두리가 셀 주위에 표시됩니다.

❽ **채우기 핸들 :** 셀 포인터 오른쪽 아래의 점입니다. 드래그하면 셀 내용을 연속으로 채울 수 있습니다.

❾ **열 머리글 :** 열 이름이 표시되는 곳으로 A열부터 XFD열까지 16,384개의 열이 있습니다.

❿ **행 머리글 :** 행 번호가 표시되는 곳으로 1행부터 1,048,576행까지 있습니다.

⓫ **셀 :** 행과 열이 만나는 격자 형태의 사각형 영역으로 데이터나 수식 등을 입력할 수 있습니다.

⓬ **수직 이동줄 :** 화면을 위/아래로 옮기면서 볼 수 있습니다.

⓭ **시트 탭 이동 :** 시트 개수가 많아 가려진 시트 탭이 있을 경우 클릭하여 이동할 수 있습니다.

⓮ **시트 탭 :** 현재 통합 문서에 있는 시트의 이름이 표시됩니다.

⓯ **워크시트 삽입 ⊕ :** 새 워크시트를 삽입할 수 있습니다.

⓰ **수평 이동줄 :** 화면을 왼쪽/오른쪽으로 옮기면서 볼 수 있습니다.

3 상태 표시줄

상태 표시줄에서는 현재의 작업 상태를 확인할 수 있습니다.

❶ **셀 모드 :** 준비, 입력, 편집 등의 셀 작업 상태를 표시합니다.

❷ **표시 영역 :** 키보드 기능키의 선택 상태를 표시하며, 숫자가 입력된 범위를 지정하면 자동 계산 결과를 표시합니다.

❸ **보기 바로 가기 :** 기본, 페이지 레이아웃, 페이지 나누기 미리 보기 등 워크시트 보기 상태를 선택할 수 있습니다.

❹ **확대/축소 슬라이드 :** 확대/축소 버튼을 클릭하여 10% 단위로 확대/축소하거나, 조절바를 드래그하여 확대/축소할 수 있습니다.

❺ **확대/축소 비율 :** [확대/축소] 대화상자를 열어 원하는 배율을 지정합니다.

작업 영역의 기본 구조

엑셀은 통합 문서, 워크시트(Worksheet), 셀(Cell)로 이루어져 있습니다. 엑셀의 기본 구조를 살펴보면 엑셀의 동작 원리와 용도를 명확하게 알 수 있습니다.

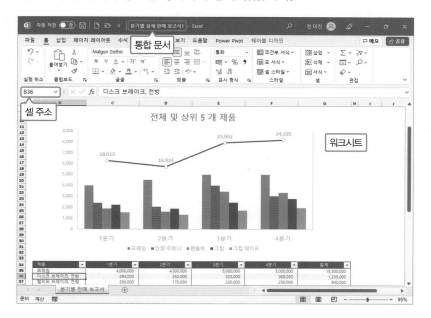

1 모든 작업의 시작, 셀과 셀 주소

엑셀의 작업 영역은 가로 행과 세로 열이 교차하여 격자 형태의 모눈종이처럼 직사각형으로 이루어져 있습니다. 이 직사각형 하나를 셀(Cell)이라 부릅니다. 셀은 데이터를 입력(저장)할 수 있는 공간으로 각 셀에는 고유한 주소(셀 주소)가 부여됩니다. 셀 주소는 열 머리글과 행 머리글을 조합해서 만듭니다.

2 데이터를 편집하는 공간, 워크시트

워크시트는 1,048,576행과 16,384열의 셀이 모여 문서를 만들고 편집하는 공간입니다. 엑셀을 처음 실행하면 기본으로 [Sheet1] 워크시트 하나가 생성되며 총 255개까지 삽입할 수 있습니다. 장부에 견출지를 붙이는 것처럼 각 워크시트 또한 이름이나 색으로 구분할 수 있습니다.

3 워크시트를 한꺼번에 관리하는 통합 문서

통합 문서는 한 권의 책에 해당합니다. 개별 문서에 해당하는 워크시트를 묶어서 관리하는 셈입니다. 엑셀에서는 통합 문서 단위로 문서를 저장하므로 관련 있는 내용을 하나로 묶어서 관리하면 편리합니다. 예를 들어 경비 예산 문서라면 2022년도 총예산과 1월~12월의 문서를 한 통합 문서 안에서 작업하는 것입니다.

엑셀 빠르게 시작하기

엑셀을 시작하면 [홈] 화면이 나타납니다. [새로 만들기]], [열기], [새 통합 문서], [추가 서식 파일], [최근 항목] 중에서 선택하여 엑셀을 시작할 수 있습니다.

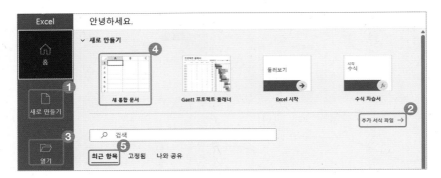

① **새로 만들기** : [새 통합 문서]를 엽니다.

② **추가 서식 파일** : 엑셀 문서의 [서식 파일]을 온라인에서 검색한 후 서식 파일을 열어 빠르게 문서 작업을 할 수 있습니다.

③ **열기** : 기존에 작업했던 통합 문서를 저장 공간(컴퓨터/OneDrive 등)에서 찾아옵니다.

④ **새 통합 문서** : 새로운 통합 문서를 열어 데이터 입력, 편집, 서식 적용 등을 할 수 있습니다.

⑤ **최근 항목** : 최근에 작업한 통합 문서 목록에서 통합 문서를 불러옵니다.

엑셀 저장하기

작업한 엑셀 문서를 컴퓨터, 클라우드에 저장합니다.

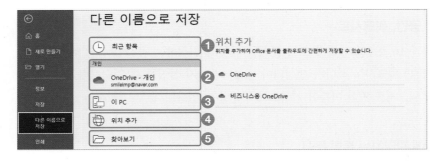

① **최근 항목** : 최근에 작업한 컴퓨터, 클라우드의 목록에서 폴더를 선택해 통합 문서를 저장합니다.

② **OneDrive** : OneDrive에 통합 문서를 저장합니다.

③ **이 PC** : 최근에 작업한 컴퓨터 목록에서 폴더를 선택해 통합 문서를 저장합니다.

④ **위치 추가** : 온라인 위치를 추가하여 통합 문서를 클라우드(OneDrive, SharePoint)에 간편하게 저장할 수 있습니다.

⑤ **찾아보기** : 로컬 컴퓨터에서 저장할 위치를 찾아 문서를 저장합니다.

2010 \ 2013 \ 2016 \ 2019 \ 2021

우선
순위

혼자
해보기

문서
작성

문서
편집
&
인쇄

수식
&
함수

차트

데이터
관리/
분석&
자동화

핵심기능

01

엑셀 서식 파일로 열고
통합 문서 저장하기

실습 파일 없음

완성 파일 1장\연간달력_완성.xlsx

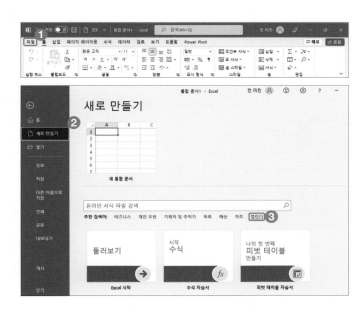

01 엑셀에서 기본으로 제공하는 서식 파일을 열어서 문서를 작성해 보겠습니다. ❶ [파일] 탭을 클릭합니다. ❷ [새로 만들기]를 클릭하고 ❸ [추천 검색어]에서 [캘린더]를 클릭합니다.

02 캘린더와 관련된 서식 파일 목록이 나타납니다. [공휴일이 포함된 연도 선택 가능 달력]을 더블클릭합니다.

바로 통 하는 TIP 온라인(Office.com)에서 다운로드한 후 파일이 열리므로 인터넷에 연결되어 있어야 합니다. 서식 파일 목록은 엑셀 버전에 따라 다를 수 있습니다.

03 ❶ 연도를 변경한 후 ❷ [파일] 탭을 클릭합니다.

바로 통 하는 TIP 자동 저장하려면 제목 표시줄에서 자동저장을 클릭하고 OneDrive에 파일을 저장합니다. [자동 저장]이 자동저장으로 활성화되어 있으면 OneDrive에 자동 저장됩니다. [자동 저장]은 Microsoft 365 또는 엑셀 2021 버전에서만 사용할 수 있습니다.

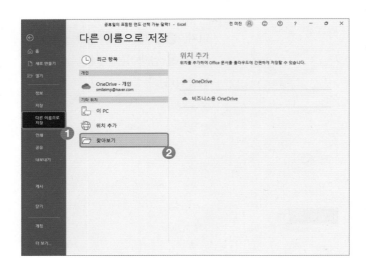

04 ❶ [다른 이름으로 저장]을 클릭하고 ❷ [찾아보기]를 클릭합니다.

05 ❶ [다른 이름으로 저장] 대화상자에서 [파일 이름]에 **연간달력**을 입력한 후 ❷ [저장]을 클릭해서 통합 문서를 저장합니다.

핵심기능

02

PDF 파일로 저장하기

실습 파일 1장 \ 저장_견적서.xlsx
완성 파일 1장 \ 저장_견적서.pdf

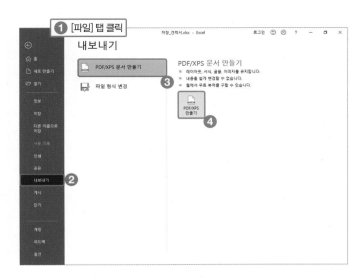

01 엑셀이 설치되지 않은 컴퓨터에서도 견적서 파일 내용을 확인할 수 있도록 PDF 파일 형식으로 저장해보겠습니다. ❶ [파일] 탭을 클릭한 후 ❷ [내보내기]를 클릭합니다. ❸ [PDF/XPS 문서 만들기]를 클릭하고 ❹ [PDF/XPS 만들기]를 클릭합니다.

02 ❶ [PDF 또는 XPS로 게시] 대화상자에서 [파일 이름]에 **저장_견적서**를 입력한 후 ❷ [게시]를 클릭합니다.

➕ '저장_견적서.pdf' 파일이 저장됩니다.

🔵 **바로 통 하는 TIP**　PDF나 XPS 파일 형식으로 저장할 때 인쇄 품질을 높이려면 최적화 항목에서 [표준(온라인 게시 및 인쇄)]를 클릭하고, 파일 크기를 줄이려면 [최소 크기(온라인 게시)]를 클릭합니다. 그밖에 파일의 옵션을 설정하려면 [옵션]을 클릭합니다.

2010 \ 2013 \ 2016 \ 2019 \ 2021

통합 문서에 암호 설정하기

실습 파일 1장 \ 실습파일 \ 통합문서암호_개인고객정보.xlsx
완성 파일 1장 \ 실습파일 \ 통합문서암호_개인고객정보_완성.xlsx

⊕ 예제 설명 및 완성 화면

공용 컴퓨터를 사용하거나 업무상 보안이 필요한 문서는 암호를 설정하는 것이 좋습니다. 통합 문서를
불러올 때 암호가 설정되어 있으면 암호를 입력해야만 파일을 열 수 있습니다. 따라서 설정한 암호는
잊어버리지 않도록 주의해야 합니다. 통합 문서를 불러와 암호를 설정해보겠습니다.

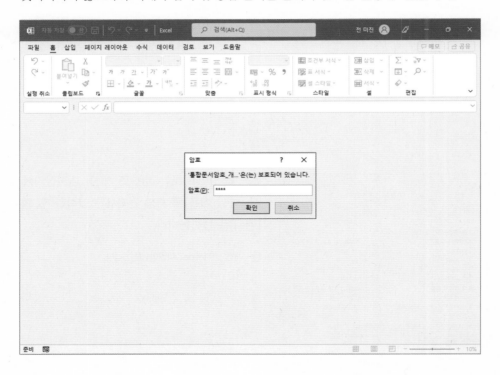

01 [파일] 탭을 클릭하고 [정보]-[통합 문서 보호]-[암호 설정]을 클릭합니다. [문서 암호화] 대화상자가 나타납니다.

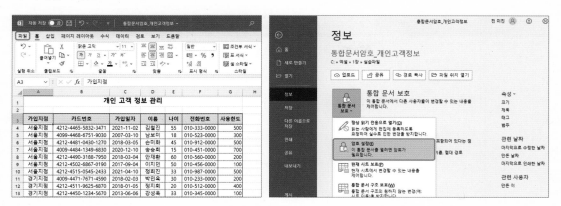

02 [문서 암호화] 대화상자에서 [암호]에 **1111**을 입력하고 [확인]을 클릭합니다. [암호 확인] 대화상자에서 [암호 다시 입력]에 **1111**을 입력하고 [확인]을 클릭합니다. 통합 문서가 보호되었습니다.

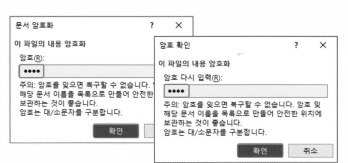

 **바로 통 하는TIP** 통합 문서의 암호를 잊어버리면 문서를 열 수 없으므로 따로 메모해두는 것이 좋습니다. 암호는 대문자, 소문자를 구분합니다.

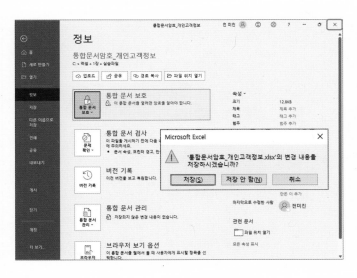

03 [닫기 ⊠]를 클릭한 후 [저장]을 클릭하여 문서를 저장하고 닫습니다.

바로 통 하는TIP 열기/쓰기의 암호를 각각 지정하려면 [다른 이름으로 저장] 대화상자의 아래쪽에서 [도구]-[일반 옵션]을 클릭해 암호를 지정합니다.

04 '통합문서암호_개인고객정보.xlsx' 실습 파일을 다시 불러옵니다. [암호] 대화상자가 나타나면 앞서 암호로 설정한 **1111**을 입력하고 [확인]을 클릭합니다. 파일이 열립니다.

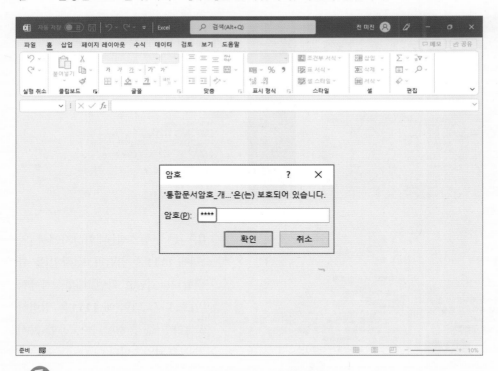

바로 통하는TIP 암호 지정을 취소하려면 [파일] 탭−[정보]−[통합 문서 보호]−[암호 설정]을 클릭한 후 [문서 암호화] 대화상자에서 암호를 삭제해 공란으로 남긴 후 [확인]을 클릭합니다.

핵심기능 03

화면 구성 요소 보이기/숨기기

실습 파일 1장\화면구성_경력증명서.xlsx
완성 파일 없음

눈금선 숨기기

01 완성된 경력증명서를 확인할 때는 눈금선과 같은 불필요한 요소를 숨기는 것이 좋습니다. [보기] 탭-[표시] 그룹-[눈금선]을 클릭하여 체크를 해제합니다.

➕ 눈금선이 숨겨집니다.

바로 통 하는TIP 눈금선 외에 수식 입력줄, 머리글 등의 요소도 같은 방법으로 숨길 수 있습니다.

바로 통 하는TIP 엑셀 창의 너비가 좁으면 [표시] 그룹이 별도의 아이콘 메뉴로 표시됩니다.

리본 메뉴 축소하기

02 ❶ [리본 메뉴 표시 옵션✓]을 클릭하고 ❷ [탭만 표시]를 클릭하면 리본 메뉴가 축소되면서 작업 창의 문서 내용을 좀 더 넓은 영역에서 볼 수 있습니다. ❸ 임의의 리본 탭을 클릭하고 ❹ [리본 메뉴 표시 옵션✓]을 클릭한 후 ❺ [항상 리본 표시]를 클릭하면 원상태로 돌아갑니다.

바로 통 하는TIP 임의의 리본 메뉴 탭을 더블클릭하거나 단축키 Ctrl + F1을 눌러도 리본 메뉴를 축소/확장할 수 있습니다.

✓ **엑셀 2019** 엑셀 2019 버전은 제목 표시줄에서 [리본 메뉴 표시 옵션⬜]을 클릭하고 [탭 표시] 또는 [탭 및 명령 표시]를 클릭합니다.

빠른 실행 도구 모음에 명령어 추가하기

실습 파일 없음
완성 파일 없음

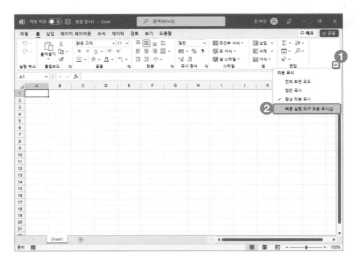

빠른 실행 도구 모음 표시하기

01 ❶ [리본 메뉴 표시 옵션☑]을 클릭하고 ❷ [빠른 실행 도구 모음 표시]를 클릭합니다.

➕ 자동 저장 오른쪽 또는 리본 메뉴 하단에 빠른 실행 도구 모음이 표시됩니다.

바로 통 하는 TIP Microsoft 365 최신 버전으로 업데이트하지 않았다면 기본적으로 빠른 실행 도구 모음이 표시됩니다.

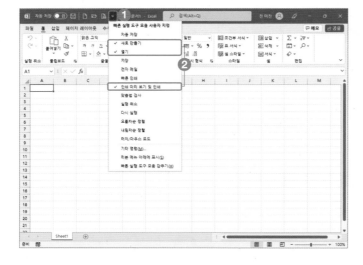

빠른 실행 도구 모음에 명령어 추가하기

02 ❶ [빠른 실행 도구 모음 사용자 지정▾]을 클릭하고 ❷ [새로 만들기], [열기], [인쇄 미리 보기 및 인쇄]를 각각 클릭하여 빠른 실행 도구 모음에 추가합니다.

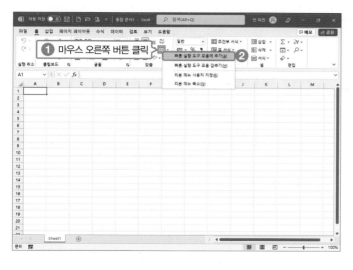

리본 메뉴 탭의 명령어 추가하기

03 ① [홈] 탭-[맞춤] 그룹-[병합하고 가운데 맞춤🔢]에서 마우스 오른쪽 버튼을 클릭한 후 ② [빠른 실행 도구 모음에 추가]를 클릭합니다.

➕ 빠른 실행 도구 모음에 [병합하고 가운데 맞춤]이 추가됩니다.

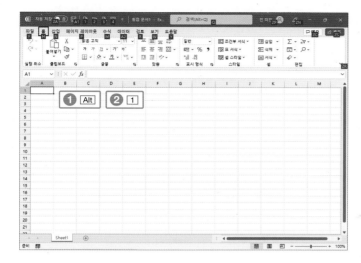

키 번호로 명령어 실행하기

04 ① Alt 를 누르면 빠른 실행 도구 모음과 리본 메뉴를 실행할 수 있는 키 번호가 표시됩니다. ② 이때 1을 누르면 통합 문서 [새로 만들기] 기능이 실행됩니다.

➕ Alt 를 누르면 표시되는 키 번호는 엑셀 사용 환경에 따라 다를 수 있습니다.

✔ **엑셀 2019&이전 버전** 엑셀 2019 버전을 포함한 이전 버전에서는 키 번호 1을 누르면 [저장] 기능이 실행됩니다.

사용자 지정 리본 메뉴 탭 만들기

실습 파일 없음
완성 파일 1장 \ 실습파일 \ 엑셀메뉴.exportedUI

⊕ 예제 설명 및 완성 화면

빠른 실행 도구 모음뿐만 아니라 리본 메뉴도 인터페이스를 변경할 수 있습니다. 자신의 작업 스타일에 맞게 사용자 환경(UI)을 수정하면 작업 시간을 단축할 수 있습니다. [엑셀명령모음] 탭을 새로 정의하고 자주 사용하는 명령어를 추가해보겠습니다.

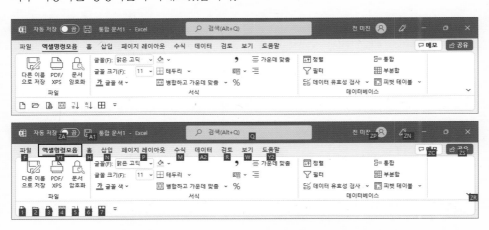

01 [빠른 실행 도구 모음 사용자 지정 ⬇]을 클릭하고 [새로 만들기], [열기], [인쇄 미리 보기 및 인쇄], [오름차순 정렬], [내림차순 정렬]에 각각 체크하여 빠른 실행 도구 모음에 추가합니다.

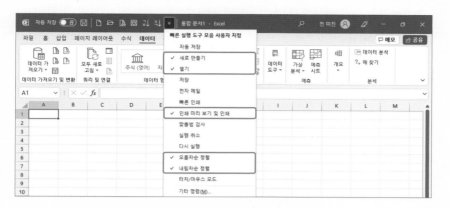

02 [홈] 탭-[글꼴] 그룹-[테두리 ⊞]의 ⌄을 클릭하고 [모든 테두리]에서 마우스 오른쪽 버튼을 클릭한 후 [빠른 실행 도구 모음에 추가]를 클릭합니다. 빠른 실행 도구 모음에 [모든 테두리]가 추가됩니다.

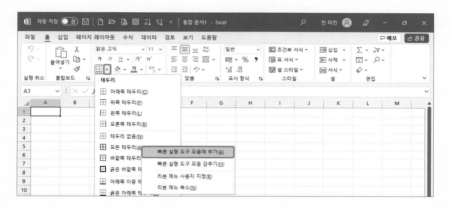

03 [빠른 실행 도구 모음 사용자 지정 ⬇]을 클릭한 후 [리본 메뉴 아래에 표시]를 클릭합니다. 빠른 실행 도구 모음이 리본 메뉴 아래에 표시됩니다. 이어서 [기타 명령]을 클릭합니다. [Excel 옵션] 대화상자가 나타납니다.

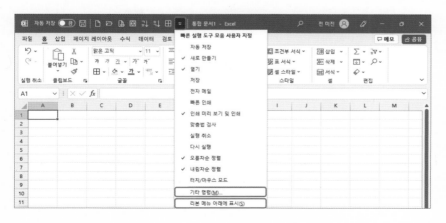

04 [Excel 옵션] 대화상자에서 [리본 사용자 지정]을 클릭합니다. [새 탭]을 클릭해 추가한 후 이름을 **엑셀명령모음**으로 변경합니다. [새 그룹]을 세 개 추가한 후 각각 **파일, 서식, 데이터베이스**로 변경합니다. 각 그룹에 명령어를 추가하려면 명령 선택에서 각 그룹별로 필요한 명령어를 찾습니다. [파일] 그룹에 필요한 명령어는 [파일 탭]에서 찾을 수 있으며 [서식]과 [데이터베이스] 그룹에 필요한 명령어는 [기본 탭]-[홈], [데이터] 그룹에서 찾을 수 있습니다. 명령어를 찾은 후 [추가] 또는 [제거]를 클릭하여 그룹에 추가하거나 제거합니다. [확인]을 클릭해 리본 메뉴 사용자 지정을 마칩니다. [엑셀 명령 모음] 탭이 추가됩니다.

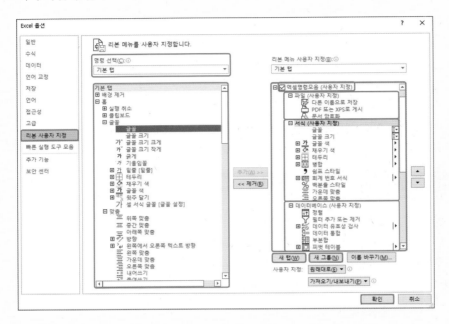

05 [Alt]를 누르면 키보드로 리본 메뉴를 실행할 수 있는 키 번호가 표시됩니다. 원하는 키 번호를 누르면 해당 기능이 실행됩니다.

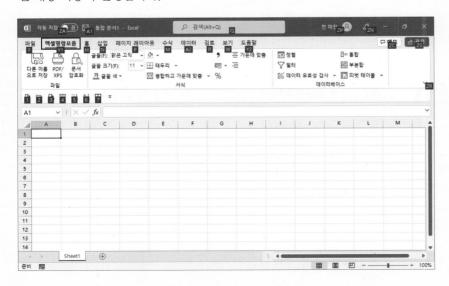

06 [엑셀명령모음] 사용자 지정 리본 메뉴 탭을 파일로 저장해보겠습니다. [빠른 실행 도구 모음 사용자 지정▼]을 클릭한 후 [기타 명령]을 클릭합니다. [Excel 옵션] 대화상자가 나타납니다.

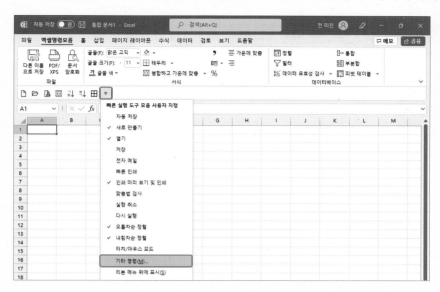

07 [Excel 옵션] 대화상자에서 [리본 사용자 지정]을 클릭합니다. [가져오기/내보내기]-[모든 사용자 지정 항목 내보내기]를 클릭합니다. [파일 저장] 대화상자가 나타나면 [파일 이름]에 **엑셀메뉴**를 입력한 후 [저장]을 클릭합니다. '엑셀메뉴.exportedUI' 파일이 저장됩니다.

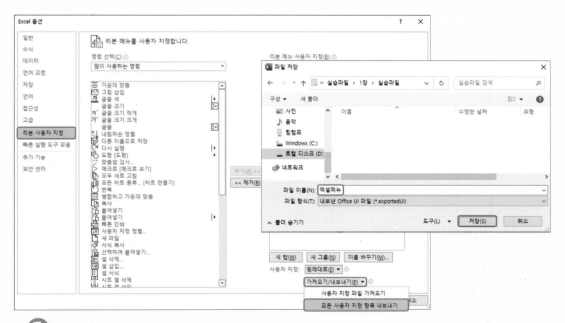

바로 통 하는TIP [Excel 옵션] 대화상자에서 [가져오기/내보내기]를 클릭한 후 [사용자 지정 파일 가져오기]를 클릭하면 사용자 지정 메뉴를 다시 불러올 수 있습니다.

바로 통 하는TIP [Excel 옵션] 대화상자에서 [원래대로]를 클릭한 후 [모든 사용자 지정 다시 설정]을 클릭하고 경고 창에서 [예]를 클릭하면 리본 메뉴를 초기 상태로 돌려놓을 수 있습니다.

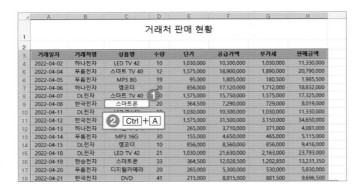

우선순위

핵심기능

05

2010 \ 2013 \ 2016 \ 2019 \ 2021

키보드로 범위 지정하기

실습 파일 1장\셀범위_거래처판매현황1.xlsx
완성 파일 없음

키보드로 범위 지정하기

01 ❶ [A4] 셀을 클릭하고 ❷ Ctrl + Shift + ↓를 누르면 [A4:A83] 범위가 지정됩니다.

전체 데이터 범위 지정하기

02 ❶ 데이터 목록에서 임의의 셀을 클릭한 후 ❷ Ctrl + A를 누르면 데이터가 입력된 전체 범위가 지정됩니다.

바로 통 하는 TIP 워크시트 전체 범위를 지정할 때는 [A1] 셀 왼쪽 위에 있는 [전체 선택 ▧]을 클릭합니다.

쉽고 빠른 엑셀 Note | 범위 지정 단축키

다음 표의 단축키로 데이터의 범위를 지정할 수 있습니다.

단축키	결과
Ctrl + Shift + → / ← / ↑ / ↓	데이터가 입력된 현재 셀에서 열의 첫 행 또는 마지막 행, 첫 열 또는 마지막 열까지 범위를 지정합니다. 단, 데이터가 입력되지 않았을 때는 현재 열/행의 처음 또는 마지막 셀까지 범위가 지정됩니다.
Ctrl + Shift + *	데이터가 입력된 전체 범위를 지정합니다. 단, 데이터가 입력되지 않았을 때는 범위 지정이 되지 않습니다.
Ctrl + A	데이터가 입력된 전체 범위를 지정합니다. 단, 데이터가 입력되지 않았을 때는 현재 워크시트 전체 범위가 지정됩니다.

핵심기능

06

이름 정의로 범위 지정하기

실습 파일 1장 \ 셀범위_거래처판매현황2.xlsx
완성 파일 1장 \ 셀범위_거래처판매현황2_완성.xlsx

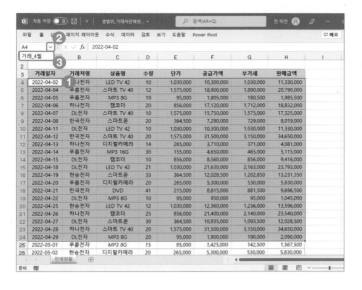

범위를 이름 정의하기

01 셀과 범위에 이름을 정의할 수 있습니다. ❶ [A4:H24] 범위를 지정합니다. ❷ [이름 상자]에 **거래_4월**을 입력한 후 Enter 를 누릅니다.

➕ [A4:H24] 범위가 '거래_4월'이란 이름으로 정의되었습니다.

바로 통 하는TIP 셀 하나를 이름 정의할 때는 셀을 클릭한 후 [이름 상자]에 이름을 입력하고 Enter 를 누릅니다.

02 ❶ 임의의 셀을 클릭합니다. ❷ 이름 상자 목록 단추⌄를 클릭한 후 ❸ 앞서 이름 정의한 [거래_4월]을 선택합니다.

➕ [A4:H24] 범위에 해당하는 4월 판매 데이터 범위가 지정됩니다.

선택 영역에서 이름 만들기

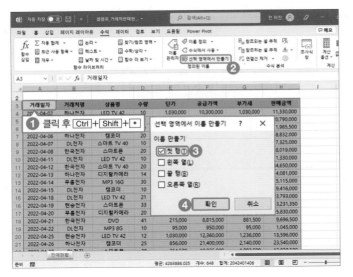

03 [선택 영역에서 만들기]를 이용하면 한번에 이름을 지정할 수 있습니다. ① 전체 데이터를 선택하기 위해 [A3] 셀을 클릭한 후 Ctrl + Shift + * 를 누릅니다. ② [수식] 탭-[정의된 이름] 그룹-[선택 영역에서 만들기📝]를 클릭합니다. ③ [선택 영역에서 이름 만들기] 대화상자에서 [첫 행]에만 체크하고 ④ [확인]을 클릭합니다.

➕ 선택 범위에서 각 열의 첫 행이 범위 이름으로 정의됩니다.

04 앞서 첫 행을 이름으로 정의하였으므로 [이름 상자]의 목록에는 거래일자, 거래처명, 공급가액, 단가, 부가세, 상품명, 수량, 판매금액이 추가됩니다. ① 이름 상자 목록 단추 ▽를 클릭하고 ② 앞서 이름 정의한 범위 중에 [판매금액]을 클릭하면 판매금액 열이 선택됩니다.

쉽고 빠른 엑셀 Note ｜ [이름 관리자]로 셀 이름 정의/수정/삭제하기

이름 정의한 셀과 범위는 [수식] 탭-[정의된 이름] 그룹-[이름 관리자🗂]에서 확인할 수 있습니다. [이름 관리자] 대화상자에서는 이름을 수정하거나 삭제할 수 있으며, 이름을 새로 정의할 수 있습니다.

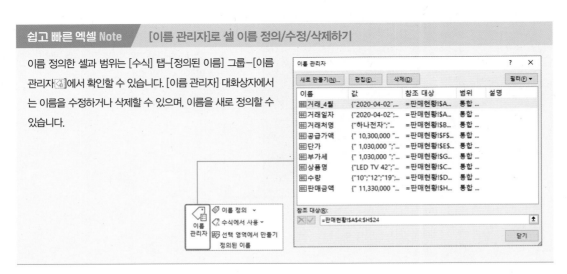

핵심기능

07

행 높이와 열 너비 조절하기

실습 파일 1장 \ 행열너비_청구서.xlsx
완성 파일 1장 \ 행열너비_청구서_완성.xlsx

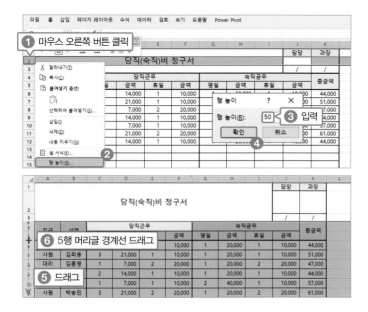

행 높이 조절하기

01 ❶ 2행 머리글에서 마우스 오른쪽 버튼을 클릭합니다. ❷ [행 높이]를 클릭하고 ❸ [행 높이] 대화상자에 50을 입력한 후 ❹ [확인]을 클릭합니다. ❺ [4:21] 행 머리글 범위를 드래그합니다. ❻ 5행 머리글 경계선에 마우스 포인터를 위치시키고 아래쪽으로 드래그합니다.

➕ 드래그해서 조절한 5행의 높이만큼 선택한 나머지 행의 높이도 일괄 변경됩니다.

열 너비 조절하기

02 ❶ C열 머리글을 클릭하고 ❷ Ctrl 을 누른 상태에서 E, G, I열 머리글을 클릭합니다. ❸ 선택한 열 머리글 사이 경계선에 마우스 포인터를 위치시키고 더블클릭합니다.

➕ 선택한 범위의 데이터 너비만큼 열 너비가 일괄적으로 자동 조절됩니다.

바로 통 하는TIP 행/열 머리글에서 행의 아래쪽 및 열의 오른쪽 경계선을 더블클릭하면 행/열의 높이/너비가 자동으로 조절됩니다.

열 너비를 유지하여 붙여넣기 및 선택하여 붙여넣기

실습 파일 1장\복사_개인고객정보.xlsx
완성 파일 1장\복사_개인고객정보_완성.xlsx

열 너비를 유지하여 붙여넣기

01 [고객정보] 시트의 카드번호, 이름, 사용한도를 열 너비를 유지한 채 [한도조회] 시트에 붙여 넣어 보겠습니다. ❶ [고객정보] 시트에서 [B3:B26] 범위를 지정하고 ❷ Ctrl을 누른 상태에서 [D3:D26], [G3:G26] 범위를 지정합니다. ❸ 지정된 범위에서 마우스 오른쪽 버튼을 클릭하고 ❹ [복사]를 클릭합니다.

바로 통 하는TIP [복사]의 단축키는 Ctrl+C, [잘라내기]는 Ctrl+X, [붙여넣기]는 Ctrl+V입니다.

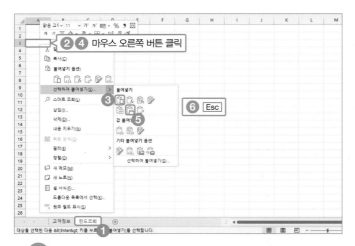

02 ❶ [한도조회] 시트 탭을 클릭하고 ❷ [A3] 셀에서 마우스 오른쪽 버튼을 클릭한 후 ❸ [선택하여 붙여넣기]에서 [붙여넣기⬚]를 클릭합니다. ❹ 한 번 더 마우스 오른쪽 버튼을 클릭하고 ❺ [선택하여 붙여넣기]에서 [원본 열 너비 유지⬚]를 클릭한 후 ❻ Esc를 눌러 복사 모드를 해제합니다.

➕ 복사한 데이터의 열 너비가 유지된 채 붙여 넣어집니다.

바로 통 하는TIP 데이터를 복사하면 지정한 범위의 테두리가 깜빡거립니다. 이는 원본 데이터를 계속 붙여 넣을 수 있다는 의미입니다. 붙여 넣지 않으려면 Esc를 누릅니다.

곱하여 붙여넣기

03 [선택하여 붙여넣기] 대화상자를 이용해 사용한도 금액에 10000을 곱해서 표시해보겠습니다. ❶ [F3] 셀에 **10000**을 입력하고 Enter를 누릅니다. ❷ [F3] 셀을 클릭한 후 Ctrl + C를 누릅니다.

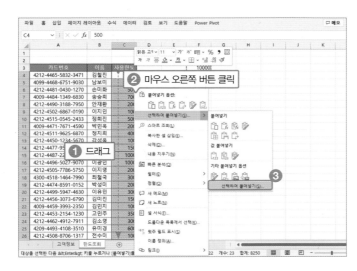

04 ❶ [C4:C26] 범위를 지정하고 ❷ 마우스 오른쪽 버튼을 클릭한 후 ❸ [선택하여 붙여넣기]에서 [선택하여 붙여넣기]를 클릭합니다.

➕ [선택하여 붙여넣기] 대화상자가 표시됩니다.

바로 통하는 TIP [선택하여 붙여넣기] 대화상자를 표시하는 단축키는 Ctrl + Alt + V 입니다.

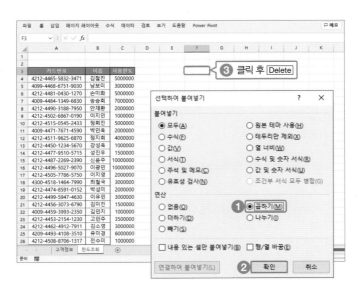

05 ❶ [선택하여 붙여넣기] 대화상자에서 [연산]–[곱하기]를 클릭하고 ❷ [확인]을 클릭합니다. ❸ [F3] 셀을 클릭한 후 Delete를 눌러 값을 삭제합니다.

➕ 선택한 범위의 값에 10000이 곱해집니다.

이름 열의 서식만 복사하기

06 ❶ [B4:B26] 범위를 지정합니다. ❷ [홈] 탭-[클립보드] 그룹-[서식 복사]를 클릭합니다.

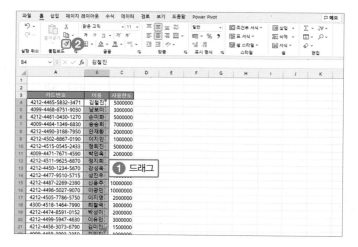

07 마우스 포인터가 서식 붙여넣기 모양 으로 변경됩니다. [C4] 셀을 클릭하면 이름 열의 서식이 사용한도 열로 복사됩니다.

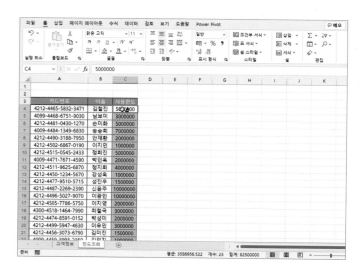

바로 통하는TIP [서식 복사]를 더블클릭하면 동일한 서식을 여러 군데에 반복해서 복사할 수 있습니다. 서식 복사를 중단하려면 Esc 를 누릅니다.

쉽고 빠른 엑셀 Note | [실행 취소]와 [다시 실행]

[실행 취소]나 [다시 실행]을 이용하면 잘못 실행한 작업이나 명령을 100단계까지 취소하거나 다시 실행할 수 있습니다. 단, 메뉴 탭을 선택하거나 [시트 보호], [통합 문서 저장], [매크로 실행] 등의 일부 작업은 취소할 수 없습니다. [실행 취소]와 [다시 실행]은 빠른 실행 도구 모음에 있으며 단축키는 각각 Ctrl + Z 와 Ctrl + Y 입니다.

① 실행 취소(Ctrl + Z)

최근 작업이나 그 이전 작업을 취소하고 싶을 때는 빠른 실행 도구 모음에서 [실행 취소]를 클릭합니다.

② 다시 실행(Ctrl + Y)

실행 취소한 최근 작업을 다시 실행하려면 빠른 실행 도구 모음에서 [다시 실행]을 클릭합니다.

핵심기능

09

그림으로 연결하여 붙여넣기

실습 파일 1장\복사_인사평가표.xlsx
완성 파일 1장\복사_인사평가표_완성.xlsx

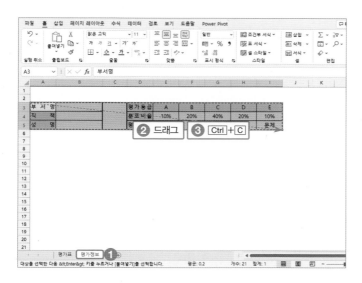

평가정보 표 복사하기

01 [평가정보] 시트에 작성된 표를 복사하여 [평가표] 시트에 그림으로 붙여 넣어보겠습니다. ❶ [평가정보] 시트 탭을 클릭합니다. ❷ [A3:I5] 범위를 지정한 후 ❸ Ctrl + C 를 눌러 복사합니다.

바로 통 하는TIP 그림으로 붙여넣기는 표뿐만 아니라 눈금선도 복사하므로 복사하기 전에 [보기] 탭-[표시] 그룹-[눈금선]의 체크를 해제합니다.

그림으로 붙여넣기

02 ❶ [평가표] 시트 탭을 클릭합니다. ❷ [A2] 셀에서 마우스 오른쪽 버튼을 클릭한 후 ❸ [선택하여 붙여넣기]-[기타 붙여넣기 옵션]에서 [연결된 그림🖼]을 클릭합니다. ❹ Esc 를 눌러 복사 모드를 해제합니다.

➕ 복사한 평가정보 표가 그림으로 붙여 넣어집니다.

바로 통 하는TIP [연결된 그림🖼]을 사용하면 원본 데이터에 따라 연결된 데이터가 자동으로 수정됩니다. 만약 원본 데이터의 영향을 받지 않으려면 [그림🖼]을 클릭합니다.

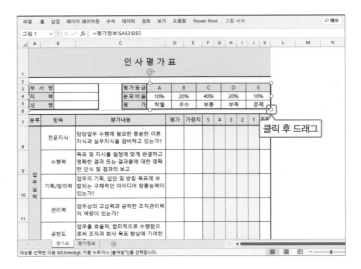

03 붙여 넣은 그림 개체를 클릭한 후 조절점을 드래그하여 크기를 조절합니다.

바로 통 하는TIP 개체를 클릭한 후 방향키(←, ↑, →, ↓)를 눌러 위치를 옮길 수 있습니다.

쉽고 빠른 엑셀 Note | **[선택하여 붙여넣기] 옵션 살펴보기**

복사 모드에서 마우스 오른쪽 버튼을 클릭할 때 나타나는 메뉴는 [선택하여 붙여넣기] 옵션을 아이콘으로 제공합니다. 이 메뉴를 이용하면 좀 더 쉽고 편리하게 붙여 넣을 수 있습니다.

선택하여 붙여넣기 옵션		설명
붙여넣기	: 붙여넣기	모든 셀 내용과 수식 및 서식 붙여넣기
	: 수식	수식 입력줄에 입력한 대로 수식만 붙여넣기
	: 수식 및 숫자 서식	수식 입력줄에 입력한 대로 수식과 숫자 서식을 붙여넣기
	: 원본 서식 유지	원본 서식을 유지하면서 셀 내용과 수식을 붙여넣기
	: 테두리 없음	테두리 없이 셀 내용과 서식 및 수식을 붙여넣기
	: 원본 열 너비 유지	원본 열 너비를 유지하면서 셀 내용과 서식, 수식을 붙여넣기
	: 행/열 바꿈	행과 열을 바꿔서 셀 내용과 서식, 수식을 붙여넣기
	: 조건부 서식 병합	조건부 서식을 영역의 조건부 서식과 병합하여 붙여넣기
값 붙여넣기	: 값	셀 내용만 붙여넣기
	: 값 및 숫자 서식	셀 내용과 숫자 서식만 붙여넣기
	: 값 및 원본 서식	셀 내용과 서식을 붙여넣기
기타 붙여넣기	: 서식	셀 서식만 붙여넣기
	: 연결하여 붙여넣기	셀 내용만 연결하여 붙여넣기
	: 그림	원본과 연결하지 않고 그림으로 붙여넣기
	: 연결된 그림	원본과 연결하여 그림으로 붙여넣기

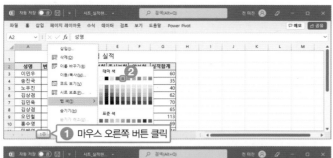

우선순위

핵심기능

10

2010 2013 2016 2019 2021

워크시트 이름 및 탭 색 변경하기

실습 파일 1장\시트_실적현황1.xlsx
완성 파일 1장\시트_실적현황1_완성.xlsx

워크시트 이름 변경하기

01 ❶ [Sheet1] 시트 탭을 더블클릭한 후 **1주**를 입력합니다. ❷ 같은 방법으로 [Sheet2] 시트와 [Sheet3] 시트의 이름을 각각 **2주**, **3주**로 변경합니다.

바로 통 하는TIP 시트 탭에서 마우스 오른쪽 버튼을 클릭한 후 [이름 바꾸기]를 클릭해 워크시트 이름을 바꾸거나 [탭 색]을 클릭해 워크시트 탭 색을 바꿀 수 있습니다. 워크시트 이름은 31자를 넘지 않아야 하며 \, /, ?, *, [,], '를 포함하지 않아야 합니다.

워크시트 탭 색 변경하기

02 ❶ [1주] 시트 탭에서 마우스 오른쪽 버튼을 클릭하여 ❷ [탭 색]에서 [바다색, 강조 1]을 클릭합니다. ❸ 같은 방법으로 [2주] 시트 탭과 [3주] 시트 탭의 색을 각각 [녹색, 강조 2], [황금색, 강조 5]로 변경합니다.

2010 \ 2013 \ 2016 \ 2019 \ 2021

워크시트 이동/복사/삭제하기

실습 파일 1장\시트_실적현황2.xlsx
완성 파일 1장\시트_실적현황2_완성.xlsx

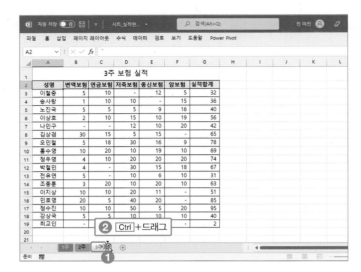

워크시트 복사하기

01 4주간의 매출 실적을 각각의 시트에 기록하려고 합니다. [4주] 시트가 없으므로 [3주] 시트를 복사한 후 이름을 바꿔보겠습니다. ❶ [3주] 시트 탭을 클릭합니다. ❷ Ctrl을 누른 상태에서 오른쪽으로 드래그합니다.

➕ [3주] 시트가 복사됩니다.

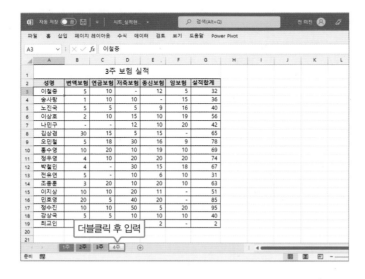

복사된 워크시트 이름 변경하기

02 복사된 시트 탭을 더블클릭하고 **4주**를 입력합니다.

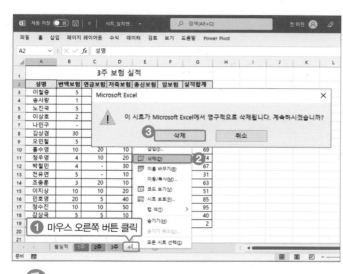

워크시트 삽입 및 이동하기

03 ❶ [새 시트⊕]를 클릭합니다. ❷ 새로운 시트 탭을 더블클릭한 후 **월실적**을 입력합니다. ❸ [월실적] 시트 탭을 [1주] 시트 탭 왼쪽으로 드래그합니다.

> **바로 통 하는TIP** 통합 문서를 새로 열면 기본적으로 시트는 하나만 있습니다. 기본 시트 개수를 수정하려면 [파일] 탭-[옵션]을 클릭합니다. [Excel 옵션] 대화상자가 나타나면 [일반] 항목의 [포함할 시트 수]에 1~255 사이의 값을 입력합니다.

워크시트 삭제하기

04 앞서 추가한 [4주] 시트를 삭제해보겠습니다. ❶ [4주] 시트 탭에서 마우스 오른쪽 버튼을 클릭한 후 ❷ [삭제]를 클릭합니다. ❸ 삭제하려는 시트에서 데이터를 삭제해도 되는지 물어보는 메시지가 나타나면 [삭제]를 클릭합니다.

➊ [4주] 시트가 삭제됩니다.

> **바로 통 하는TIP** 여러 개의 워크시트를 한번에 선택할 때는 Shift와 Ctrl을 이용합니다. Shift를 누른 상태에서 워크시트를 클릭하면 처음 선택한 워크시트와 마지막으로 선택한 워크시트 사이의 모든 워크시트가 선택됩니다. Ctrl을 누른 상태에서 워크시트를 클릭하면 클릭한 워크시트만 선택됩니다.

회사통

혼자
해보기

매출실적표에서 시트 이름 바꾸고 그림 복사하기

실습 파일 1장\실습파일\분기매출실적.xlsx
완성 파일 1장\실습파일\분기매출실적_완성.xlsx

예제 설명 및 완성 화면

2분기 영업사원 매출실적에서 각 시트 탭의 이름을 지정하고 시트 전체의 글꼴을 지정한 후 결재 양식과 개인별 매출실적을 그림으로 복사하여 [2분기실적보고] 시트에 붙여 넣어보겠습니다.

	A	B	C	D	E	F	G	H
1		2 분기 영업사원 매출실적			결재	담 당	부서장	임 원	사 장
2									
3									
4									
5		사원성명	김우진	송성수	이미옥	강진욱	최민아	문승욱	
6		실적	9,381,000	12,588,000	14,796,000	10,530,000	18,852,000	6,174,000	
7		성명	박민욱	노승아	홍성준	나국환	한민수	유민철	
8		실적	8,382,000	18,762,000	10,530,000	20,580,000	8,382,000	13,017,000	
9									
10		사원성명	부서명	직급	이익률 (%)	달성률 (%)	반품률 (%)	회수율 (%)	
11									
12		김우진	국내영업1팀	사원	23%	89%	2%	90%	
13		송성수	국내영업1팀	대리	19%	86%	1%	45%	
14		이미옥	국내영업1팀	대리	25%	82%	0%	35%	
15		강진욱	국내영업1팀	사원	20%	80%	1%	50%	
16		최민아	국내영업2팀	사원	26%	85%	1%	43%	
17		문승욱	국내영업2팀	대리	25%	80%	3%	9%	
18		박민욱	국내영업2팀	사원	33%	78%	1%	12%	
19		노승아	국내영업2팀	사원	23%	83%	2%	10%	
20		홍성준	국내영업3팀	대리	26%	81%	1%	10%	
21		나국환	국내영업3팀	사원	39%	82%	3%	10%	
22		한민수	국내영업3팀	대리	26%	81%	1%	10%	
23		유민철	국내영업3팀	대리	26%	88%	6%	10%	
24		평균			26%	83%	2%	28%	

4월 | 5월 | 6월 | 2분기실적보고 | 개인별2분기실적 ⊕

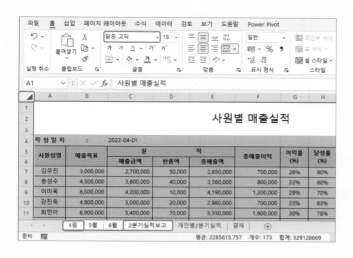

01 [Sheet1], [Sheet2], [Sheet3] 시트 탭을 더블클릭하여 이름을 각각 **4월**, **5월**, **6월**로 변경합니다.

02 [4월] 시트 탭을 클릭하고 Shift를 누른 채 [2분기실적보고] 시트 탭을 클릭합니다. [전체 선택 ◢]을 클릭하고 [홈] 탭-[글꼴] 그룹에서 글꼴을 [맑은 고딕]으로 지정합니다. 임의의 셀을 클릭해서 범위를 해제하면 시트 전체의 글꼴이 맑은 고딕으로 지정됩니다.

03 [결재] 시트에서 [B4:F7] 범위를 지정하고 Ctrl + C를 눌러 복사합니다. [2분기실적보고] 시트에서 [D2] 셀을 클릭하고 마우스 오른쪽 버튼을 클릭한 후 [선택하여 붙여넣기]-[그림 📋]을 클릭합니다. 결재 양식의 위치와 크기를 보기 좋게 조절합니다.

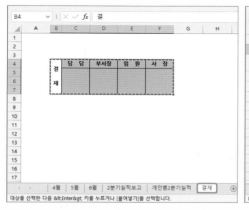

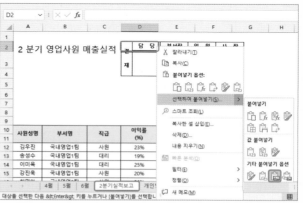

04 [결재] 시트 탭에서 마우스 오른쪽 버튼을 클릭하고 [삭제]를 클릭하여 시트를 삭제합니다.

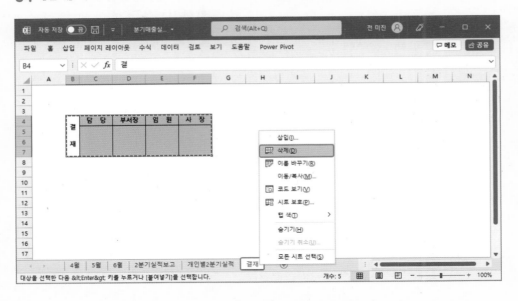

05 [개인별2분기실적] 시트에서 [A3:G6] 범위를 지정하고 Ctrl + C 를 눌러 복사합니다. [2분기실적보고] 시트에서 [A5] 셀을 클릭하고 마우스 오른쪽 버튼을 클릭한 후 [선택하여 붙여넣기]-[연결된 그림]을 클릭합니다. 위치와 크기를 보기 좋게 조절합니다.

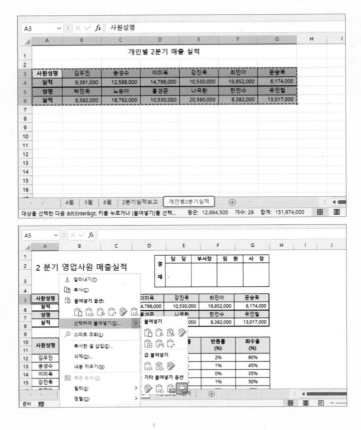

워크시트 보호하기

핵심기능

12

실습 파일 1장\시트보호_거래명세서.xlsx
완성 파일 1장\시트보호_거래명세서_완성.xlsx

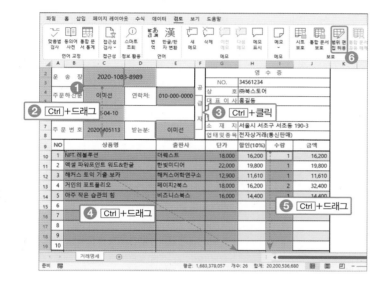

범위 편집 허용하기

01 지정한 범위 외에는 수정할 수 없도록 편집 허용 범위를 설정해보겠습니다. ① [C2] 셀을 클릭합니다. ② Ctrl을 누른 상태에서 [C4:C7] 범위를 지정하고 ③ [E4] 셀과 [E7] 셀을 클릭한 후 ④ [B10:G19] 범위, ⑤ [I10:I19] 범위를 각각 지정합니다. ⑥ [검토] 탭-[보호] 그룹-[범위 편집 허용 📝]을 클릭합니다.

✚ [범위 편집 허용] 대화상자가 나타납니다.

02 ① [범위 편집 허용] 대화상자에서 [새로 만들기]를 클릭합니다. ② [새 범위] 대화상자의 [제목]에 **거래내용수정편집**을 입력하고 ③ [확인]을 클릭합니다. ④ [범위 편집 허용] 대화상자에서도 [확인]을 클릭합니다.

✚ 지정한 범위만 편집할 수 있도록 편집 허용 범위가 설정됩니다.

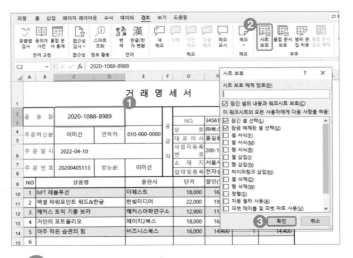

시트 보호하기

03 데이터와 서식을 변경할 수 없도록 시트 보호를 설정해보겠습니다. ❶ 임의의 셀을 클릭하고 ❷ [검토] 탭-[보호] 그룹-[시트 보호🔒]를 클릭합니다. ❸ [시트 보호] 대화상자에서 [확인]을 클릭합니다.

➕ 시트 보호가 설정됩니다.

바로통하는TIP 편집 허용 범위를 지정한 후 시트 보호를 설정하면 [거래내용수정편집]으로 지정한 [C2], [C4:C7], [E4], [E7], [B10:G19], [I10:I19] 셀만 수정할 수 있습니다.

바로통하는TIP [시트 보호 해제 암호]를 입력하면 시트 보호를 해제하려고 할 때 반드시 암호를 입력해야 합니다. 암호를 설정한 후에는 잊어버리지 않도록 주의합니다.

04 편집 범위를 허용한 운송장, 주문하신분, 연락처, 주문일시, 주문번호, 받는분, 상품명, 출판사, 단가, 수량 이외의 셀에서 데이터 수정을 시도하면 경고 메시지가 나타납니다.

바로통하는TIP 시트 보호를 해제하려면 [검토] 탭-[보호] 그룹-[시트 보호 해제🔓]를 클릭합니다.

개인 사용자나 공유된 문서를 사용하는 여러 사용자가 실수나 고의로 워크시트 또는 통합 문서의 중요한 데이터를 변경, 이동, 삭제할 수 없도록 암호를 설정하여 워크시트나 통합 문서의 요소를 보호할 수 있습니다.

① **시트 보호** : 데이터 수정, 서식 변경, 행과 열 삽입/삭제 등 워크시트에서 허용할 요소와 보호할 내용을 선택하고 보호를 해제할 수 없도록 암호를 설정하여 시트를 보호합니다.

② **통합 문서 보호** : 문서의 구조를 보호하고 해제할 수 없도록 시트의 이동, 삭제, 추가 시에 암호를 설정하여 통합 문서를 보호합니다.

③ **범위 편집 허용** : 시트를 보호할 경우 편집을 허용할 범위를 설정합니다.

④ **통합 문서 공유 해제** : 이미 공유된 통합 문서를 해제할 수 있습니다. 엑셀 최신 버전에서는 공동 작성 기능으로 통합 공유 문서 기능을 대체합니다.

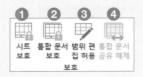

우선순위

핵심기능

13

2010 / 2013 / 2016 / 2019 / 2021

문자/숫자 데이터 입력하기

실습 파일 1장\데이터입력.xlsx [문자], [숫자] 시트
완성 파일 1장\데이터입력_완성.xlsx

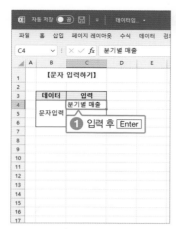

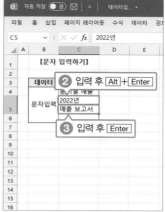

문자 데이터 입력하기

01 ❶ [문자] 시트에서 [C4] 셀에 **분기별 매출**을 입력한 후 Enter를 누릅니다. ❷ [C5] 셀에 **2022년**을 입력한 후 Alt + Enter를 눌러 행을 바꿉니다. ❸ **매출 보고서**를 입력한 후 Enter를 누릅니다.

➕ 2022년 매출 보고서가 두 줄로 입력됩니다.

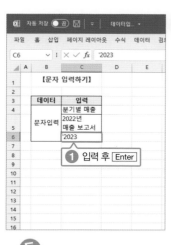

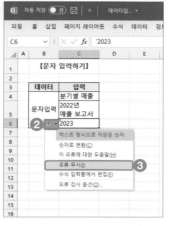

02 ❶ [C6] 셀에 '**2023**을 입력하고 Enter를 누릅니다. ❷ [C6] 셀 옆에 표시되는 [오류 검사⚠]를 클릭한 후 ❸ [오류 무시]를 클릭하여 오류 표시를 지웁니다.

바로 통하는 TIP 숫자 데이터 앞에 아포스트로피(')를 입력하면 엑셀은 이를 문자 데이터로 인식합니다. 따라서 숫자에 아포스트로피를 붙여 입력한 데이터로는 계산을 할 수 없습니다.

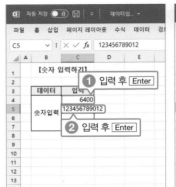
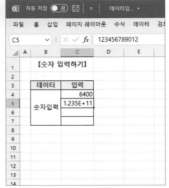

숫자 데이터 입력하기

03 ❶ [숫자] 시트에서 [C4] 셀에 **6400**을 입력한 후 Enter를 누릅니다. ❷ [C5] 셀에 **123456789012**를 입력한 후 Enter를 누릅니다.

➕ 숫자 데이터는 셀 너비가 좁거나 12자리 이상이면 지수 형태로 표시됩니다.

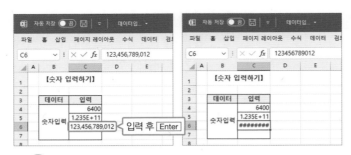

04 [C6] 셀에 **123,456,789,012**를 입력한 후 Enter를 누릅니다.

➕ 서식이 포함된 숫자 데이터가 셀 너비보다 더 길 경우에는 '#####'으로 표시됩니다.

바로 통 하는TIP C열 머리글의 경계를 오른쪽으로 드래그하여 셀 너비를 조정하면 '123,456,789,012' 값이 나타납니다. 셀 너비를 데이터 너비에 맞춰 자동으로 조절하려면 C열 머리글의 오른쪽 경계를 더블클릭합니다.

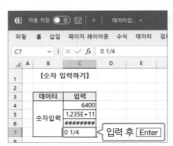
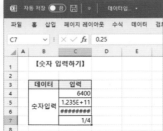

05 [C7] 셀에 **0 1/4**을 입력한 후 Enter를 누르면 분수로 입력됩니다.

➕ 셀에는 '1/4'로 표시되고 수식 입력줄에는 '0.25'로 나타납니다.

바로 통 하는TIP 숫자 데이터 중 분수를 표현하려면 0 이상의 숫자를 입력한 후 한 칸 띄고 분자/분모를 입력합니다.

쉽고 빠른 엑셀 Note　　**셀에 입력할 수 있는 데이터**

셀에는 문자와 숫자 데이터를 입력할 수 있습니다. 문자와 숫자 데이터를 함께 입력할 경우 문자 데이터로 인식됩니다.

① **문자** : 한글, 한자, 일본어, 특수 문자 등 계산할 수 없는 데이터입니다. 숫자와 수식을 제외한 모든 데이터가 문자열에 해당하며 셀 내에서 왼쪽 정렬됩니다.

② **숫자** : 계산 및 통계에 사용되는 가장 기본적인 데이터입니다. 숫자, 통화를 비롯해 분수, 지수까지 다양하게 입력할 수 있으며 셀 내에서 오른쪽 정렬됩니다.

	A	B
1	문자	입력
2	한글	엑셀
3	영문	Excel
4	특수문자	★★★★☆
5	'숫자-숫자	1-4
6		
7	숫자	입력
8	숫자	1234567
9	지수(12자리)	1.23457E+11
10	통화	₩1,234,567
11	백분율	12.30%

⊙ 우선순위

핵심기능

14

날짜/시간 입력하기

실습 파일 1장 \ 데이터입력.xlsx [날짜시간] 시트
완성 파일 1장 \ 데이터입력_완성.xlsx

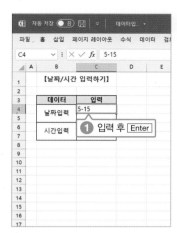 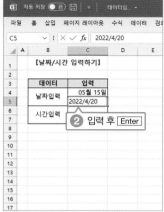

날짜 입력하기

01 ❶ [날짜시간] 시트에서 [C4] 셀에 **5-15**를 입력한 후 Enter 를 누르면 올해 연도를 기준으로 5월 15일이 입력됩니다. ❷ [C5] 셀에 **2022/4/20**을 입력한 후 Enter 를 누릅니다.

➕ '2022/4/20'으로 입력하면 년-월-일로 인식해 '2022-04-20'으로 표시됩니다.

바로 통 하는TIP 현재 날짜를 입력하려면 Ctrl + ; 을 누릅니다. 컴퓨터에 설정된 오늘 날짜가 자동으로 입력됩니다.

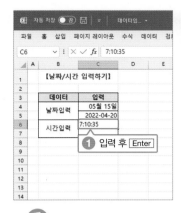 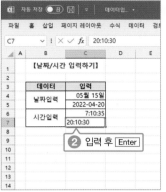

시간 입력하기

02 ❶ [C6] 셀을 클릭하고 **7:10:35** 를 입력한 후 Enter 를 누릅니다. ❷ [C7] 셀을 클릭하고 **20:10:30**을 입력한 후 Enter 를 누릅니다.

➕ [C6] 셀, [C7] 셀을 클릭하면 수식 입력줄에 각각 '7:10:35 AM', '8:10:30 PM'이 표시됩니다.

바로 통 하는TIP 현재 시간을 입력하려면 Ctrl + Shift + ; 을 누릅니다. 컴퓨터에 설정된 현재 시간이 자동으로 입력됩니다. 시간을 입력한 후 한 칸 띄고 **AM**이나 **PM**을 입력하면 12시간제로 표시됩니다. 아무것도 입력하지 않으면 24시간제로 표시됩니다.

엑셀에서 날짜는 1900년 1월 1일부터 9999년 12월 31일까지 누적된 숫자 일련번호로 관리합니다. 따라서 셀에 **1900-1-1**을 입력하면 숫자 1인 일련번호로, **1900-1-30**을 입력하면 숫자 30인 일련번호로 저장되고, 셀에는 날짜 형식(년-월-일)으로 표시됩니다. 그러므로 날짜 사이의 기간(일, 월, 연수)을 계산하려면 날짜 형식에 맞춰 값을 입력해야 합니다.

날짜	1900-01-01	...	1900-12-31	...	2022-05-10	...	9999-12-31
실제 값	1		366		44,691		2,958,465

엑셀에서 시간 데이터는 시, 분, 초로 구분되어 있는 것처럼 보이지만, 실제로는 1일을 24시간으로 나눠 표시하므로 24시간은 숫자 1로 나타냅니다. 즉, 1을 24로 나눈 값에 따라 시간이 숫자로 저장되고 셀에는 시간 형식(시:분:초)으로 표시됩니다. 예를 들어 06:00:00은 숫자 0.25이고, 18:00:00은 숫자 0.75, 24:00:00은 숫자 1입니다. 숫자 1.25를 시간으로 표시하면 1일 6시간(30H)입니다. 따라서 시간 사이의 간격(시, 분, 초)을 계산하려면 시간 형식에 맞춰 값을 입력해야 합니다.

시간	1:00:00	6:00:00	12:00:00	18:00:00	24:00:00
실제 값	0.04166667	0.25	0.5	0.75	1

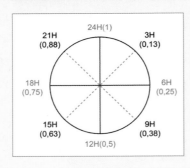

핵심기능

15

한자/기호 입력하기

실습 파일 1장\데이터입력_설문조사.xlsx
완성 파일 1장\데이터입력_설문조사_완성.xlsx

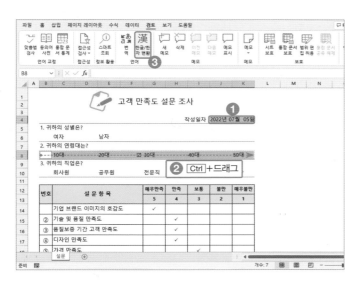

한자로 바꿀 범위 지정하기

01 한자로 바꿀 범위를 지정한 후 한글을 한자로 바꿔보겠습니다. ❶ [J4] 셀을 클릭하고 ❷ Ctrl 을 누른 상태에서 [B8:K8] 범위를 지정합니다. ❸ [검토] 탭-[언어] 그룹-[한글/한자 변환 漢]을 클릭합니다.

➕ [한글/한자 변환] 대화상자가 나타납니다.

한자로 바꾸기

02 ❶ [한글/한자 변환] 대화상자에서 [年](년)을 클릭합니다. ❷ [변환]을 클릭하여 한자를 변환합니다. ❸❹❺❻❼❽ 月(월), 日(일), 代(대)를 순서대로 변환합니다. ❾ 한자 변환이 모두 끝났다는 메시지가 나타나면 [확인]을 클릭해서 변환을 마칩니다.

➕ 한자 변환이 완료됩니다.

바로 통 하는TIP 문자를 입력하면서 한 글자씩 한자로 변환하려면 키보드의 한자 를 눌러 변경합니다.

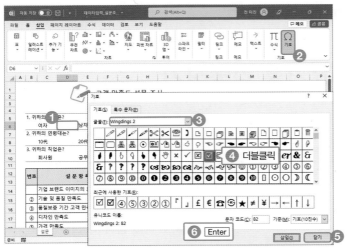

기호 입력하기

03 ❶ [D6] 셀을 클릭하고 ❷ [삽입] 탭–[기호Ω]를 클릭합니다. ❸ [기호] 대화상자의 [글꼴]을 클릭한 후 [Wingdings 2]를 선택하고 ❹ [체크☑]를 더블클릭합니다. ❺ [닫기]를 클릭한 후 ❻ Enter 를 누릅니다.

➕ 선택한 셀에 ☑ 기호가 입력됩니다.

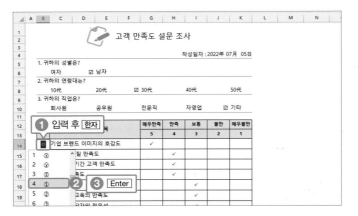

한자 를 이용하여 기호 입력하기

04 ❶ [B14] 셀에 **ㅇ**을 입력한 후 한자 를 누릅니다. ❷ 목록에서 [①]을 클릭한 후 ❸ Enter 를 누릅니다.

➕ 선택한 셀에 ① 기호가 입력됩니다.

한글 자음을 입력한 후 키보드의 한자 를 눌러서 특수 문자를 입력할 수 있습니다. 자음을 입력한 후 한자 를 누르면 특수 문자 목록이 나타나고 여기서 원하는 특수 문자를 선택하거나 특수 문자 옆에 있는 숫자를 입력합니다.

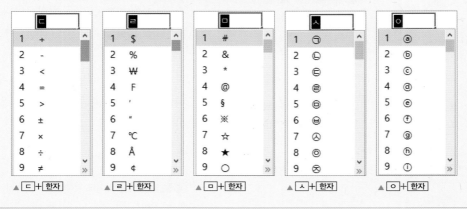

노트 삽입 및 편집하기

실습 파일 1장\메모삽입_설문조사.xlsx
완성 파일 1장\메모삽입_설문조사_완성.xlsx

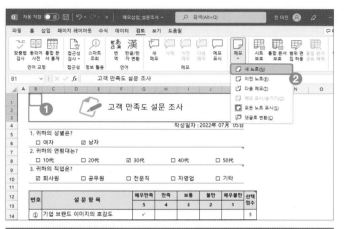

노트 삽입하기

01 ❶ [B1] 셀을 클릭한 후 ❷ [검토] 탭-[메모] 그룹-[새 노트 ⬚]를 클릭합니다. ❸ 노트 상자에 **기업의 브랜드 이미지와 품질, 디자인, 가격, 교육, 서비스 만족도를 조사합니다.**를 입력합니다.

➕ 노트가 삽입됩니다.

✔ **엑셀 2019&이전 버전** 엑셀 2019 버전을 포함한 이전 버전에서는 [새 메모]를 클릭합니다.

바로 통 하는TIP Microsoft 365에서는 셀에 삽입할 수 있는 두 가지 메모(① 새 메모⬚, ② 새 노트⬚) 기능이 있습니다. 버전과 상관없이 새 노트 단축키는 Shift + F2입니다.

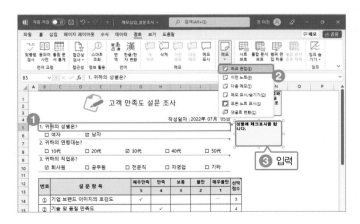

노트 수정하기

02 ❶ [B5] 셀을 클릭합니다. ❷ [검토] 탭-[메모] 그룹-[메모 편집 ⬚]을 클릭합니다. ❸ 노트 상자의 내용을 **성별에 체크표시를 합니다.**로 수정합니다.

바로 통 하는TIP 메모 편집 단축키는 Shift + F2입니다.

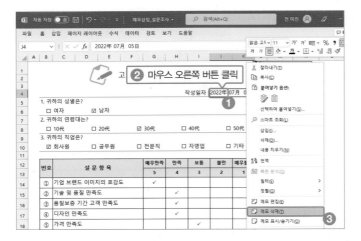

노트 삭제하기

03 ❶ [J4] 셀을 클릭한 후 ❷ 마우스 오른쪽 버튼을 클릭하고 ❸ [메모 삭제]를 클릭합니다.

➕ 노트가 삭제됩니다.

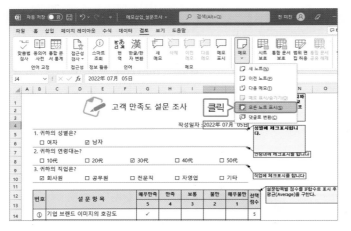

노트 모두 표시하기

04 [검토] 탭−[메모] 그룹−[모든 노트 표시 🔲]를 클릭합니다.

➕ 모든 노트가 표시됩니다.

✔️ **엑셀 2019&이전 버전** 엑셀 2019 버전을 포함한 이전 버전에서 메모를 표시하거나 숨기려면 [검토] 탭−[메모] 그룹−[메모 모두 표시]를 클릭합니다.

쉽고 빠른 엑셀 Note   **대화형 메모와 노트**

Microsoft 365의 [검토] 탭−[메모] 그룹에는 ① [노트 🔲]와 ② [메모 🔲]가 있습니다. ① [노트 🔲]는 엑셀 2019 버전을 포함한 이전 버전의 메모 기능으로 셀에 간단한 설명을 입력할 때 삽입하며, 노트가 추가된 셀에는 빨간색 삼각형이 표시됩니다. ② [메모 🔲]는 Microsoft 365에 업데이트된 대화형 메모로 셀에 아이콘이 표시됩니다. [메모 🔲]는 파일을 공유하거나, 클라우드를 이용해 공동 작업을 진행할 때 메신저에서 채팅하는 것과 같이 셀에 답글(멘션)을 입력할 수 있습니다.

문서를 공유한 엑셀 화면	공유 대상자 엑셀 화면
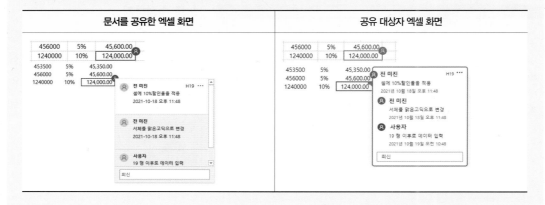	

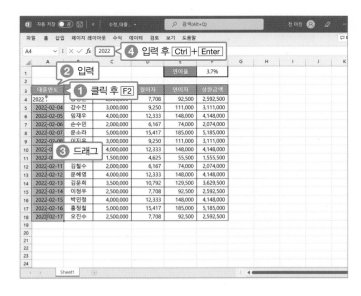

우선순위

핵심기능

17

데이터 수정 및 행 삽입/삭제하기

2010 \ 2013 \ 2016 \ 2019 \ 2021

실습 파일 1장\수정_대출금.xlsx
완성 파일 1장\수정_대출금_완성.xlsx

데이터 수정하기

01 셀을 더블클릭하여 데이터를 수정할 수 있습니다. [F1] 셀을 더블클릭하여 **3.7**로 수정합니다.

➕ 연이율에는 백분율 서식이 지정되어 있어 '%'가 자동으로 입력됩니다.

02 F2 를 누르면 셀을 편집 상태로 만들어서 데이터를 수정할 수 있습니다. ❶ [A3] 셀을 클릭한 후 F2 를 눌러 ❷ **대출연도**로 수정합니다. ❸ [A4:A18] 범위를 지정합니다. ❹ 수식 입력줄에서 **2022**라고 입력한 후 Ctrl + Enter 를 눌러 지정한 범위에 같은 값을 넣습니다.

➕ 대출연도 열에는 날짜 서식이 지정되어 있습니다.

서식 지우기

03 셀에 지정된 서식을 지워보겠습니다. ❶ [A4:A18] 범위를 지정합니다. ❷ [홈] 탭-[편집] 그룹-[지우기 ◇]를 클릭하고 ❸ [서식 지우기]를 클릭합니다.

➕ 범위에 적용된 날짜 서식이 지워져서 '2022'라는 숫자만 나타납니다.

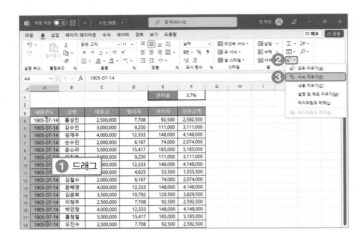

행 삽입하기

04 ❶ 1행 머리글에서 마우스 오른쪽 버튼을 클릭한 후 ❷ [삽입]을 클릭하여 행을 삽입합니다.

바로 통하는 TIP 행을 삽입하는 단축키는 Ctrl + Shift + ➕ 입니다.

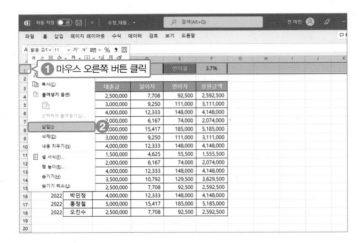

쉽고 빠른 엑셀 Note 데이터를 수정할 때 셀에 직접 입력하거나 수식 입력줄 이용하기

셀을 더블클릭하거나 F2를 눌러 편집 상태로 만든 후 내용을 입력하거나 수정할 수도 있습니다. 데이터를 지울 때는 Delete를 누르거나 [홈] 탭-[편집] 그룹-[지우기 ◇]의 ▽을 클릭합니다. 수식 입력줄에서도 마찬가지로 데이터를 입력/수정할 수 있습니다. [모두 지우기]는 셀에 입력된 서식, 내용, 메모를 모두 지웁니다. [서식 지우기]는 셀에 입력된 내용은 남겨두고 서식만 지웁니다. [내용 지우기]는 셀에 입력된 서식은 남겨두고 내용만 지웁니다. [설명 및 메모 지우기]는 셀에 입력된 메모만 지웁니다.

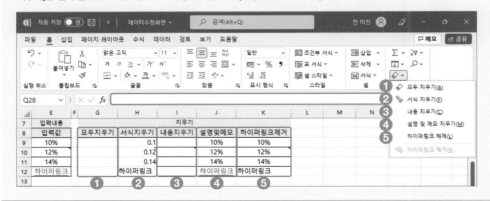

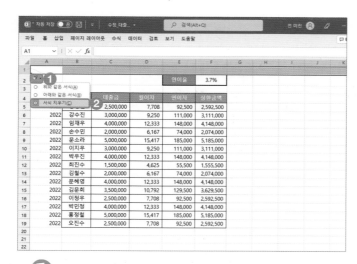

05 ❶ [삽입 옵션▢]을 클릭하고
❷ [서식 지우기]를 클릭합니다.

➕ 삽입한 행의 서식이 지워집니다.

바로**통**하는**TIP** 서식이 지정된 행을 선택하고 행을 삽입하면 [삽입 옵션▢]이 나타납니다. [삽입 옵션]에서 [위와 같은 서식], [아래와 같은 서식], [서식 지우기]를 선택할 수 있습니다. [삽입 옵션]은 다른 셀을 편집하면 바로 사라집니다.

행 삭제하기

06 ❶ [A1] 셀에 **2022년 대출금과 상환금**을 입력합니다. ❷ 10행 머리글에서 마우스 오른쪽 버튼을 클릭하고 ❸ [삭제]를 클릭하여 행을 삭제합니다.

바로**통**하는**TIP** 행을 삭제하는 단축키는 Ctrl+─입니다.

2010 \ 2013 \ 2016 \ 2019 \ 2021

특정 텍스트를 찾아 바꾸고 공백 셀을 찾아 데이터 채우기

실습 파일 1장 \ 실습파일 \ 교육과정출석부.xlsx
완성 파일 1장 \ 실습파일 \ 교육과정출석부_완성.xlsx

⊕ 예제 설명 및 완성 화면

찾기/바꾸기 기능을 활용하면 데이터 범위에서 특정 값을 찾아 바꿀 수 있으며 이동 옵션 기능을 활용하면 데이터 범위에서 텍스트, 숫자, 수식, 빈 셀, 오류 등의 특정 셀을 지정해 선택할 수도 있습니다. 집합교육 리더십 수료 명단(교육 과정 출석부)의 부서명에서 관리팀을 찾아 경영관리팀으로 바꿔보고, 이동 옵션 기능으로 빈 셀을 선택한 후 'X'로 데이터를 채워보겠습니다.

번호	부서명	이름	1일	2일	3일	4일	5일	출석일	과정수료	교육점수
					집합교육 리더십 수료 명단					
1	인사팀	이호연	O	O	O	O	O			
2	총무팀	송진구	X	O	O	X	O			
3	영업팀	문소영	O	O	O	O	O			
4	경영관리팀	강성우	O	O	X	X	X			
5	기획팀	홍진욱	O	O	O	O	O			
6	인사팀	김철수	O	O	O	O	O			
7	IT정보팀	임성우	O	X	O	O	O			
8	홍보팀	김희정	O	O	O	O	O			
9	영업팀	나문수	O	O	O	O	O			
10	경영관리팀	마구영	O	O	X	O	X			
11	기획팀	송선아	O	O	O	O	O			
12	인사팀	이남수	O	O	O	O	O			
13	인사팀	김명진	O	O	O	O	O			
14	총무팀	이미현	O	X	X	O	O			
15	영업팀	전우철	O	O	O	O	O			
16	경영관리팀	이진우	O	O	O	O	O			
17	기획팀	최성수	O	O	O	O	O			
18	인사팀	성진우	O	X	O	O	X			
19	IT정보팀	최성수	O	O	O	O	O			
20	홍보팀	박소라	O	X	O	O	O			

명단

01 부서명에서 관리팀을 찾아 경영관리팀으로 바꿔보겠습니다. [B4] 셀을 클릭하고 Ctrl + Shift + ↓를 눌러 범위를 지정합니다. [홈] 탭-[편집] 그룹-[찾기 및 선택 🔍]을 클릭한 후 [바꾸기]를 클릭합니다. [찾기 및 바꾸기] 대화상자가 나타납니다.

바로 통 하는 TIP 찾기 단축키는 Ctrl + F, 바꾸기 단축키는 Ctrl + H입니다.

02 [찾기 및 바꾸기] 대화상자에서 [찾을 내용]에 **관리팀**을, [바꿀 내용]에 **경영관리팀**을 입력합니다. [모두 바꾸기]를 클릭해 텍스트를 바꿉니다. 항목이 바뀌었다는 메시지가 나타나면 [확인]을 클릭합니다.

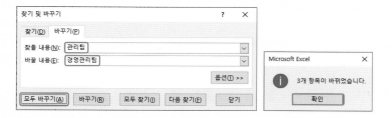

03 빈 셀이 포함된 데이터만 선택해 'X'로 채우겠습니다. [D4:H23] 범위를 지정합니다. [홈] 탭-[편집] 그룹-[찾기 및 선택 🔍]을 클릭하고 [이동 옵션]을 클릭합니다. [이동 옵션] 대화상자에서 [빈 셀]을 클릭하고 [확인]을 클릭하면 출석부 범위에서 빈 셀만 선택됩니다.

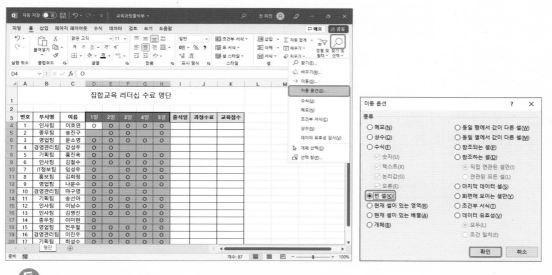

바로 통 하는 TIP [이동 옵션]은 F5를 누르면 나타나는 [이동] 대화상자에서 [옵션]을 클릭해 빠르게 사용할 수 있습니다.

04 빈 셀만 선택된 상태에서 수식 입력줄에 **X**를 입력하고 `Ctrl`+`Enter`를 누릅니다. 빈 셀에 'X'가 모두 채워집니다.

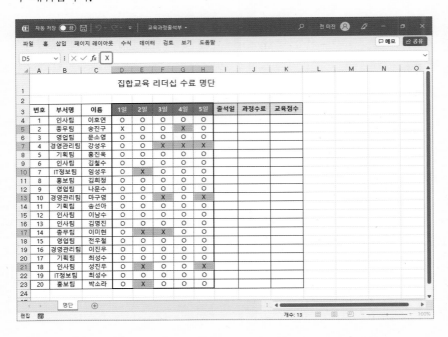

05 범위가 지정된 상태에서 [홈] 탭-[글꼴] 그룹-[채우기 색 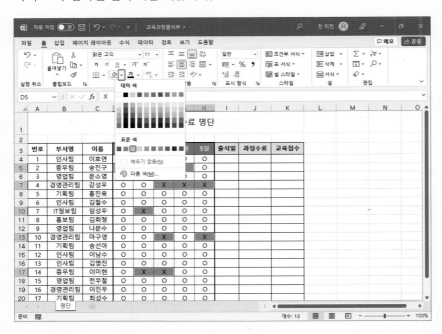]의 ☑을 클릭한 후 원하는 색을 클릭하여 'X'가 입력된 셀의 색을 채웁니다.

우선순위

핵심기능

18

채우기 핸들로 데이터 채우기

| 2010 | 2013 | 2016 | 2019 | 2021 |

실습 파일 1장 \ 채우기_생산현황.xlsx
완성 파일 1장 \ 채우기_생산현황_완성.xlsx

같은 내용으로 채우기

01 문서에서 제품 및 생산 공장에 해당하는 내용을 채우기 핸들을 이용해 채우겠습니다. ❶ [A4] 셀을 클릭합니다. ❷ 채우기 핸들을 [A12] 셀까지 드래그합니다.

➕ [A12] 셀까지 동일한 데이터인 'LED TV'가 채워집니다.

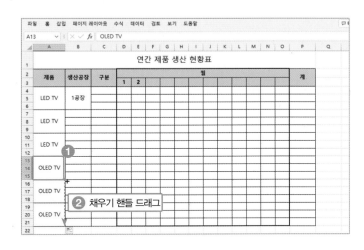

02 ❶ [A13] 셀을 클릭하고 ❷ 채우기 핸들을 [A21] 셀까지 드래그하면 동일한 데이터가 채워집니다.

바로 통하는 TIP 문자 데이터를 채우기 핸들로 드래그하면 동일한 내용으로 복제됩니다.

바로 통하는 TIP 채우기 핸들을 드래그해서 값을 채우면 마지막 셀 아래쪽에 [자동 채우기 옵션[🔽]]이 나타납니다. [셀 복사], [연속 데이터 채우기], [서식만 채우기], [서식 없이 채우기] 중 하나를 선택하여 데이터를 채울 수 있습니다.

쉽고 빠른 엑셀 Note 〉 채우기 핸들로 데이터 입력하기

문자 데이터는 같은 내용으로, 문자와 숫자가 혼합된 데이터는 숫자만 1씩 증가하며 채워집니다. 숫자 데이터는 두 셀을 범위로 지정하고 드래그하면 두 셀의 차이만큼 데이터가 증감합니다.

	A	B	C
1	지역	지점	휴무일
2	서울	강북1호점	7
3			14
4			
5			

드래그 →

	A	B	C
1	지역	지점	휴무일
2	서울	강북1호점	7
3	서울	강북2호점	14
4	서울	강북3호점	21
5	서울	강복4호점	28

숫자만 바꾸면서 채우기

03 [B4] 셀의 채우기 핸들을 [B12] 셀까지 드래그합니다.

➕ 문자와 숫자가 혼합된 데이터에서 채우기 핸들을 드래그하면 문자는 그대로인 채 숫자만 1씩 증가하므로 '1공장', '2공장', '3공장' 순서로 채워집니다.

04 ❶ [B4:B12] 범위를 지정하고 ❷ [Ctrl]을 누른 상태에서 채우기 핸들을 [B21] 셀까지 드래그합니다.

➕ 지정한 범위 안의 내용이 반복해서 채워집니다.

바로 통 하는 TIP [Ctrl]을 누른 상태에서 채우기 핸들을 드래그하면 숫자 데이터가 증가하지 않고 동일한 내용이 복제됩니다.

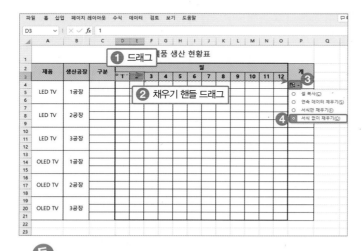

숫자 1씩 증가하면서 채우기

05 월에 해당하는 항목에 12월까지 숫자를 채워보겠습니다. ❶ [D3:E3] 범위를 지정합니다. ❷ 채우기 핸들을 [O3] 셀까지 드래그한 후 ❸ [자동 채우기 옵션]을 클릭하고 ❹ [서식 없이 채우기]를 클릭합니다.

➕ 서식은 그대로 유지되고, 숫자가 1씩 증가하여 번호가 채워집니다.

바로 통 하는 TIP 숫자 데이터인 두 셀을 범위로 지정하고 채우기 핸들을 드래그하면 두 셀 값의 차이만큼 데이터가 증감하면서 채워집니다.

사용자가 지정한 목록으로 채우기

06 ❶ [파일] 탭을 클릭하고 ❷ [옵션]을 클릭합니다. ❸ [Excel 옵션] 대화상자에서 [고급]을 클릭하고 ❹ [일반]에서 [사용자 지정 목록 편집]을 클릭합니다.

➕ [사용자 지정 목록] 대화상자가 나타납니다.

07 ❶ [사용자 지정 목록] 대화상자의 [목록 항목]에 **목표, 생산, 불량**을 Enter를 눌러 구분하면서 입력합니다. ❷ [추가]를 클릭해서 사용자 지정 목록에 등록합니다. ❸ [확인]을 클릭해서 대화상자를 닫습니다.

바로 통하는TIP [목록 항목]을 입력할 때 각 항목과 항목 사이는 Enter나 콤마(,)로 구분합니다.

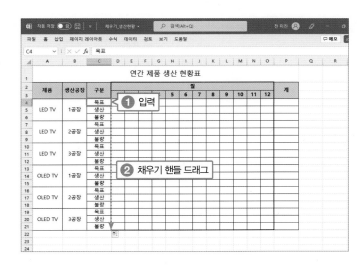

08 ❶ [C4] 셀에 **목표**를 입력합니다. ❷ [C4] 셀의 채우기 핸들을 [C21] 셀까지 드래그합니다.

➕ 사용자 지정 목록에 추가한 '목표', '생산', '불량' 순서대로 셀이 채워집니다.

핵심기능

19

빠른 채우기로 신속하게 데이터 열 채우기

실습 파일 1장 \ 채우기_제품목록.xlsx
완성 파일 1장 \ 채우기_제품목록_완성.xlsx

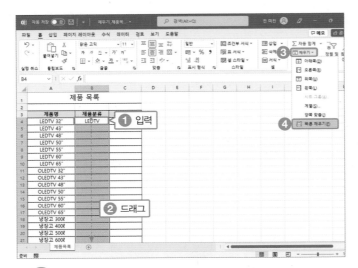

빠른 채우기로 같은 패턴의 분할 데이터 입력하고 채우기

01 ❶ [B4] 셀에 **LEDTV**를 입력합니다. ❷ [B4:B44] 범위를 지정합니다. ❸ [홈] 탭-[편집] 그룹-[채우기 囲]를 클릭한 후 ❹ [빠른 채우기]를 클릭합니다.

➕ [B44] 범위까지 같은 패턴의 데이터가 자동으로 채워집니다.

바로 **통** 하는TIP 빠른 채우기 기능이 항상 데이터를 채우지는 않습니다. 데이터가 일관성이 있는 경우에 이 기능을 사용하는 것이 적합합니다. 여기서는 제품명에 입력된 데이터의 패턴을 분석하여 제품 이름만 빠른 채우기로 채운 것입니다. 빠른 채우기의 단축키는 Ctrl + E입니다.

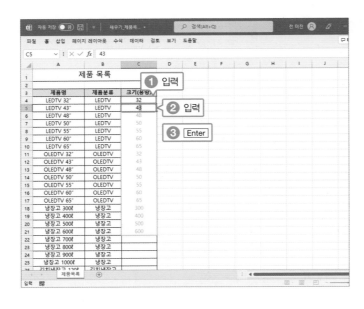

02 ❶ [C4] 셀에 **32**를 입력합니다. ❷ [C5] 셀에 **4**를 입력합니다. ❸ 빠른 채우기에서 제안한 목록이 나타나면 Enter를 눌러 빠르게 데이터를 채웁니다.

➕ 제품 용량이 반복해서 채워집니다.

바로 **통** 하는TIP 빠른 채우기에서 제안한 목록으로 채우지 않으려면 끝까지 데이터 값을 입력하거나 Esc를 누릅니다.

핵심기능

20

데이터 유효성 검사로 한글/영문 모드 설정하기

실습 파일 1장\유효성_직무교육1.xlsx
완성 파일 1장\유효성_직무교육1_완성.xlsx

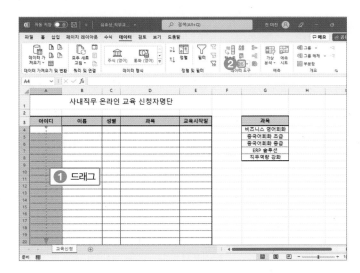

아이디 열에 데이터 유효성 검사 설정하기

01 데이터 유효성 검사를 설정하여 아이디 항목을 영문 모드 상태로만 입력할 수 있도록 변경해보겠습니다. ❶ [A4:A24] 범위를 지정합니다. ❷ [데이터] 탭-[데이터 도구] 그룹-[데이터 유효성 검사▒]를 클릭합니다.

➕ [데이터 유효성] 대화상자가 나타납니다.

02 ❶ [데이터 유효성] 대화상자에서 [IME 모드] 탭을 클릭하고 ❷ [입력기]의 [모드]에서 [영문]을 선택한 후 ❸ [확인]을 클릭합니다.

➕ 데이터 유효성 검사가 설정되어 영문 모드로만 아이디 항목을 입력할 수 있습니다.

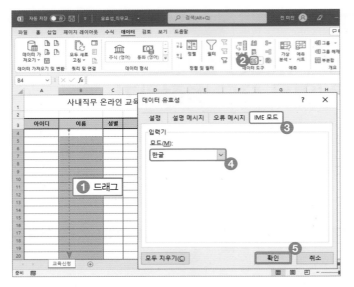

이름 열에 데이터 유효성 검사 설정하기

03 데이터 유효성 검사를 설정하여 이름 항목을 한글 모드 상태로만 입력할 수 있도록 변경해보겠습니다. ❶ [B4:B24] 범위를 지정합니다. ❷ [데이터] 탭-[데이터 도구] 그룹-[데이터 유효성 검사⬚]를 클릭합니다. ❸ [데이터 유효성] 대화상자에서 [IME 모드] 탭을 클릭합니다. ❹ [입력기]의 [모드]에서 [한글]을 선택한 후 ❺ [확인]을 클릭합니다.

➕ 데이터 유효성 검사가 설정되어 한글 모드로만 이름 항목을 입력할 수 있습니다.

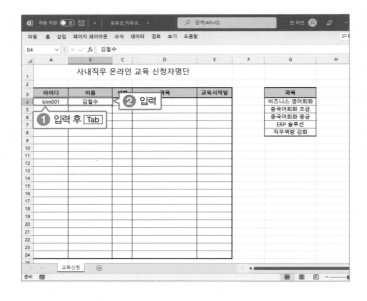

04 ❶ [A4] 셀에 **kim001**을 입력하고 Tab 을 누릅니다. ❷ [B4] 셀에 **김철수**를 입력합니다.

바로 통 하는TIP [IME 모드]에서 [한글] 또는 [영문] 모드를 설정하면 한/영 을 눌러 한글과 영문을 바꾸지 않아도 설정한 형식으로 데이터를 입력할 수 있습니다.

2010 \ 2013 \ 2016 \ 2019 \ 2021

데이터 유효성 검사로 목록 설정하기

실습 파일 1장\유효성_직무교육2.xlsx
완성 파일 1장\유효성_직무교육2_완성.xlsx

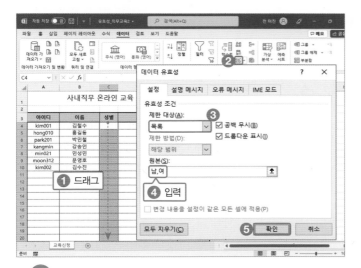

성별에 데이터 유효성 검사 설정하기

01 성별 셀을 클릭했을 때 목록에서 남,여를 고를 수 있도록 설정해보겠습니다. ❶ [C4:C24] 범위를 지정하고 ❷ [데이터] 탭-[데이터 도구] 그룹-[데이터 유효성 검사📑]를 클릭합니다. ❸ [데이터 유효성] 대화상자의 [설정] 탭에서 [제한 대상]으로 [목록]을 선택하고 ❹ [원본]에 **남, 여**를 입력합니다. ❺ [확인]을 클릭합니다.

➕ 데이터 유효성 검사가 설정되어 성별 셀을 클릭하면 남, 여를 고를 수 있습니다.

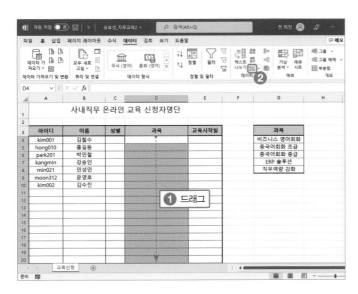

과목에 데이터 유효성 검사 설정하기

02 G열에 입력된 데이터 범위에서만 과목을 고를 수 있도록 설정해보겠습니다. ❶ [D4:D24] 범위를 지정하고 ❷ [데이터] 탭-[데이터 도구] 그룹-[데이터 유효성 검사📑]를 클릭합니다.

➕ [데이터 유효성] 대화상자가 나타납니다.

03 ❶ [데이터 유효성] 대화상자의 [설정] 탭에서 [유효성 조건]의 [제한 대상]으로 [목록]을 선택합니다. ❷ [원본]에 **=$G$4:$G$8**을 입력한 후 ❸ [확인]을 클릭합니다.

➕ [G4:G8] 범위에 입력된 데이터에서만 과목을 고를 수 있도록 [D4:D24] 범위에 데이터 유효성 검사가 설정됩니다.

바로 통 하는 TIP [설정] 탭에서 설정한 사항은 입력할 데이터에 대한 제한 조건이며 각 셀 또는 범위마다 서로 다른 조건을 설정할 수 있습니다.

교육시작일에 데이터 유효성 검사 설정하기

04 특정 날짜 범위에서만 시작일과 종료일을 표시할 수 있도록 설정해보겠습니다. ❶ [E4:E24] 범위를 지정하고 ❷ [데이터] 탭-[데이터 도구] 그룹-[데이터 유효성 검사🔣]를 클릭합니다.

➕ [데이터 유효성] 대화상자가 나타납니다.

05 ❶ [데이터 유효성] 대화상자의 [설정] 탭에서 [유효성 조건]의 [제한 대상]으로 [날짜]를 선택합니다. ❷ [시작 날짜]에 **2022-1-1**을, ❸ [끝 날짜]에는 **2022-12-31**을 입력합니다.

➕ 데이터 유효성 검사가 설정되어 2022년 날짜 범위에서만 시작일과 종료일을 표시할 수 있습니다.

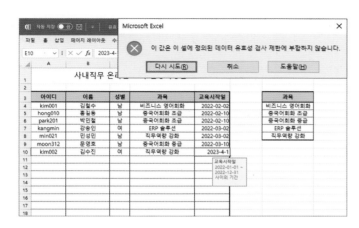

날짜에 메시지 입력하기

06 데이터 유효성 검사에서 설정한 유효 값 이외의 값을 입력했을 때 보여줄 오류 메시지를 입력해보겠습니다. ❶ [데이터 유효성] 대화상자에서 [설명 메시지] 탭을 클릭합니다. ❷ [제목]에 **교육시작일**을 입력하고 ❸ [설명 메시지]에 **2022-01-01 ~ 2022-12-31 사이의 기간**을 입력한 후 ❹ [확인]을 클릭합니다.

➕ 데이터 유효성 검사가 설정되어 2022년이 아닌 날짜를 입력했을 경우 오류 메시지가 표시됩니다.

바로 통 하는TIP 설정한 유효 값 이외의 값을 입력했을 때 나타나는 오류 메시지는 [오류 메시지] 탭에 입력합니다.

07 유효성 검사를 모두 설정했습니다. 성별과 과목 열에서 셀을 클릭한 후 목록 상자에서 원하는 항목을 선택하거나 목록에 있는 내용을 직접 입력합니다. 교육시작일에는 2022-01-01~2022-12-31 사이의 날짜를 입력할 수 있고 잘못 입력하면 오류 메시지가 나타납니다.

쉽고 빠른 엑셀 Note   데이터 유효성 검사

데이터 유효성 검사는 데이터의 입력 오류를 줄이고 유효한 데이터만 입력하도록 설정합니다. 사용자에게 입력 방법에 대한 도움말을 제공하거나 경고 메시지를 표시해서 데이터 입력 오류를 줄일 수 있습니다.

회사통

혼자
해보기

데이터 유효성 검사로
오류 데이터 찾기

실습 파일 1장 \ 실습파일 \ 배송일지.xlsx
완성 파일 1장 \ 실습파일 \ 배송일지_완성.xlsx

🔎 예제 설명 및 완성 화면

배송 정보를 관리하는 배송일지에서 운송장번호, 요금부담, 배송료에 데이터 유효성 검사를 설정하고
잘못된 데이터가 있는지 검사합니다.

	A	B	C	D	E	F	G	H
1				배송일지				
2								
3	운송장번호	고객명	배송지	요금부담	배송료	물품가격	배송일	배송시간
4	5008-02-101	홍길동	서울	선불	10,000	1,050,000	07월 04일	4:00 PM
5	5008-02-102	김성미	부산	선불	5,000	75,000	07월 04일	10:30 AM
6	5008-02-103	홍성길	서울	선물	2,000	100,000	07월 05일	1:00 PM
7	5008-02-104	박상훈	인천	선불	5,500	55,000	07월 05일	2:00 PM
8	5008-02-05	이미영	경기	착불	4,500	100,000	07월 05일	11:20 AM
9	5008-02-106	최수미	충남	선불	6,500	35,000	06월 06일	2:20 PM
10	5008-02-107	강미영	전남	선불	6,000	55,000	07월 06일	5:00 PM
11	5008-02-108	송수근	제주	찰불	12,000	80,000	07월 06일	12:30 PM
12	5008-02-109	김남국	서울	착불	3,000	200,000	07월 07일	3:40 PM
13	5008-02-110	방성일	서울	선물	2,500	15,000	07월 07일	4:30 PM
14	5008-02-10	이민정	인천	선불	5,500	45,000	07월 07일	2:00 PM
15	5008-02-112	박나림	경기	착불	4,500	321,000	07월 13일	11:20 AM
16	5008-02-113	문수성	충남	선불	6,500	345,600	07월 08일	2:20 PM
17	5008-02-114	오영욱	전남	선불	6,000	2,145,600	07월 08일	2:00 PM
18	5008-02-15	나경민	제주	찰불	18,000	45,000	07월 09일	11:20 AM
19	5008-02-116	전민석	서울	착불	3,000	100,000	07월 09일	2:20 PM
20	5008-02-117	김선욱	광주	선불	5,000	250,000	07월 09일	5:00 PM
21								
22								
23								

배송일지

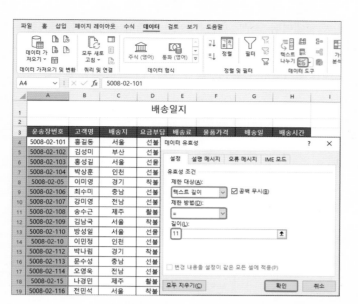

01 [A4:A20] 범위를 지정하고 [데이터] 탭-[데이터 도구] 그룹-[데이터 유효성 검사]를 클릭합니다. [데이터 유효성] 대화상자에서 [제한 대상]을 [텍스트 길이], [제한 방법]을 [=]로 선택한 후 [길이]에 **11**을 입력합니다. [확인]을 클릭해 데이터 유효성 검사를 적용합니다.

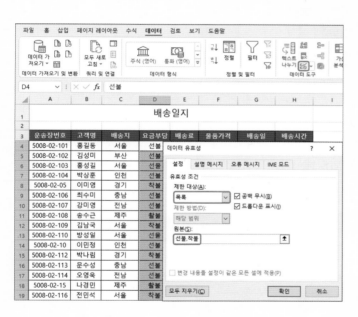

02 [D4:D20] 범위를 지정하고 [데이터] 탭-[데이터 도구] 그룹-[데이터 유효성 검사]를 클릭합니다. [데이터 유효성] 대화상자에서 [제한 대상]을 [목록]으로 선택한 후 [원본]에 **선불,착불**을 입력합니다. [확인]을 클릭해 데이터 유효성 검사를 적용합니다.

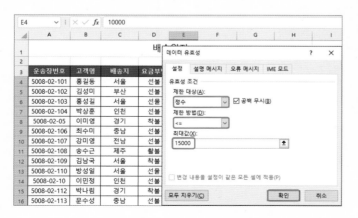

03 [E4:E20] 범위를 지정하고 [데이터] 탭-[데이터 도구] 그룹-[데이터 유효성 검사]를 클릭합니다. [데이터 유효성] 대화상자에서 [제한 대상]은 [정수], [제한 방법]은 [<=]를 선택한 후 [최대값]에는 **15000**을 입력합니다. [확인]을 클릭해 데이터 유효성 검사를 적용합니다.

무선 순위

혼자 해보기

문서 작성

문서 편집 & 인쇄

수식 & 함수

차트

데이터 관리/ 분석& 자동화

04 [G4:G20] 범위를 지정하고 [데이터] 탭-[데이터 도구] 그룹-[데이터 유효성 검사]를 클릭합니다. [데이터 유효성] 대화상자에서 [제한 대상]을 [날짜], [제한 방법]을 [해당 범위]로 선택합니다. [시작 날짜]에 **2022-7-4**, [끝 날짜]에 **2022-7-9**를 입력합니다. [확인]을 클릭해 데이터 유효성 검사를 적용합니다.

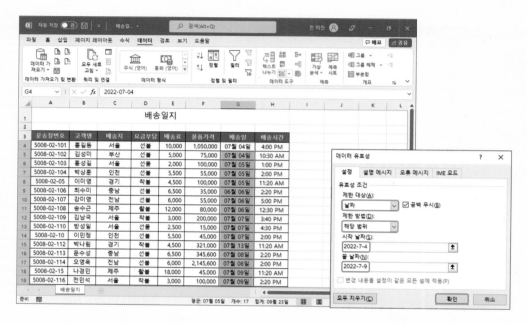

05 [A4:H20] 범위를 지정하고 [데이터] 탭-[데이터 도구] 그룹-[데이터 유효성 검사]의 을 클릭한 후 [잘못된 데이터]를 클릭합니다. 오류 데이터를 찾습니다. 오류 데이터를 수정하면 오류 표시가 지워집니다.

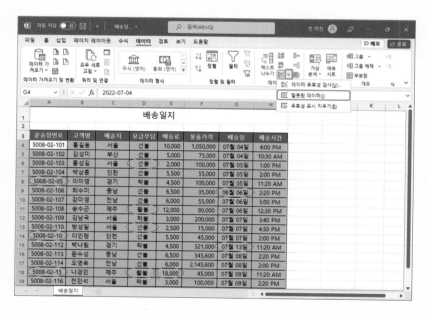

CHAPTER

02

문서 편집 및 인쇄하기

문서를 구체적이고 명확하게 볼 수 있도록 깔끔하고 보기 좋게 만들려면 셀 서식을 잘 다루어야 합니다. 또한 인쇄 미리 보기를 통해 인쇄될 문서의 모양을 확인하고 다양한 인쇄 옵션을 설정하면 용지 낭비를 줄일 수 있습니다. 여기서는 엑셀 문서 내의 셀 스타일, 표 서식, 글꼴, 맞춤, 표시 형식, 조건부 서식 등을 사용해 문서를 완성해보겠습니다. 또한, 문서의 용지, 여백, 배율, 제목, 페이지를 미리 보기로 확인한 후 인쇄하는 방법에 대해서 알아보겠습니다.

표 서식 스타일과 셀 스타일 적용하기

실습 파일 2장\서식_교통비지불증1.xlsx
완성 파일 2장\서식_교통비지불증1_완성.xlsx

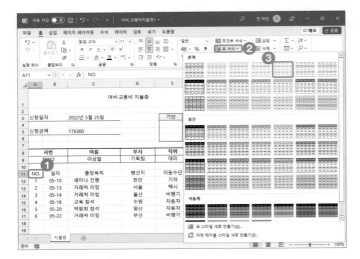

표 서식 적용하기

01 표 서식과 셀 스타일을 이용해 문서를 꾸며보겠습니다. ❶ [A11] 셀을 클릭합니다. ❷ [홈] 탭-[스타일] 그룹-[표 서식 🔲]을 클릭합니다. ❸ [밝게] 영역의 [연한 노랑, 표 스타일 밝게 5]를 클릭합니다.

➕ [표 만들기] 대화상자가 나타납니다.

바로통하는TIP 표 서식을 적용할 범위에 병합된 셀이 있으면 자동으로 병합이 해제됩니다.

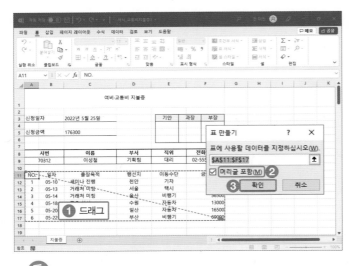

02 [표 만들기] 대화상자가 나타나면 표에 사용할 데이터를 범위로 지정합니다. ❶ [A11:F17] 범위를 지정하고 ❷ [머리글 포함]에 체크한 후 ❸ [확인]을 클릭해서 서식을 적용합니다.

➕ 표 서식을 적용하면 열 머리글에는 필터 단추가 나타납니다. 이를 사용하면 데이터를 빠르게 필터링하고 정렬할 수 있습니다.

바로통하는TIP 표 서식의 첫째 행이 제목 행일 경우 [머리글 포함]에 체크합니다. 체크하지 않으면 선택 범위 맨 위에 열1, 열2, 열3,… 순서로 임시 제목 행이 삽입됩니다.

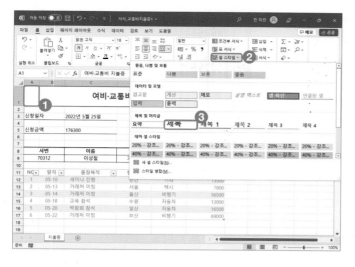

셀 스타일 적용하기

03 ❶ [A1] 셀을 클릭합니다. ❷ [홈] 탭-[스타일] 그룹-[셀 스타일]을 클릭한 후 ❸ [제목 및 머리글] 영역의 [제목]을 클릭해서 스타일을 변경합니다.

바로 통하는 TIP [셀 스타일]에서 [좋음, 나쁨 및 보통] 영역의 [표준]을 클릭하면 셀 무늬나 글자 색, 데이터 형식 등이 모두 표준 표시 형식으로 변경됩니다.

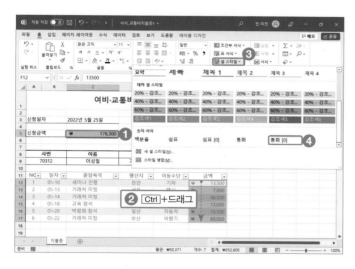

숫자 서식 셀 스타일 적용하기

04 ❶ [C5] 셀을 클릭하고 ❷ Ctrl을 누른 상태에서 [F12:F17] 범위를 지정합니다. ❸ [홈] 탭-[스타일] 그룹-[셀 스타일]을 클릭하고 ❹ [숫자 서식] 영역에서 [통화 [0]]을 클릭합니다.

➕ 숫자에 통화 기호(₩)와 천 단위 쉼표가 표시됩니다.

바로 통하는 TIP 숫자 서식에서 [통화]와 [통화 [0]]은 둘 다 통화 기호(₩)와 천 단위 쉼표를 표시합니다. 그러나 [통화]는 소수점 둘째 자리까지 표시하고 [통화 [0]]은 정수만 표시합니다.

쉽고 빠른 엑셀 Note / 표와 데이터를 일목요연하게 꾸미기

엑셀은 기본적으로 표와 숫자로 구성되며 셀과 워크시트는 모두 격자로 이루어져 있습니다. 그러다 보니 계산과 통계에는 효율적이지만 직관적으로 데이터를 보기에는 어려움이 있습니다. 엑셀에서 제공하는 여러 디자인 도구(셀과 표 스타일, 또는 각종 서식 도구 등)를 사용하면 데이터를 훨씬 더 잘 보이도록 깔끔하게 꾸밀 수 있습니다.

10	A	B	C	D	E	F
11	NO.	일자	출장목적	행선지	이동수단	금액
12	1	05-10	세미나 진행	천안	기차	13500
13	2	05-13	거래처 미팅	서울	택시	7800
14	3	05-14	거래처 미팅	울산	비행기	56500
15	4	05-18	교육 참석	수원	자동차	13000
16	5	05-20	박람회 참석	일산	자동차	16500
17	6	05-22	거래처 미팅	부산	비행기	69000
18						

▲ 일반 표

10	A	B	C	D	E	F
11	NO	일자	출장목적	행선지	이동수단	금액
12	1	05-10	세미나 진행	천안	기차	₩ 13,500
13	2	05-13	거래처 미팅	서울	택시	₩ 7,800
14	3	05-14	거래처 미팅	울산	비행기	₩ 56,500
15	4	05-18	교육 참석	수원	자동차	₩ 13,000
16	5	05-20	박람회 참석	일산	자동차	₩ 16,500
17	6	05-22	거래처 미팅	부산	비행기	₩ 69,000
18						

▲ 서식과 스타일을 적용한 표

핵심기능 23

표 디자인 변경 및 범위로 변환하기

실습 파일 2장\서식_교통비지불증2.xlsx
완성 파일 2장\서식_교통비지불증2_완성.xlsx

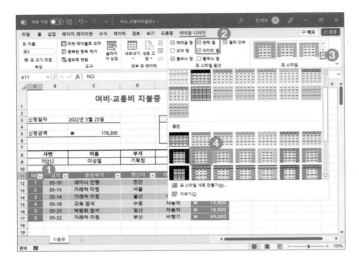

✔ **엑셀 2019&이전 버전** [표 도구]-[디자인] 탭을 클릭합니다.

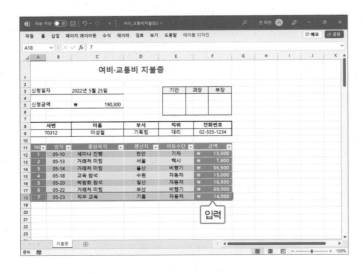

표 스타일 적용하기

01 ❶ 표 영역에서 임의의 셀을 클릭합니다. ❷ [테이블 디자인] 탭-[표 스타일 옵션] 그룹에서 [첫째 열], [마지막 열]에 체크하여 스타일 옵션을 변경합니다. ❸ [표 스타일] 그룹에서 [자세히 ▾]를 클릭한 후 ❹ [중간] 영역의 [파랑, 표 스타일 보통 9]를 클릭합니다.

➕ 첫째 열과 마지막 열이 굵게 처리되어 데이터를 쉽게 구분할 수 있습니다.

02 [A18:F18] 셀에 **7, 5-23, 직무 교육, 기흥, 자동차, 14000**을 각각 입력합니다. 표 서식이 자동으로 확장됩니다.

➕ 여비·교통비 지불증의 데이터 범위에 표 서식을 적용했기 때문에 사용자가 내용을 입력할 때마다 표 서식이 자동으로 확장됩니다.

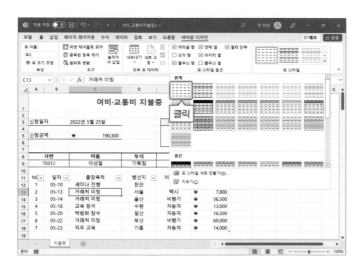

표 서식을 범위로 변환하기

03 ❶ 표 영역에서 임의의 셀을 클릭합니다. ❷ [테이블 디자인] 탭-[표 스타일] 그룹에서 [자세히 ▾]를 클릭합니다.

04 [밝게] 영역의 [없음]을 클릭합니다.

➕ 표 스타일이 [없음]으로 변경됩니다.

05 표 스타일은 변경되었지만 아직 표 서식이 적용되어 있습니다. 표 범위를 일반 데이터 범위로 변경해보겠습니다. ❶ [테이블 디자인] 탭-[도구] 그룹-[범위로 변환 🖳]을 클릭합니다. ❷ 표를 정상 범위로 변경할 것인지 묻는 메시지가 나타나면 [예]를 클릭합니다.

➕ 표가 데이터 범위로 바뀝니다.

우선순위

핵심기능

24

글꼴 그룹에서 서식 지정하기

실습 파일 2장 \ 서식_세금계산서.xlsx
완성 파일 2장 \ 서식_세금계산서_완성.xlsx

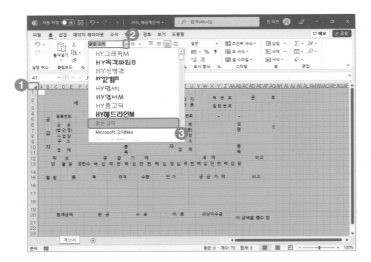

글꼴 지정하기

01 글꼴, 크기, 테두리, 채우기 색의 서식을 지정해 문서를 꾸며보겠습니다. ❶ [전체 선택 ◢]을 클릭하고 ❷ [홈] 탭-[글꼴] 그룹-[글꼴 ▾]을 클릭하고 ❸ [맑은 고딕]을 클릭합니다.

➕ 워크시트 전체가 범위로 지정되고 글꼴이 [맑은 고딕]으로 변경됩니다.

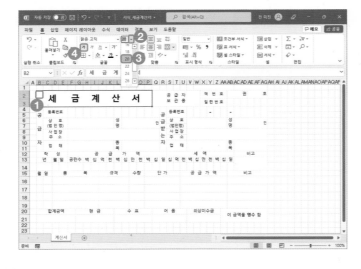

글꼴 크기와 굵기 지정하기

02 ❶ [B2] 셀을 클릭합니다. ❷ [홈] 탭-[글꼴] 그룹-[글꼴 크기 ▾]를 클릭하고 ❸ [20]을 클릭합니다. ❹ [굵게 가]를 클릭해서 글꼴을 굵게 표시합니다.

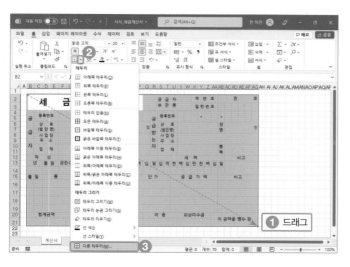

테두리 설정하기

03 ① [B2:AG21] 범위를 지정합니다. ② [홈] 탭-[글꼴] 그룹-[테두리⊞]의 ∨을 클릭하고 ③ [다른 테두리]를 클릭합니다.

➕ [셀 서식] 대화상자가 나타납니다.

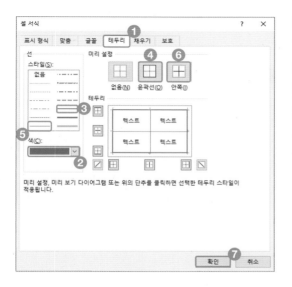

04 [셀 서식] 대화상자가 나타나면 ① [테두리 탭]을 클릭하고 ② [색]에서 [파랑]을 선택합니다. ③ [선]-[스타일]에서 [중간 굵기]를 클릭한 후 ④ [미리 설정]에서 [윤곽선]을 클릭합니다. ⑤ 다시 [선 스타일]에서 [실선]을 클릭한 후 ⑥ [미리 설정]에서 [안쪽]을 클릭합니다. ⑦ [확인]을 클릭합니다.

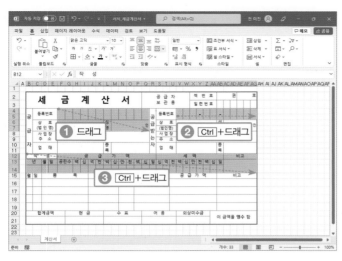

05 ① [F4:Q7] 범위를 지정하고 ② Ctrl 을 누른 상태에서 [V4:AG4] 범위, ③ [B12:AG14] 범위를 각각 지정합니다.

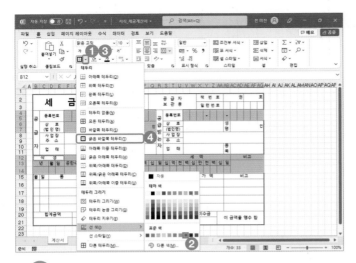

06 ❶ [홈] 탭-[글꼴] 그룹-[테두리⊞]의 ⬇을 클릭한 후 ❷ [선 색]에서 [파랑]을 클릭합니다. ❸ 다시 [글꼴] 그룹-[테두리 목록⬇]을 클릭한 후 ❹ [굵은 바깥쪽 테두리]를 클릭해서 각 선택 영역에 윤곽선을 그립니다.

바로 통하는 TIP 🔲 테두리 그리기는 드래그한 범위의 바깥쪽 가로세로 선만 그릴 수 있으며 🔲 테두리 눈금 그리기는 드래그한 범위의 안쪽 가로세로 선까지 그릴 수 있습니다. 테두리를 그린 후에는 Esc 를 눌러 테두리 그리기를 해제합니다.

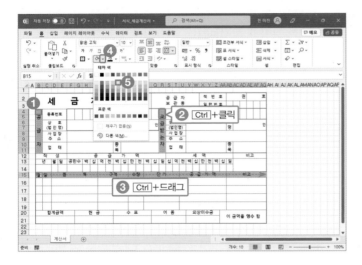

채우기 색 지정하기

07 ❶ [B4] 셀을 클릭하고 ❷ Ctrl 을 누른 상태에서 [R4] 셀, ❸ [B15:AG15] 범위를 지정합니다. ❹ [홈] 탭-[글꼴] 그룹-[채우기 색🖌]의 ⬇을 클릭합니다. ❺ [테마 색]에서 [파랑, 강조 1, 80% 더 밝게]를 클릭해 셀에 색을 채웁니다.

우선순위

핵심기능

25

2010 \ 2013 \ 2016 \ 2019 \ 2021

맞춤, 표시 형식 그룹에서 서식 지정하기

실습 파일 2장\서식_실적분석.xlsx
완성 파일 2장\서식_실적분석_완성.xlsx

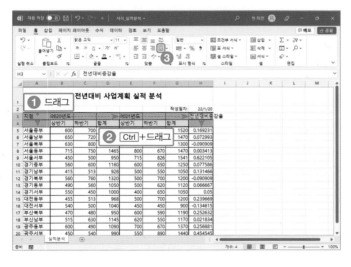

병합하고 가운데 맞춤 지정하기

01 ❶ [A1:H1] 범위를 지정합니다.
❷ [홈] 탭-[맞춤] 그룹-[병합하고
가운데 맞춤圖]을 클릭합니다.

➕ 범위 지정한 셀들이 하나로 병합되고 텍스트는
가운데 정렬됩니다.

02 병합하고 가운데 맞춤할 범위
가 떨어져 있는 경우에는 Ctrl 을 누
른 상태에서 각각의 범위를 지정해
한번에 맞춤 기능을 적용할 수 있습
니다. ❶ [A3:A4] 범위를 지정하고
❷ Ctrl 을 누른 상태에서 [B3:D3],
[E3:G3], [H3:H4] 범위를 각각 지
정합니다. ❸ [홈] 탭-[맞춤] 그룹
-[병합하고 가운데 맞춤圖]을 클릭
합니다.

➕ 지정한 각 범위가 병합되고 가운데 정렬됩니
다.

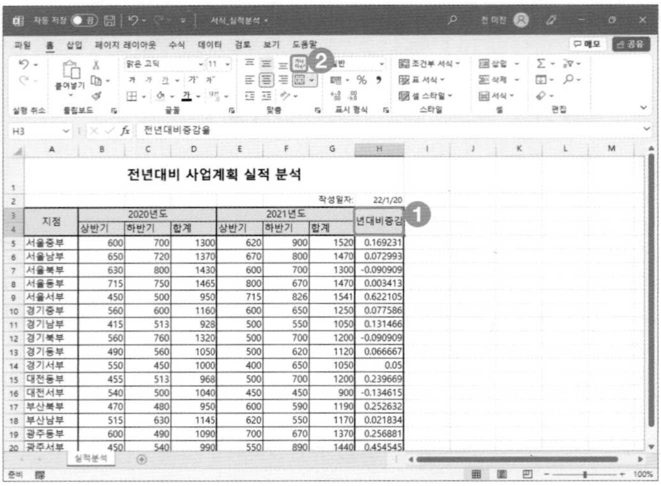

03 전년대비증감율이 표시된 [H3] 셀은 데이터의 길이가 길어 텍스트 전체가 다 보이지 않습니다. 텍스트를 줄 바꿈하여 데이터가 한 셀에 모두 표시되도록 수정해보겠습니다. ❶ [H3] 셀을 클릭하고 ❷ [홈] 탭–[맞춤] 그룹–[자동 줄 바꿈]을 클릭합니다.

⊕ 줄 바꿈이 적용되어 텍스트가 한 셀에 모두 표시됩니다.

바로 통하는 TIP 데이터를 입력할 때 Alt+Enter를 눌러 텍스트의 줄을 바꿀 수도 있습니다.

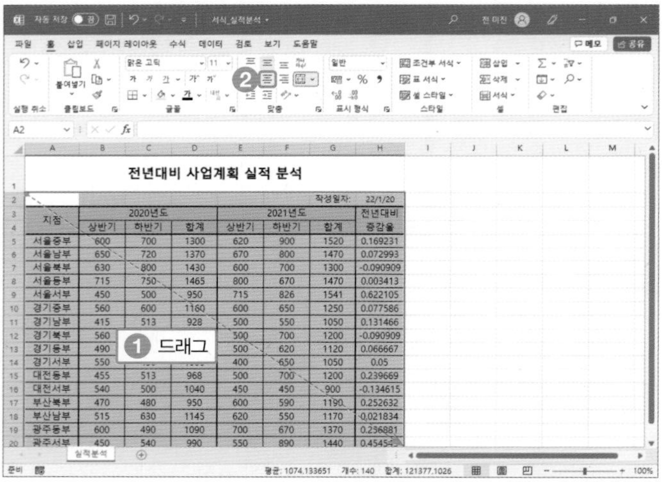

04 ❶ [A2:H20] 범위를 지정합니다. ❷ [홈] 탭–[맞춤] 그룹–[가운데 맞춤]을 클릭합니다.

⊕ 문서의 텍스트가 셀을 기준으로 가운데 정렬됩니다.

바로 통하는 TIP 맞춤 옵션을 상세하게 지정하려면 [맞춤] 그룹–[맞춤 설정]을 클릭해서 [셀 서식] 대화상자를 불러옵니다.

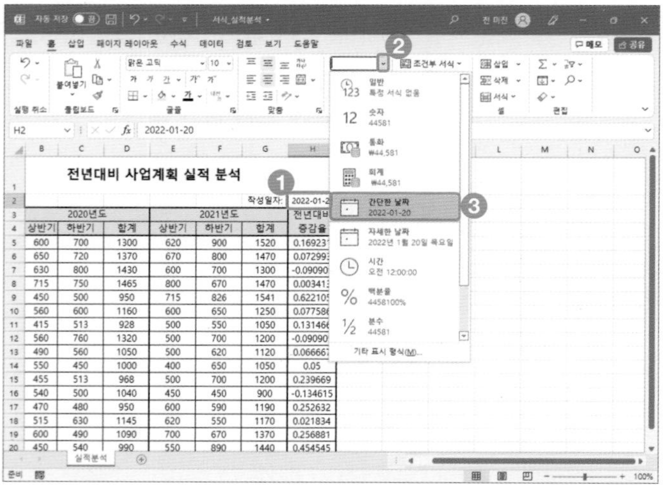

날짜 형식 표시하기

05 작성일자를 년–월–일 형태로 표시해보겠습니다. ❶ [H2] 셀을 클릭합니다. ❷ [홈] 탭–[표시 형식] 그룹–[표시 형식]을 클릭하고 ❸ [간단한 날짜]를 클릭합니다.

⊕ 날짜 형식이 년–월–일 형태로 바뀝니다.

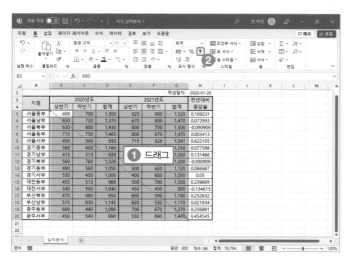

숫자 세 자리마다 쉼표 넣기

06 데이터에서 숫자 세 자리마다 쉼표가 표시되도록 수정해보겠습니다. ❶ [B5:G20] 범위를 지정합니다. ❷ [홈] 탭-[표시 형식] 그룹-[쉼표 스타일 ⑨]을 클릭합니다.

⊕ 숫자 세 자리마다 쉼표가 표시됩니다.

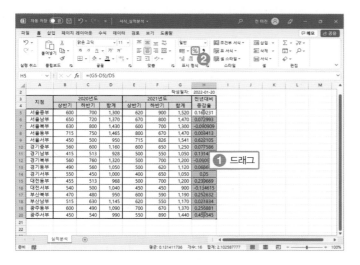

백분율 기호 넣기

07 전년대비증감율을 백분율 형식으로 표시해보겠습니다. ❶ [H5:H20] 범위를 지정합니다. ❷ [홈] 탭-[표시 형식] 그룹-[백분율 스타일 %]을 클릭해서 숫자에 백분율 기호를 넣습니다.

⊕ 숫자가 백분율로 표시됩니다.

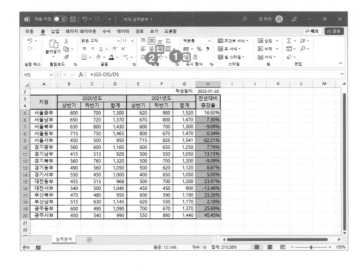

소수점 자릿수 늘리기

08 ❶ [홈] 탭-[표시 형식] 그룹-[자릿수 늘림 ⬆]을 두 번 클릭해서 소수점 둘째 자리까지 표시합니다. ❷ [홈] 탭-[맞춤] 그룹-[오른쪽 맞춤 ▤]을 클릭합니다.

⊕ 백분율이 소숫점 둘째 자리까지 표시되고 오른쪽 맞춤이 적용됩니다.

바로 통 하는 TIP 소수점 자릿수를 줄이려면 줄일 자릿수만큼 [자릿수 줄임 ⬇]을 클릭합니다.

글꼴/맞춤 서식과 표시 형식을 지정하여 임율표 완성하기

실습 파일 2장 \ 실습파일 \ 임율표.xlsx
완성 파일 2장 \ 실습파일 \ 임율표_완성.xlsx

⊕ 예제 설명 및 완성 화면

직급별 인건비, 복리후생비, 기타 비용이 나타나는 임율표에서 조건에 맞게 글꼴, 맞춤, 표시 형식을 지정해보겠습니다.

	구 분	부장	차장	과장	대리	사원
					작성일자:	2022-01-02
				직 급		
인건비	기 본 급	4,000,000	3,500,000	3,000,000	2,400,000	1,800,000
	제 수 당	320,000	280,000	240,000	192,000	144,000
	상 여 율	600%	600%	500%	450%	400%
	퇴 직 금	480,000	420,000	360,000	288,000	216,000
	소계	4,800,000	4,200,000	3,600,000	2,880,000	2,160,000
복리후생비	개인연금	55,000	55,000	55,000	55,000	55,000
	건강보험료	176,000	136,000	105,000	76,000	62,000
	국민연금	162,000	162,000	160,000	129,000	106,000
	산재보험	30,000	25,000	20,000	15,000	12,000
	고용보험	75,000	63,000	50,000	35,000	29,000
	신체검사비	300,000	300,000	250,000	200,000	200,000
	소계	798,000	741,000	640,000	510,000	464,000
기타	차량유지비	200,000	200,000	150,000	-	-
	교육지원비	150,000	150,000	100,000	70,000	50,000
	소계	350,000	350,000	250,000	70,000	50,000
	합계	**5,948,000**	**5,291,000**	**4,490,000**	**3,460,000**	**2,674,000**

위 표는 **2022년 임율표** 입니다.

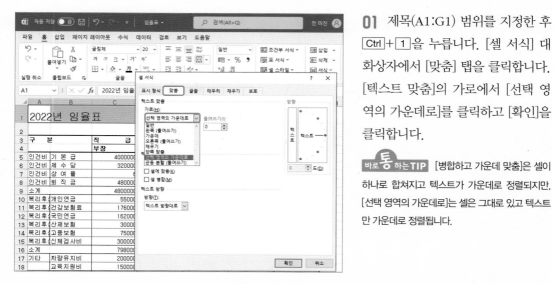

01 제목(A1:G1) 범위를 지정한 후 Ctrl + 1 을 누릅니다. [셀 서식] 대화상자에서 [맞춤] 탭을 클릭합니다. [텍스트 맞춤]의 가로에서 [선택 영역의 가운데로]를 클릭하고 [확인]을 클릭합니다.

바로 통 하는TIP [병합하고 가운데 맞춤]은 셀이 하나로 합쳐지고 텍스트가 가운데 정렬되지만, [선택 영역의 가운데로]는 셀은 그대로 있고 텍스트만 가운데 정렬됩니다.

02 구분(A3:B4), 직급(C3:G3), 인건비(A5:A8), 복리후생비(A10:A15), 기타(A17:A18), 소계(A9:B9, A16:B16, A19:B19), 합계(A21:B21) 범위를 각각 지정한 후 [홈] 탭-[맞춤] 그룹-[병합하고 가운데 맞춤📰]을 클릭합니다. 메시지가 나타나면 [확인]을 클릭합니다.

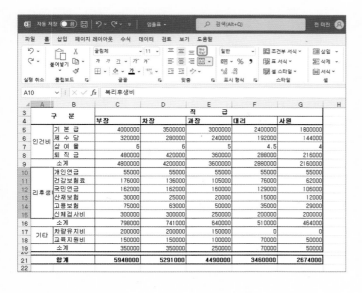

03 복리후생비(A10)는 [홈] 탭-[맞춤] 그룹-[자동 줄 바꿈📑]을 클릭하여 셀 너비에 맞춰 자동 줄 바꿈이 되도록 합니다.

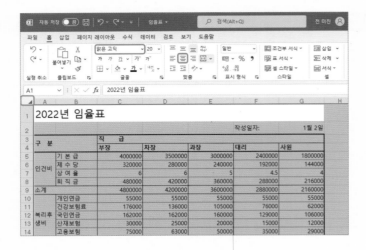

04 [전체 선택 ◢]을 클릭합니다. [홈] 탭-[글꼴] 그룹에서 글꼴을 [맑은 고딕]으로 설정한 후 [홈] 탭-[맞춤] 그룹-[가운데 맞춤 ≡]을 클릭하여 가운데 맞춤을 설정합니다.

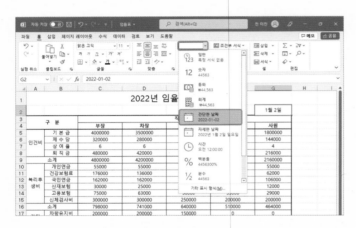

05 작성일자(G2)는 [홈] 탭-[표시 형식] 그룹-[표시 형식 ⌄]에서 [간단한 날짜]를 클릭하여 날짜를 년-월-일 형태로 바꿉니다.

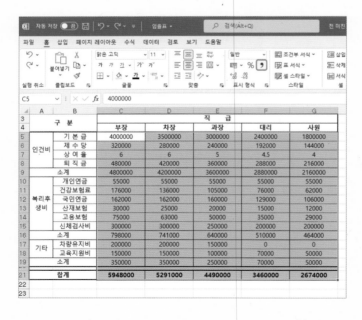

06 숫자 데이터(C5:G21)는 [홈] 탭-[표시 형식] 그룹-[쉼표 스타일 ﹐]을 클릭해 숫자에 쉼표를 적용합니다.

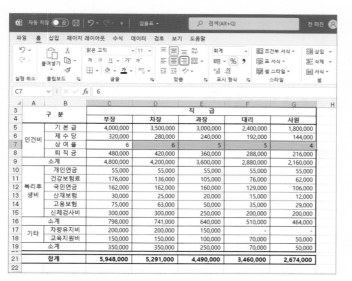

07 상여율 데이터(C7:G7)는 [홈] 탭-[표시 형식] 그룹-[백분율 스타일 %]을 클릭하고 [홈] 탭-[맞춤] 그룹-[가운데 맞춤 ≡]을 클릭해 백분율 스타일의 가운데 맞춤을 설정합니다.

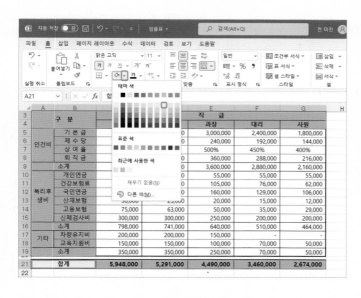

08 제목 행(A3:G4)과 제목 열(A5:B19), 합계 행(A21:G21) 영역을 각각 범위 지정한 후 [홈] 탭-[글꼴] 그룹-[채우기 색 △]의 ▽을 클릭합니다. [황금색, 강조 4, 80% 더 밝게]를 클릭하여 셀에 색을 채웁니다.

핵심기능

26

문자, 숫자 데이터 표시 형식 사용자 지정하기

실습 파일 2장 \ 서식_견적서1.xlsx
완성 파일 2장 \ 서식_견적서1_완성.xlsx

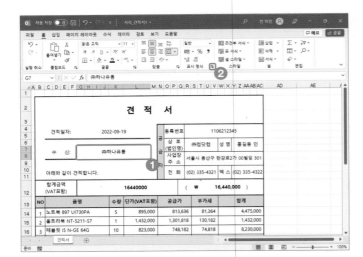

문자 표시 형식 사용자 지정하기

01 고객 명단이나 세미나 참석자 명단, 수신인 등을 표시할 경우 이름 뒤에 '님'이나 '귀하'를 붙이기도 합니다. 문자 사용자 코드인 @를 사용해 이름 뒤에 반복되는 문자를 표시할 수 있습니다. ❶ [G7] 셀을 클릭합니다. ❷ [홈] 탭-[표시 형식] 그룹-[표시 형식 🔽]을 클릭합니다.

➕ [셀 서식] 대화상자가 나타납니다.

02 ❶ [셀 서식] 대화상자의 [표시 형식] 탭-[범주]에서 [사용자 지정]을 클릭합니다. ❷ [형식]에 **@ 귀하**를 입력하고 ❸ [확인]을 클릭합니다.

➕ 셀에 입력한 내용에 서식이 적용되어 '귀하'가 자동으로 표시됩니다.

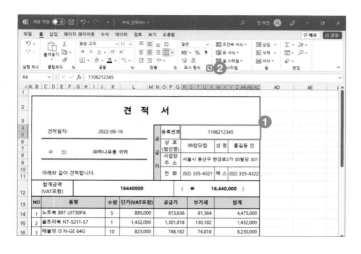

숫자 표시 형식 사용자 지정하기

03 계좌번호나 사업자 등록번호, 신용카드 일련번호 등 숫자의 자릿수를 맞춰 표시해야 하는 경우가 있습니다. 사업자 등록번호 10자리를 세 자리-두 자리-다섯 자리 형식으로 표시해보겠습니다. ❶ [R4] 셀을 클릭하고 ❷ [홈] 탭-[표시 형식] 그룹-[표시 형식 ⬜]을 클릭합니다.

➕ [셀 서식] 대화상자가 나타납니다.

04 ❶ [셀 서식] 대화상자의 [표시 형식] 탭-[범주]에서 [사용자 지정]을 클릭합니다. ❷ [형식]에 **000-00-00000**을 입력하고 ❸ [확인]을 클릭해서 서식을 적용합니다.

➕ 사업자 등록번호가 110-62-12345로 표시됩니다.

바로통 하는TIP 0은 유효한 자릿수가 아닌 숫자의 자릿수를 맞추는 기호로, 000-00-00000은 사업자 등록 번호를 세 자리-두 자리-다섯 자리 형식으로 표시합니다.

쉽고 빠른 엑셀 Note / **사용자 지정 표시 형식**

사용자 지정 형식을 만들 때는 다음과 같이 데이터 형식마다 지정된 기호가 있습니다.

데이터 형식	서식 기호	기능
숫자	#	유효한 숫자를 표시하는 기호(무효한 0은 표시 안 함)입니다.
	0	숫자를 표시하는 기호(무효한 0을 표시하여 자릿수를 맞춤)입니다.
	?	숫자를 표시하는 기호(무효한 0을 공백으로 표시하여 자릿수를 맞춤)입니다.
	%	백분율을 표시합니다.
	.	소수점을 표시합니다.
	,	숫자 세 자리마다 구분 기호를 표시합니다.
	₩, $, ¥	통화 유형 기호를 표시합니다.
문자	@	문자를 대표하는 형식으로 문자에 특정 문자를 표시하고 싶을 때 사용합니다.

우선 순위

혼자 해보기

문서 작성

문서 편집 & 인쇄

수식 & 함수

차트

데이터 관리/ 분석& 자동화

숫자를 한글로 표시하는 서식 지정하기

2010 \ 2013 \ 2016 \ 2019 \ 2021

실습 파일 2장\서식_견적서2.xlsx
완성 파일 2장\서식_견적서2_완성.xlsx

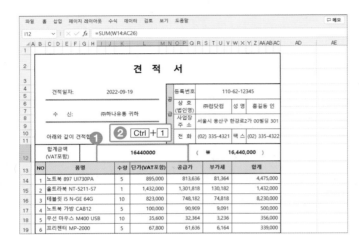

합계금액을 한글로 표시하는 사용자 지정하기

01 견적서의 합계금액을 정확하게 읽을 수 있도록 한글로 바꿔 표시해 보겠습니다. ❶ [I12] 셀을 클릭하고 ❷ Ctrl + 1 을 누릅니다.

➕ [셀 서식] 대화상자가 나타납니다.

02 ❶ [셀 서식] 대화상자가 나타나면 [표시 형식] 탭-[범주]에서 [기타]를 클릭합니다. ❷ [형식]에서 [숫자(한글)]을 클릭합니다.

바로 통 하는TIP [숫자(한글)]은 숫자를 한글로 표시하는 서식으로 [형식] 목록에 [숫자(한글)]이 없다면 [로캘(위치)]를 [한국어]로 변경합니다.

03 ① [범주]에서 [사용자 지정]을 클릭합니다. ② [형식]에 입력되어 있는 서식 코드 맨 앞에 **일금**을 입력한 후 한 칸 띄고 ③ 맨 뒤에 **원정**을 입력합니다. ④ [확인]을 클릭해서 서식을 적용합니다.

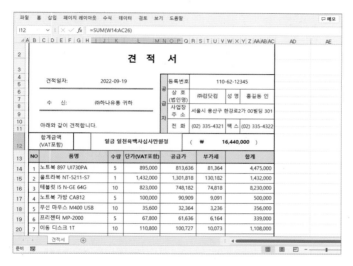

04 숫자가 한글로 표기되며 앞에 '일금', 뒤에 '원정'이 붙습니다.

쉽고 빠른 엑셀 Note   숫자를 한글, 한자로 표시하는 형식 코드

사용자 지정 형식을 만들 때는 다음과 같이 데이터 형식마다 지정된 기호가 있습니다.

형식 코드	설명	기능
[DBNum1][$-ko-KR]G/표준	한자로 표시	一千二百五十万
[DBNum2][$-ko-KR]G/표준	한자 갖은자 표시	壹仟貳百伍拾萬
[DBNum3][$-ko-KR]G/표준	단위만 한자로 표시	千2百5十万
[DBNum4][$-ko-KR]G/표준	한글로 표시	일천이백오십만

✅ **엑셀 2013 & 이전 버전**   엑셀 2013 버전을 포함한 이전 버전의 형식 코드는 [$-ko-KR] 대신 [$-412]를 사용합니다.

핵심기능 28

숫자 데이터 표시 형식으로 양수/음수/0의 서식 지정하기

실습 파일 2장\서식_표시형식.xlsx [실적분석] 시트
완성 파일 2장\서식_표시형식_완성.xlsx

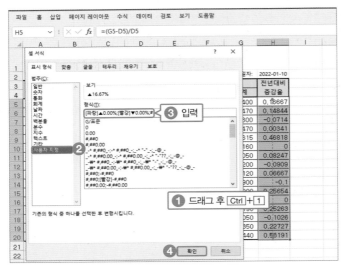

양수/음수/0의 형식 지정하기

01 전년대비 실적이 증가했을 때와 하락했을 때, 0일 때를 구분하여 셀에 표시해보겠습니다. ❶ [실적분석] 시트에서 [H5:H20] 범위를 지정한 후 Ctrl + 1 을 눌러 [셀 서식] 대화 상자를 표시합니다. ❷ [표시 형식] 탭-[범주]에서 [사용자 지정]을 클릭합니다. ❸ [형식]에 서식 코드 **[파랑]▲0.00%;[빨강]▼0.00%;#**을 입력한 후 ❹ [확인]을 클릭합니다.

바로 통하는TIP 한글 자음 ㅁ을 입력한 후 한자 를 눌러서 특수 문자 ▲, ▼를 입력합니다.

바로 통하는TIP 사용자 지정 서식은 **[색]양수의 형식;[색]음수의 형식;0의 형식**으로 입력합니다. 따라서 **[파랑]▲#,##0;[빨강]▼#,##0;#** 형식은 지정한 범위의 숫자가 양수이면 파란색의 ▲가 표시되고, 음수이면 빨간색의 ▼가 표시됩니다. 0일 때는 0을 셀에 표시하지 않습니다. 색상은 [검정], [파랑], [녹청], [녹색], [자홍], [빨강], [흰색], [노랑]으로 8가지입니다. 기본적으로 0보다 크면 양수, 0보다 작으면 음수, 0이면 0, 문자면 문자 형식으로 표현합니다.

02 증감율 범위에 양수, 음수, 0의 서식이 적용되어 나타납니다.

지점	2020년도			2021년도			전년대비 증감율
	상반기	하반기	합계	상반기	하반기	합계	
서울중부	500	700	1,200	500	900	1,400	▲16.67%
서울남부	580	700	1,280	670	800	1,470	▲14.84%
서울북부	600	800	1,400	600	700	1,300	▼7.14%
서울동부	715	750	1,465	800	670	1,470	▲0.34%
서울서부	500	600	1,100	715	900	1,615	▲46.82%
경기중부	560	600	1,160	600	560	1,160	0
경기남부	450	520	970	500	550	1,050	▲8.25%
경기북부	560	760	1,320	500	700	1,200	▼9.09%
경기동부	490	560	1,050	500	620	1,120	▲6.67%
경기서부	550	450	1,000	400	500	900	▼10.00%
대전동부	455	500	955	500	700	1,200	▲25.65%
대전서부	540	500	1,040	540	500	1,040	
부산북부	470	480	950	600	590	1,190	▲25.26%
부산남부	540	630	1,170	500	550	1,050	▼10.26%
광주동부	600	500	1,100	700	650	1,350	▲22.73%
광주서부	400	540	940	550	890	1,440	▲53.19%

전년대비 사업계획 실적 분석

작성일자: 2022-01-10

핵심기능

29

숫자 백만 단위 이하 자르고
네 자리마다 쉼표 표시하기

실습 파일 2장\서식_표시형식.xlsx [매출액] 시트
완성 파일 2장\서식_표시형식_완성.xlsx

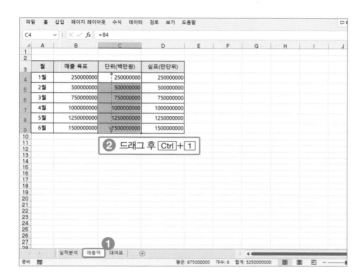

백만 단위 이하는 잘라서 표시하기

01 자릿수가 큰 매출 목표의 숫자
를 백만 원 단위로 잘라서 간단하게
표시해보겠습니다. ❶ [매출액] 시트
를 클릭합니다. ❷ [C4:C9] 범위를
지정한 후 Ctrl + 1 을 누릅니다.

➊ [셀 서식] 대화상자가 나타납니다.

02 ❶ [셀 서식] 대화상자의 [표시 형식] 탭–[범
주]에서 [사용자 지정]을 클릭합니다. ❷ [형식]에
#,##0,,를 입력한 후 ❸ [확인]을 클릭합니다.

➊ 지정한 범위의 숫자가 백만 단위로 표시됩니다.

바로 **통** 하는 **TIP** 천 단위 또는 백만 단위로 표시하기
• 사용자 형식 코드 단위(천 원) : #,##0,
• 사용자 형식 코드 단위(백만 원) : #,##0,,

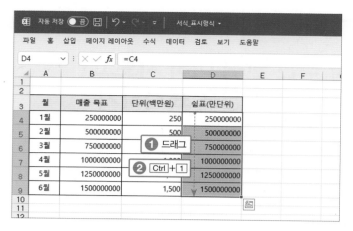

네 자리마다 쉼표 표시하기

03 숫자 네 자리마다 쉼표를 표시해 만 단위, 억 단위로 읽을 수 있도록 수정해보겠습니다. ❶ [D4:D9] 범위를 지정한 후 ❷ `Ctrl`+`1` 을 누릅니다.

➕ [셀 서식] 대화상자가 나타납니다.

04 ❶ [셀 서식] 대화상자의 [표시 형식] 탭-[범주]에서 [사용자 지정]을 클릭합니다. ❷ [형식]에 **[>99999999]####","####","####;####","####**을 입력한 후 ❸ [확인]을 클릭합니다.

바로 통 하는 TIP 서식 설명

사용자 서식은 **[조건]서식1;서식2**로 입력합니다. 조건을 만족하면 서식1을 적용하고, 조건을 만족하지 않으면 서식2를 적용합니다. 따라서 **[>99999999]####","####","####;####","####** 형식은 자릿수가 12 자리일 경우와 여덟 자리일 경우에 따라 쉼표(,)가 표시되는 자릿수가 달라지므로 여덟 자리를 초과하면 ####","####","#### 서식을 적용하고, 여덟 자리 이하이면 ####","#### 서식을 적용합니다. 쉼표(,) 형식은 세 자리마다 쉼표를 표시하는 기호이므로, 네 자리마다 쉼표를 표시하려면 문자(",")로 입력해야 합니다.

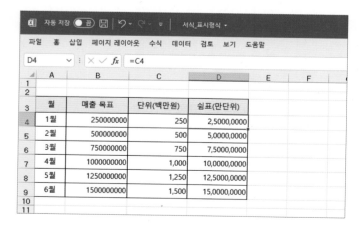

05 매출액에 네 자리마다 쉼표가 표시됩니다.

핵심기능

30

요일과 누적 시간에
사용자 지정 표시 형식 설정하기

실습 파일 2장 \ 서식_표시형식.xlsx [대여표] 시트
완성 파일 2장 \ 서식_표시형식_완성.xlsx

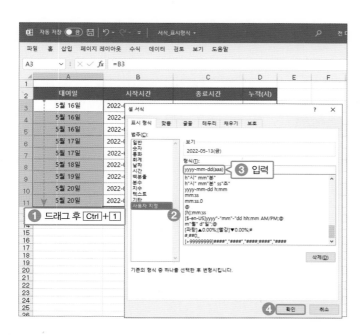

요일 표시하기

01 **①** [대여표] 시트에서 [A3:A11] 범위를 지정한 후 Ctrl + 1 을 눌러 [셀 서식] 대화상자를 불러옵니다. **②** [셀 서식] 대화상자의 [표시 형식] 탭-[범주]에서 [사용자 지정]을 클릭합니다. **③** [형식]에 **yyyy-mm-dd(aaa)**를 입력합니다. **④** [확인]을 클릭해서 셀에 입력한 내용에 요일이 나타나도록 서식을 적용합니다.

⊕ '2022-05-16(월)'처럼 연도와 월, 일이 각각 네 자리-두 자리-두 자리로 표시되고 괄호 안에 요일이 한글 한 자리로 표시됩니다.

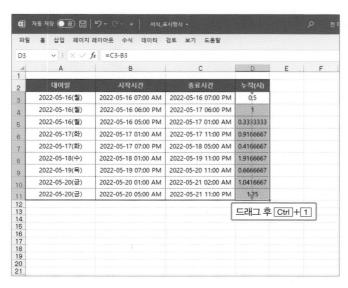

대여 시간 표시하기

02 [D3:D11] 범위를 지정한 후 Ctrl + 1 을 눌러 [셀 서식] 대화상자를 불러옵니다.

바로 통 하는 TIP 1일은 24시간입니다. 엑셀에서 24시간은 24를 24로 나눈 값인 숫자 1로 표시합니다. 1시간은 1을 24로 나눈 값인 숫자 0.041667입니다.

03 ❶ [셀 서식] 대화상자의 [표시 형식] 탭-[범주]에서 [사용자 지정]을 클릭하고 ❷ [형식]에 **[h]**를 입력한 후 ❸ [확인]을 클릭합니다.

04 시작 시간부터 종료 시간까지 걸린 시간, 즉 '=종료시간-시작시간'이 계산되어 표시되도록 서식이 적용되었습니다.

➕ 시작 시간부터 종료 시간까지 24시간이 넘는 누적 시간이 표시됩니다.

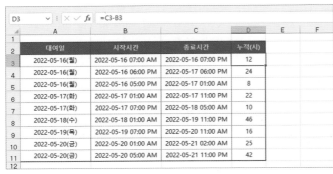

쉽고 빠른 엑셀 Note | **날짜/시간 사용자 지정 형식에 사용되는 표시 형식**

날짜 형식은 주로 년-월-일 형태의 표시 형식을 사용하며 시간 형식은 주로 시:분:초 형태의 h:m:s 표시 형식을 사용합니다. 24시간이 넘는 누적 시간을 표시할 때는 대괄호와 함께 h, m, s 기호를 사용합니다.

데이터 형식	서식 기호	기능
날짜	yy/yyyy	연도를 두 자리 또는 네 자리로 표시합니다.
	m/mm/mmmm	월을 1~12 또는 01~12, 또는 영문으로 표시합니다.
	d/dd	일을 1~31 또는 01~31로 표시합니다.
	ddd/dddd	요일을 영문 세 자리 또는 영문으로 표시(예 : Mon 또는 Monday)합니다.
	aaa/aaaa	요일을 한글 한 자리 또는 한글로 표시(예 : 월 또는 월요일)합니다.
시간	h/hh	시간을 0~23 또는 00~23으로 표시합니다.
	m/mm	분을 0~59 또는 00~59로 표시합니다.
	s/ss	초를 0~59 또는 00~59로 표시합니다.

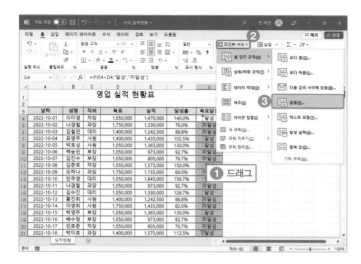

조건부 서식의 셀 강조 규칙 적용하기

01 목표달성에서 '달성'인 셀을 노랑으로 강조해보겠습니다. ❶ [G4:G65] 범위를 지정합니다. ❷ [홈] 탭-[스타일] 그룹-[조건부 서식▦]을 클릭하고 ❸ [셀 강조 규칙]-[같음]을 클릭합니다.

➕ [같음] 대화상자가 나타납니다.

바로 통 하는TIP 조건부 서식을 수정 또는 삭제하려면 [스타일] 그룹에서 [조건부 서식]-[규칙 관리]를 선택합니다. [조건부 서식 규칙 관리자] 대화상자가 나타나면 규칙을 수정 또는 삭제합니다.

02 ❶ [같음] 대화상자에서 서식을 지정할 셀 값에 **달성**을 입력합니다. ❷ [적용할 서식]에서 [진한 노랑 텍스트가 있는 노랑 채우기]를 선택하고 ❸ [확인]을 클릭합니다.

➕ 목표달성에서 '달성'인 셀에 서식이 적용되어 강조됩니다.

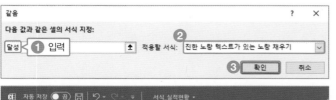

상위/하위 규칙 적용하기

03 실적을 기준으로 상위 10개 목록에 포함되는 셀의 경우 글꼴을 굵게, 빨간색으로 표시해보겠습니다. ① [E4:E65] 범위를 지정합니다. ② [홈] 탭-[스타일] 그룹-[조건부 서식▦]을 클릭하고 ③ [상위/하위 규칙]-[상위 10개 항목]을 클릭합니다. ④ [상위 10개 항목] 대화상자의 [적용할 서식]에서 [사용자 지정 서식]을 선택합니다.

➕ [셀 서식] 대화상자가 나타납니다.

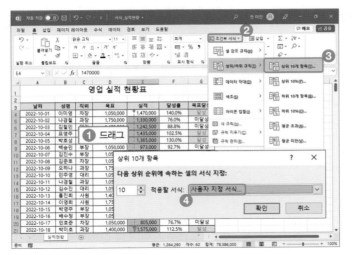

04 ① [셀 서식] 대화상자에서 [글꼴] 탭을 클릭하고 ② [글꼴 스타일]은 [굵게], ③ [색]은 [진한 빨강]을 선택합니다. ④ [확인]을 클릭하고 [상위 10개 항목] 대화상자에서도 [확인]을 클릭해 대화상자를 모두 닫습니다.

05 전체 실적 데이터에서 상위 10개에 포함되는 셀에 서식이 적용됩니다.

색조, 아이콘으로
조건부 서식 지정하기

실습 파일 2장 \ 서식_예산집계표1.xlsx
완성 파일 2장 \ 서식_예산집계표1_완성.xlsx

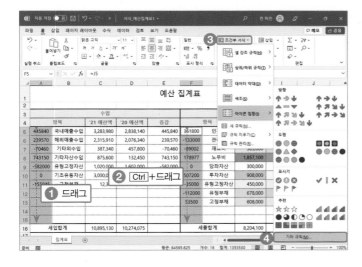

색조로 조건부 서식 지정하기

01 2020년과 2021년 예산액을 녹색과 흰색 두 가지 색조로 표시한 후 비교해보겠습니다. ❶ [H5:I15] 범위를 지정합니다. ❷ [홈] 탭-[스타일] 그룹-[조건부 서식▦]을 클릭하고 ❸ [색조]-[녹색, 흰색 색조]를 클릭합니다.

➕ 값이 클수록 녹색에, 작을수록 흰색에 가깝게 표현됩니다.

아이콘으로 조건부 서식 지정하기

02 2020년 대비 2021년의 수입이나 지출이 증가했을 때, 감소했을 때, 그대로일 때를 비교해 아이콘으로 표시해보겠습니다. ❶ [A5:A15] 범위를 지정하고 ❷ Ctrl을 누른 상태에서 [F5:F15] 범위를 지정합니다. ❸ [홈] 탭-[스타일] 그룹-[조건부 서식▦]을 클릭하고 ❹ [아이콘 집합]-[기타 규칙]을 클릭합니다.

➕ [새 서식 규칙] 대화상자가 나타납니다.

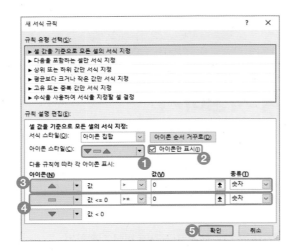

03 ❶ [새 서식 규칙] 대화상자에서 [아이콘 스타일]로 [삼각형 3개 ▲━▼]를 선택하고 ❷ [아이콘만 표시]에 체크합니다. ❸ [다음 규칙에 따라 아이콘 표시] 영역에서 [▲] 값에 [〉, 0, 숫자]를 지정하고 ❹ [━] 값에 [〉=, 0, 숫자]를 지정합니다. ❺ [확인]을 클릭하여 대화상자를 닫습니다.

바로 통 하는 TIP 셀 값을 기준으로 백분율, 숫자, 백분위수, 수식으로 변경할 수 있습니다. 백분율과 백분위수에 0~100 사이 값을 입력합니다.

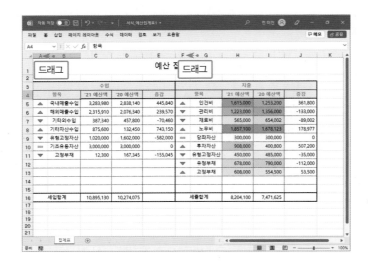

04 셀 값이 0 초과면 ▲, 0이면 ━, 0 미만이면 ▼ 아이콘이 표시됩니다. 아이콘에 맞춰서 A열과 F열의 너비를 적당히 조절합니다.

핵심기능

33

데이터 막대로 조건부 서식 지정 및 규칙 편집하기

실습 파일 2장 \ 서식_예산집계표2.xlsx
완성 파일 2장 \ 서식_예산집계표2_완성.xlsx

데이터 막대로 조건부 서식 지정하기

01 2020년과 2021년 예산액에 해당하는 각 셀 값을 전체 셀 값과 비교했을 때 예산액이 차지하는 비율을 데이터 막대 길이로 표시해보겠습니다. ❶ [C5:D15] 범위를 지정합니다. ❷ [홈] 탭-[스타일] 그룹-[조건부 서식📄]을 클릭하고 ❸ [데이터 막대]-[그라데이션 채우기]-[주황 데이터 막대]를 클릭합니다.

➕ 셀 값에 따라 막대 길이가 다르게 표시됩니다.

02 2020년 대비 2021년의 수입이나 지출이 증가했을 때, 감소했을 때, 그대로일 때를 비교해 데이터 막대로 표시해보겠습니다. ❶ [E5:E15] 범위를 지정한 후 ❷ Ctrl 을 누른 상태에서 [J5:J15] 범위를 지정합니다.

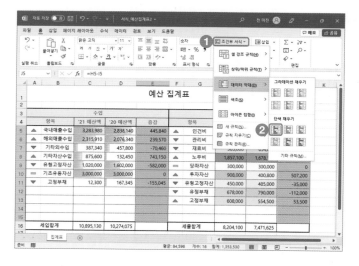

03 ① [홈] 탭-[스타일] 그룹-[조건부 서식▦]을 클릭하고 ② [데이터 막대]-[단색 채우기]-[파랑 데이터 막대]를 클릭합니다.

➕ 셀 값에 따라 음수와 양수 막대로 표시됩니다. 예산액이 증가한 경우 파란색 데이터 막대가 오른쪽으로 길게 표시되고 감소한 경우 빨간색 데이터 막대가 왼쪽으로 길게 표시됩니다.

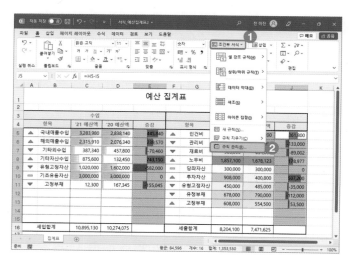

음수와 양수의 막대를 반대 방향으로 표시하기

04 예산액 증감이 표시된 데이터 막대의 방향을 바꿔보겠습니다. ① 범위가 지정된 상태에서 [홈] 탭-[스타일] 그룹-[조건부 서식▦]을 클릭합니다. ② [규칙 관리]를 클릭합니다.

➕ [조건부 서식 규칙 관리자] 대화상자가 나타납니다.

✔️ **엑셀 2010** 엑셀 2010 버전부터는 0을 기준으로 최댓값(양수)과 최솟값(음수)을 막대의 길이로 표시합니다. 따라서 양수와 음수에 따라 막대의 방향이 다르게 표시됩니다.

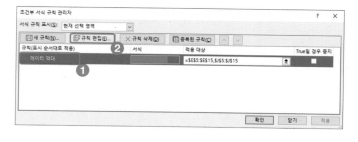

05 ① [조건부 서식 규칙 관리자] 대화상자에서 [데이터 막대] 규칙을 클릭하고 ② [규칙 편집]을 클릭합니다.

➕ [서식 규칙 편집] 대화상자가 나타납니다.

06 ❶ [서식 규칙 편집] 대화상자의 [규칙 설명 편집]에서 [막대 모양]–[막대 방향]을 [오른쪽에서 왼쪽]으로 선택하고 ❷ [음수 값 및 축]을 클릭합니다.

✚ [음수 값 및 축 설정] 대화상자가 나타납니다.

07 예산액 증감이 표시된 데이터 막대의 중심축을 셀 가운데로 바꿔보겠습니다. ❶ [음수 값 및 축 설정] 대화상자의 [축 설정]에서 [셀 중간점]을 클릭합니다. ❷ [확인]을 클릭하고 [조건부 서식 규칙 관리자] 대화상자와 [서식 규칙 편집] 대화상자에서 [확인]을 클릭해 대화상자를 모두 닫습니다.

08 막대의 방향이 오른쪽에서 왼쪽으로 변경되고 중심축이 셀 중간으로 변경됩니다.

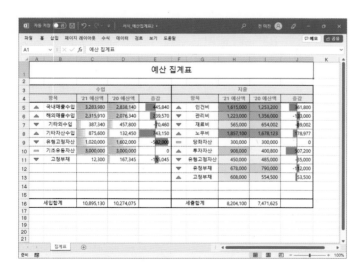

수식으로 조건부 서식 지정하기

실습 파일 2장\서식_신용평가.xlsx
완성 파일 2장\서식_신용평가_완성.xlsx

수식으로 서식 지정하기

01 위험도 평가에서 워크아웃 대상 기업인 경우 해당 행을 연한 노란색으로 채워보겠습니다. ❶ [A4:E35] 범위를 지정합니다. ❷ [홈] 탭-[스타일] 그룹-[조건부 서식🖳]을 클릭하고 ❸ [새 규칙]을 클릭합니다.

➕ [새 서식 규칙] 대화상자가 나타납니다.

02 ❶ [새 서식 규칙] 대화상자의 [규칙 유형 선택]에서 [수식을 사용하여 서식을 지정할 셀 결정]을 클릭합니다. ❷ 목표를 달성한 행 전체에 서식을 적용하기 위해 수식 입력란에 **=$E4="워크아웃"**를 입력하고 ❸ [서식]을 클릭합니다.

➕ [셀 서식] 대화상자가 나타납니다.

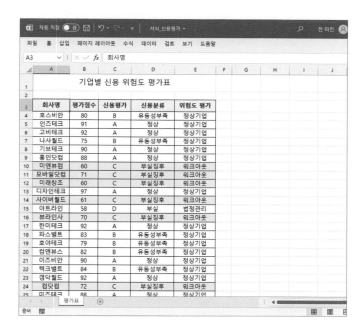

03 ❶ [셀 서식] 대화상자에서 [채우기] 탭을 클릭하고 ❷ [배경색]의 [연한 노랑]을 클릭합니다. ❸ [확인]을 클릭하고 [새 서식 규칙] 대화상자에서도 [확인]을 클릭해서 대화상자를 모두 닫습니다.

04 워크아웃이 포함된 셀의 행 전체가 연한 노란색으로 강조됩니다.

회사통

혼자
해보기

조건부 서식과 사용자 지정
표시 형식 지정하기

실습 파일 2장 \ 실습파일 \ 매출월보.xlsx
완성 파일 2장 \ 실습파일 \ 매출월보_완성.xlsx

예제 설명 및 완성 화면

사원별 월 매출 실적을 기록한 영업사원별 매출월보에서 조건에 맞게 사용자 지정 표시 형식과 조건부
서식을 지정해보겠습니다.

성명	매출목표	실적			달성률 (%)	반품률 (%)
		매출금액	반품액	총매출액		
김민철	300,000	350,000	20,000	330,000	116.67%	⬤ 5.71%
강민욱	250,000	225,000	5,000	220,000	90.00%	2.22%
이민규	250,000	150,000	10,000	140,000	60.00%	⬤ 6.67%
한상민	230,000	180,000	7,000	173,000	78.26%	3.89%
김진철	210,000	160,000	1,000	159,000	76.19%	0.63%
최상호	200,000	280,000	10,000	270,000	140.00%	3.57%
민재철	170,000	130,000	35,000	95,000	76.47%	⬤ 26.92%
이남길	160,000	120,000	4,000	116,000	75.00%	3.33%
전은철	160,000	100,000	2,000	98,000	62.50%	2.00%
홍규만	150,000	150,000	15,000	135,000	100.00%	⬤ 10.00%
김유진	150,000	100,000	20,000	80,000	66.67%	⬤ 20.00%
문길중	150,000	270,000	3,000	267,000	180.00%	1.11%
홍철민	140,000	130,000	30,000	100,000	92.86%	⬤ 23.08%
박은옥	100,000	80,000	6,000	74,000	80.00%	⬤ 7.50%

(단위 : 천원, %)

영업사원별 매출월보

01 매출목표와 실적 범위(B5:E18)에는 네 자리마다 쉼표가 표시되도록 지정하고, 천 단위까지만 숫자가 표시되도록 사용자 지정 표시 형식을 **#,##0,_–**로 지정합니다. [셀 서식] 대화상자에서 [확인]을 클릭하면 네 자리마다 쉼표가 있는 천 단위 금액으로 표시됩니다.

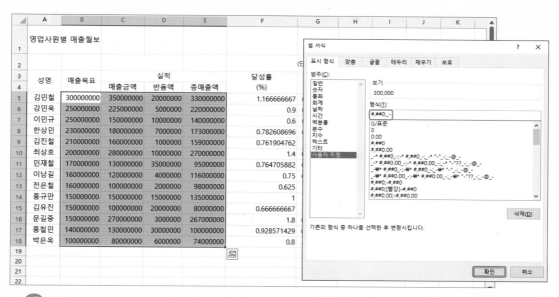

바로통 하는TIP ⌈Ctrl⌋+⌈1⌋을 누르면 [셀 서식] 대화상자가 나타납니다. 사용자 표시 형식 끝의 언더바(_)는 언더바 뒤에 입력된 기호 문자(–)의 너비만큼 여백을 띄웁니다.

02 달성률과 반품률 범위(F5:G18)는 '0.00%' 형태로 표시되도록 사용자 지정 표시 형식을 **0.00%_–**로 지정합니다. [셀 서식] 대화상자에서 [확인]을 클릭해 적용합니다.

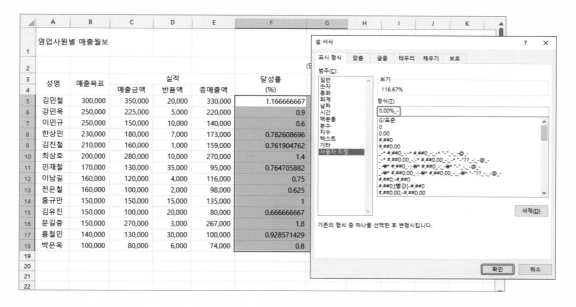

03 달성률 범위(F5:F18)를 데이터 막대로 표시하기 위해 [홈] 탭-[스타일] 그룹-[조건부 서식▦]을 클릭하고 [데이터 막대]-[그라데이션 채우기]-[자주 데이터 막대]를 클릭합니다. 달성률 범위에 데이터 막대가 표시됩니다.

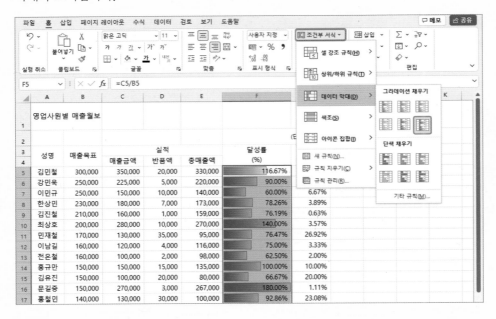

04 반품률 범위(G5:G18)에는 신호등 아이콘으로 상태를 표시합니다. [홈] 탭-[스타일] 그룹-[조건부 서식▦]을 클릭하고 [아이콘 집합]-[도형]에서 [3색 신호등(테두리 없음)●●●]을 선택해 기본 조건의 신호등 아이콘을 삽입합니다.

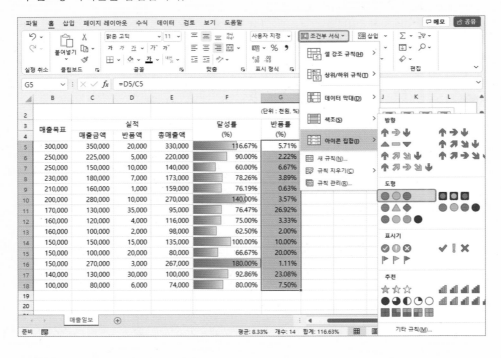

05 반품률 범위(G5:G18)의 상태 표시 규칙을 수정하기 위해 [홈] 탭-[스타일] 그룹-[조건부 서식 ▦]을 클릭하고 [규칙 관리]를 클릭합니다. [조건부 서식 규칙 관리자] 대화상자에서 [규칙 편집]을 클릭합니다. [서식 규칙 편집] 대화상자의 항목을 다음과 같이 수정하고 모든 대화상자에서 [확인]을 클릭합니다. 반품률 20% 이상에는 빨간색 신호등이 표시되고 5% 이상 20% 이하에는 노란색 신호등이 표시됩니다.

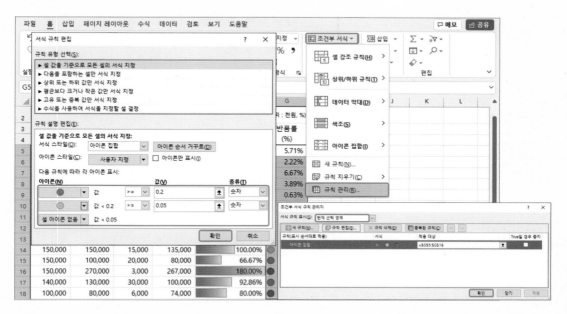

06 데이터 전체 범위(A5:G18)에서 달성률이 100% 이상인 경우 [글꼴 색]-[파랑], [글꼴 스타일]-[굵게]가 행 전체에 적용되도록 수식으로 조건부 서식을 지정하겠습니다. [홈] 탭-[스타일] 그룹-[조건부 서식 ▦]을 클릭하고 [새 규칙]을 클릭하면 [새 서식 규칙] 대화상자가 나타납니다.

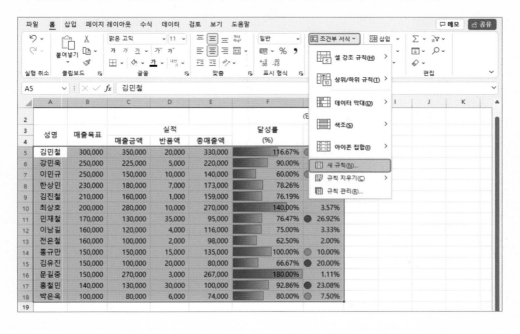

07 [새 서식 규칙] 대화상자에서 [수식을 사용하여 서식을 지정할 셀 결정]을 클릭한 후 [다음 수식이 참인 값의 서식 지정]에 **=$F5>=100%**를 입력합니다. [서식]을 클릭하여 [셀 서식] 대화상자에서 [색]을 [파랑, 강조 1], [글꼴 스타일]을 [굵게]로 지정한 후 [확인]을 클릭합니다. [새 서식 규칙] 대화상자에서도 [확인]을 클릭합니다. 달성률이 100% 이상인 행에 조건부 서식이 지정됩니다.

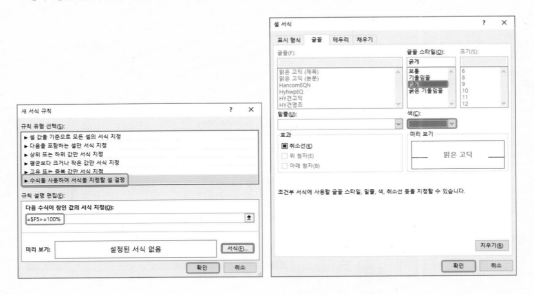

08 전체 데이터가 보기 좋도록 [홈] 탭-[글꼴] 그룹과 [맞춤] 그룹에서 글꼴, 채우기 색을 지정합니다. 전체 범위를 지정하고 [Ctrl]+[1]을 눌러 [셀 서식] 대화상자를 불러옵니다. [셀 서식] 대화상자의 [맞춤] 탭-[텍스트 맞춤]을 [가로 선택 영역의 가운데로]로 지정하고 [테두리] 탭에서 가로, 세로, 외곽 테두리를 지정합니다. [확인]을 클릭해 완성합니다.

핵심기능

35

빠른 분석 도구를 사용하여 표 서식과 조건부 서식 지정하기

실습 파일 2장 \ 서식_수출입추이.xlsx
완성 파일 2장 \ 서식_수출입추이_완성.xlsx

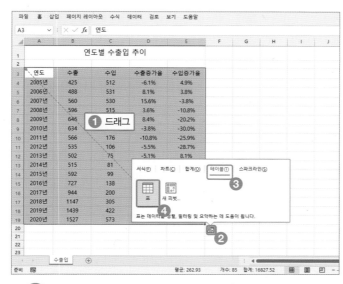

표 서식 지정하기

01 데이터 범위를 지정했을 때 범위 끝에 자동으로 표시되는 빠른 분석 도구를 이용해 표 서식을 지정해보겠습니다. ❶ [A3:E19] 범위를 지정합니다. ❷ 표의 오른쪽 아래에 나타나는 [빠른 분석 🔳]을 클릭합니다. ❸ [테이블]을 클릭하고 ❹ [표]를 클릭하여 지정한 범위에 표 서식을 적용합니다.

➕ 표 스타일이 적용되고 머리글 행에 필터 단추가 나타납니다.

바로 통 하는 TIP 빠른 분석 도구에서 적용한 표의 스타일은 [테이블 디자인] 탭-[표 스타일] 그룹에서 변경할 수 있습니다.

쉽고 빠른 엑셀 Note   빠른 분석 도구 알아보기

표 서식과 셀 스타일이 표 자체를 좀 더 보기 좋게 꾸며준다면 빠른 분석 도구는 표의 데이터를 이용해 간편하게 자료를 시각화합니다.
서식 변경은 물론 차트와 스파크라인을 간편하게 만들어주고 합계 또는 피벗 테이블도 바로 작성할 수 있습니다.

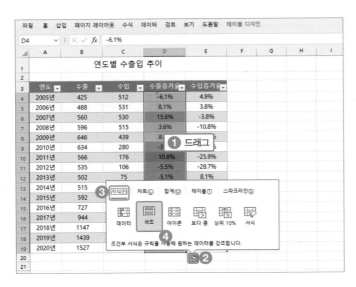

색조로 조건부 서식 지정하기

02 수출증가율이 클 때와 낮을 때를 비교하여 색조로 표시해보겠습니다. ❶ [D4:D19] 범위를 지정합니다. ❷ [빠른 분석▣]을 클릭합니다. ❸ [서식]을 클릭하고 ❹ [색조]를 클릭합니다.

➕ 지정한 범위에 세 가지 색조(녹색–흰색–빨강)로 서식이 적용됩니다.

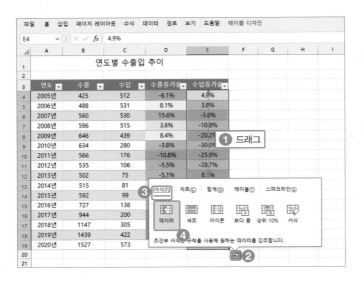

막대로 조건부 서식 지정하기

03 ❶ [E4:E19] 범위를 지정합니다. ❷ [빠른 분석▣]을 클릭합니다. ❸ [서식]을 클릭하고 ❹ [데이터]를 클릭하여 데이터 막대 서식을 적용합니다.

04 음수는 빨간색, 양수는 파란색의 데이터 막대로 표시됩니다.

바로 통 하는 TIP 빠른 분석 도구에서 적용한 조건부 서식 등의 스타일은 [홈] 탭–[스타일] 그룹–[조건부 서식]–[규칙 관리]에서 변경할 수 있습니다.

우선순위

핵심기능

틀 고정하기

36

2010 \ 2013 \ 2016 \ 2019 \ 2021

실습 파일 2장\틀고정_매출표.xlsx
완성 파일 없음

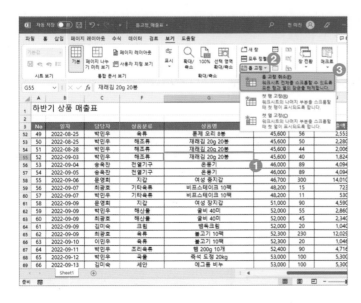

틀 고정하기

01 하반기 상품 매출표에서 화면을 이동해도 표 제목, 연번과 일자, 담당자가 계속해서 보이도록 특정 범위를 고정해보겠습니다. ❶ [D4] 셀을 클릭합니다. ❷ [보기] 탭-[창] 그룹-[틀 고정 🏢]을 클릭합니다. ❸ [틀 고정]을 클릭합니다.

➕ 셀 포인터를 기준으로 위쪽과 왼쪽에 있는 셀이 고정됩니다. 화면을 이동해도 [D4] 셀 위쪽의 [1:3] 행, 왼쪽의 [A:C] 열은 계속해서 나타납니다.

틀 고정 취소하기

02 화면을 아래로 이동한 후 오른쪽으로 이동하면 제목 행과 열이 고정된 것을 확인할 수 있습니다. 고정되어 있는 틀을 취소해보겠습니다. ❶ 임의의 셀을 클릭합니다. ❷ [보기] 탭-[창] 그룹-[틀 고정 🏢]을 클릭하고 ❸ [틀 고정 취소]를 클릭합니다.

➕ 고정된 틀이 취소되어 원래 상태로 돌아갑니다.

핵심기능

37

문서를 바둑판식으로 정렬해서 작업하기

실습 파일 2장\창_매출실적.xlsx
완성 파일 없음

바둑판식으로 창 정렬하기

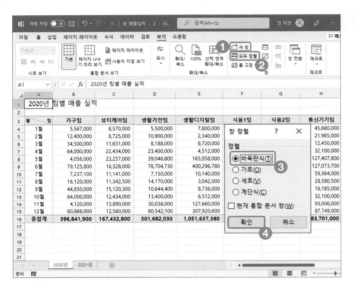

01 [2020년]과 [2021년] 시트를 한 화면에 표시해보겠습니다. 엑셀 창을 추가로 열고 원하는 시트를 클릭한 후 창을 정렬합니다. ❶ 작업 중인 문서를 새 창에 띄우기 위해 [보기] 탭–[창] 그룹–[새 창⬜]을 클릭합니다. ❷ [보기] 탭–[창] 그룹–[모두 정렬▤]을 클릭합니다. ❸ [창 정렬] 대화 상자에서 [바둑판식]을 클릭한 후 ❹ [확인]을 클릭합니다.

➕ 작업 창 두 개가 바둑판식으로 정렬됩니다.

바로 통 하는TIP [보기] 탭–[창] 그룹–[창 전환]을 클릭하면 '창_매출실적.xlsx:1', '창_매출실적.xlsx:2' 두 개의 문서가 열려 있는 것을 확인할 수 있습니다. 현재 열려 있는 문서를 새 창에서 한 번 더 열었다는 의미입니다.

창 나란히 비교하기

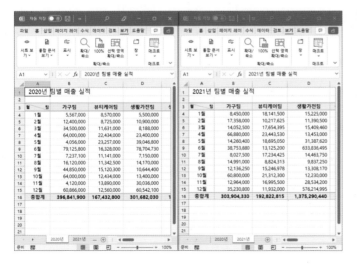

02 [2020년] 시트와 [2021년] 시트를 비교하면서 작업합니다.

바로 통 하는TIP 작업이 모두 끝난 뒤에는 작업 창 중 하나에서 [닫기✖]를 클릭하여 작업 창을 닫습니다.

우선순위

핵심기능

38

2010 | 2013 | 2016 | 2019 | 2021

인쇄 미리 보기에서
인쇄 선택 영역 및 여백 설정하기

실습 파일 2장\인쇄_주간일정표.xlsx
완성 파일 2장\인쇄_주간일정표_완성.xlsx

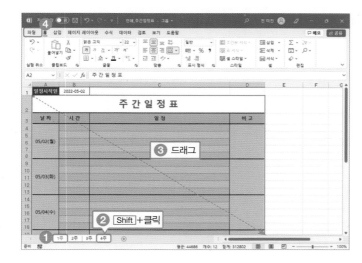

인쇄 영역 설정하기

01 ❶ [1주] 시트 탭을 클릭하고 ❷ Shift 를 누른 상태에서 [4주] 시트 탭을 클릭합니다. ❸ 인쇄 영역을 설정하기 위해 [A2:D38] 범위를 지정하고 ❹ [파일] 탭을 클릭합니다.

바로 통 하는TIP Shift 는 'A부터 B까지'라는 개념이고 Ctrl 은 'A와 B'라는 개념입니다. 따라서 Shift 는 처음 선택한 워크시트부터 마지막 워크시트까지 선택할 때, Ctrl 은 처음 선택한 워크시트와 각각의 워크시트를 선택할 때 사용합니다.

02 ❶ [인쇄]를 클릭하면 인쇄 관련 메뉴와 인쇄 미리 보기가 나타납니다. ❷ [설정]-[인쇄 영역]을 클릭하고 ❸ [선택 영역 인쇄]를 클릭합니다.

➕ [1주]~[4주] 시트에서 [A2:D38] 범위가 인쇄 영역으로 설정됩니다.

바로 통 하는TIP 편집 화면에서 단축키 Ctrl + P 를 누르면 인쇄 미리 보기가 바로 실행됩니다.

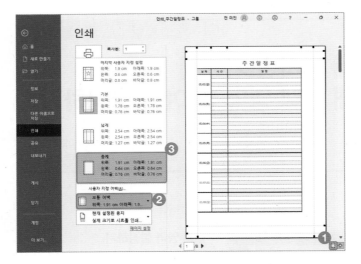

용지 여백 설정하기

03 넓은 용지 여백을 좁게 설정해 보겠습니다. ❶ [여백 표시▦]를 클릭합니다. ❷ [여백 설정]을 클릭하고 ❸ [좁게]를 클릭하여 여백을 조절합니다.

➕ 인쇄 미리 보기에서 좁은 여백이 적용된 페이지가 나타납니다.

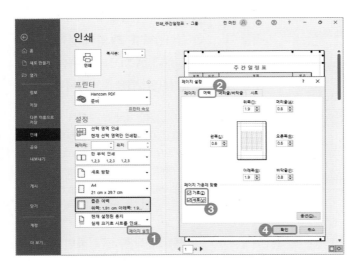

04 ❶ [설정]–[페이지 설정]을 클릭하고 ❷ [페이지 설정] 대화상자에서 [여백] 탭을 클릭합니다. ❸ [페이지 가운데 맞춤]에서 [가로], [세로]에 체크하고 ❹ [확인]을 클릭하여 문서 내용을 페이지 가운데로 정렬합니다.

인쇄 미리 보기 확대/축소하기

05 ❶ 인쇄 미리 보기에서 [다음 페이지▶]를 클릭하여 다른 페이지를 보거나 ❷ 화면 오른쪽 아래의 [페이지 확대/축소▣]를 클릭해서 미리 보기 화면을 확대/축소할 수 있습니다.

바로 통 하는TIP 인쇄 작업 후에 그룹 시트를 해제하려면 [1주]~[4주] 시트 중에서 임의의 시트 탭을 클릭합니다.

인쇄 영역 또는 프린트 설정을 제대로 해두지 않으면 데이터와 배율이 제멋대로 반영됩니다.
[파일] 탭-[인쇄]에서 인쇄와 관련된 작업과 메뉴를 확인할 수 있습니다. 용지에 맞게 데이터
를 인쇄하기 위해서는 다음과 같이 인쇄 환경을 설정합니다.

① 인쇄할 시트를 지정합니다. 활성 시트, 전체 통합 문서 또
는 선택 영역만 인쇄할 수 있습니다.

② 인쇄할 용지의 방향을 지정합니다. 세로 방향 또는 가로
방향으로 지정하여 인쇄합니다.

③ 작업한 문서에 맞는 용지 규격을 지정합니다.

④ 미리 보기 화면을 확인하면서 용지의 여백을 지정합니다.

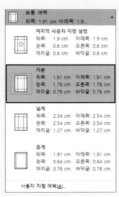

반복 인쇄할 제목 행 지정하기

실습 파일 2장\인쇄_업무추진비1.xlsx
완성 파일 2장\인쇄_업무추진비1_완성.xlsx

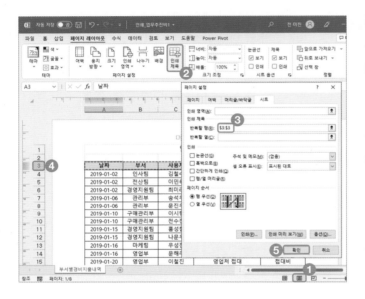

페이지마다 제목 행이 반복 인쇄되도록 설정하기

01 ❶ 상태 표시줄에서 [페이지 레이아웃圖]을 클릭합니다. ❷ [페이지 레이아웃] 탭-[페이지 설정] 그룹-[인쇄 제목圖]을 클릭합니다. ❸ [페이지 설정] 대화상자에서 [시트] 탭-[인쇄 제목]-[반복할 행]을 클릭하고 ❹ 3행 머리글을 클릭하면 반복할 행이 선택됩니다. ❺ [확인]을 클릭합니다.

02 각 페이지로 이동하면서 살펴보면 제목이 반복되어 나타납니다.

핵심기능

40

페이지 나누기 미리 보기 및 인쇄 배율 지정하기

실습 파일 2장 \ 인쇄_업무추진비2.xlsx
완성 파일 2장 \ 인쇄_업무추진비2_완성.xlsx

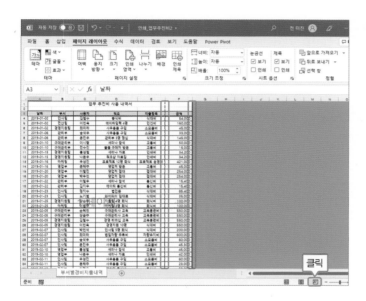

페이지 나누기 미리 보기 모드로 변경하기

01 상태 표시줄에서 [페이지 나누기 미리 보기▦]를 클릭합니다. 페이지 나누기 창에서 인쇄 영역 전체는 파란색 실선으로, 자동으로 나눠진 페이지 구분선은 파란색 점선으로 표시됩니다.

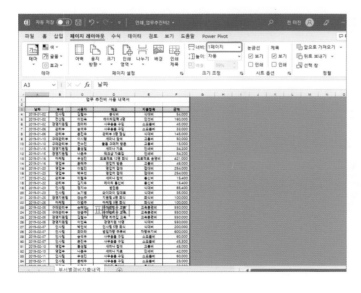

인쇄 배율 조정하기

02 [페이지 레이아웃] 탭-[크기 조정] 그룹에서 [너비▤]를 [1페이지]로 선택합니다.

➕ 인쇄 가로 배율이 [89%]로 조정됩니다.

바로 통 하는 TIP 페이지 구분선인 파란색 점선을 오른쪽으로 드래그하면 자동으로 인쇄 배율이 조정되어 한 페이지에 인쇄됩니다.

페이지 나누기 구분선 수정하기

실습 파일 2장\인쇄_업무추진비3.xlsx
완성 파일 2장\인쇄_업무추진비3_완성.xlsx

01 1~6월까지의 매출 보고 실적 데이터가 월별로 표시되도록 페이지를 나누겠습니다. ❶ 1페이지 나누기 구분선을 41행, ❷ 2페이지 나누기 구분선을 65행 위치로 각각 드래그합니다.

바로 통하는 TIP 페이지 영역을 페이지 나누기 구분선으로 나누려면 [페이지 레이아웃] 탭-[크기 조정] 그룹에서 [너비]와 [높이]를 [자동]으로 선택합니다.

02 ❶ 3페이지 나누기 구분선을 89행, ❷ 4페이지 나누기 구분선을 117행 위치로 각각 드래그합니다.

➕ 월별 매출 보고 실적 데이터의 페이지가 나눠졌습니다.

바로 통하는 TIP [페이지 레이아웃] 탭-[페이지 설정] 그룹-[나누기]를 클릭한 후 [페이지 나누기 삽입] 또는 [페이지 나누기 제거]나 [페이지 나누기 모두 원래대로]를 클릭하여 페이지 나누기를 수정할 수 있습니다.

우선순위

핵심기능

42

머리글/바닥글 설정하기

실습 파일 2장 \ 인쇄_업무추진비4.xlsx
완성 파일 2장 \ 인쇄_업무추진비4_완성.xlsx

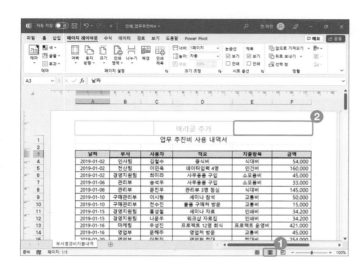

머리글에 현재 날짜 입력하기

01 ❶ 상태 표시줄에서 [페이지 레이아웃 📊]을 클릭합니다. ❷ 머리글 추가 영역 오른쪽 빈칸을 클릭합니다.

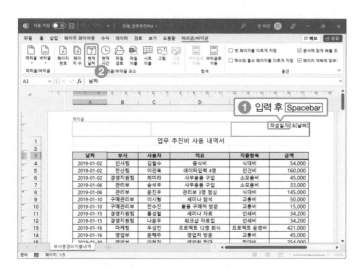

02 ❶ **작성일자 :**를 입력한 후 한 칸 띄웁니다. ❷ [머리글/바닥글] 탭-[머리글/바닥글 요소] 그룹-[현재 날짜 📅]를 클릭해서 날짜를 표기합니다.

➕ '작성일자 :' 뒤로 '&[날짜]'가 삽입됩니다.

✅ **엑셀 2019&이전 버전** [머리글/바닥글 도구]-[디자인] 탭을 확인합니다.

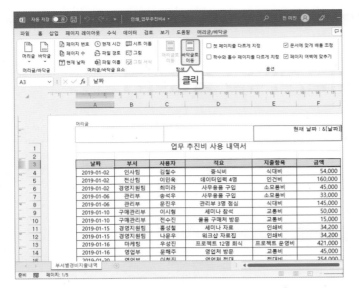

바닥글에 페이지 번호 입력하기

03 [머리글/바닥글] 탭-[탐색] 그룹
-[바닥글로 이동🔲]을 클릭해 바닥
글로 이동합니다.

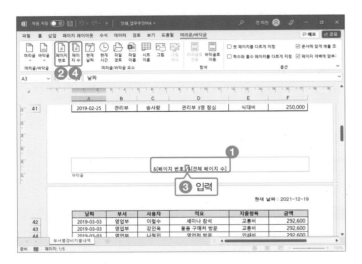

04 ❶ 바닥글 가운데 영역을 클릭
합니다. ❷ [머리글/바닥글] 탭-[머
리글/바닥글 요소] 그룹-[페이지 번
호🔳]를 클릭합니다. ❸ /를 입력한
후 ❹ [페이지 수🔳]를 클릭합니다.

➕ '/' 뒤로 '&[전체 페이지 수]'가 삽입됩니다.

바로 통 하는 TIP [머리글/바닥글] 탭은 머리글
또는 바닥글 영역을 클릭한 상태에서만 나타납니
다.

05 임의의 셀을 클릭하면 바닥글
이 '페이지 번호/전체 페이지 수' 형
식으로 표기됩니다.

머리글과 바닥글은 [머리글/바닥글] 탭과 [페이지 설정] 대화상자
에서 설정할 수 있으며 페이지마다 반복할 요소를 삽입하거나 편집
할 수 있습니다. 먼저 [머리글/바닥글] 탭을 활용하기 위해서는 상
태 표시줄의 [페이지 레이아웃 🖸]을 클릭하여 페이지 레이아웃 보
기 상태로 전환하고 화면 상단의 [머리글 추가](또는 하단의 [바닥
글 추가])를 클릭한 후 [머리글/바닥글] 탭에서 필요한 요소를 삽입
합니다.

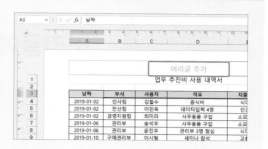

① **머리글/바닥글** : 미리 설정된 머리글/바닥글 목록 16개를 이용해서 머리글과 바닥글을 설정합니다.

② **머리글/바닥글 요소** : 머리글과 바닥글에 삽입할 요소를 사용자가 직접 선택합니다.

③ **탐색** : 머리글과 바닥글로 이동합니다.

④ **옵션** : 첫 페이지 또는 홀수나 짝수 페이지의 머리글과 바닥글을 각각 다르게 설정하여 사용할 수 있습니다.

[페이지 설정] 대화상자를 활용하기 위해서는 [페이지 레이아웃] 탭–[페이지 설정]
그룹에서 [페이지 설정 🖸]을 클릭합니다. [페이지 설정] 대화상자가 나타나면 [머리
글/바닥글] 탭에서 머리글과 바닥글을 편집합니다.

① [머리글 편집]을 클릭하고 [머리글] 대화상자에서 각각의 구역
　에 필요한 요소를 삽입하고 편집합니다.

② [바닥글 편집]을 클릭하고 [바닥글] 대화상자에서 각각의 구역
　에 필요한 요소를 삽입하고 편집합니다.

2010 \ 2013 \ 2016 \ 2019 \ 2021

머리글에 배경 그림 삽입하기

실습 파일 2장\인쇄_경력증명서.xlsx
완성 파일 2장\인쇄_경력증명서_완성.xlsx

배경 그림 삽입하기

01 ❶ 머리글 가운데 영역을 클릭합니다. ❷ [머리글/바닥글] 탭–[머리글/바닥글 요소] 그룹–[그림📷]을 클릭합니다.

➕ [그림 삽입] 대화상자가 나타납니다.

✔ **엑셀 2019&이전 버전** [머리글/바닥글 도구]–[디자인] 탭에서 [머리글/바닥글 요소]–[그림]을 클릭합니다.

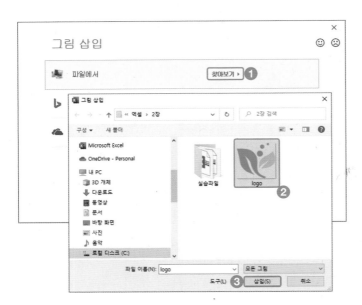

02 ❶ [그림 삽입] 대화상자에서 [찾아보기]를 클릭한 후 ❷ 엑셀 실습 폴더에서 'logo.png' 이미지 파일을 클릭하고 ❸ [삽입]을 클릭합니다.

➕ 머리글 위치에 배경 그림이 삽입됩니다.

배경 그림 서식 지정하기

03 ❶ 그림을 가운데 배치하기 위해 '&[그림]' 앞을 클릭하고 Enter를 여러 차례 누릅니다. ❷ [머리글/바닥글] 탭-[머리글/바닥글 요소] 그룹-[그림 서식 🖾]을 클릭합니다.

➕ [그림 서식] 대화상자가 나타납니다.

04 ❶ [그림 서식] 대화상자에서 [크기] 탭을 클릭한 후 ❷ [배율]에서 [높이]와 [너비]에 각각 **70**을 입력합니다. ❸ [그림] 탭을 클릭한 후 ❹ [색]에서 [희미하게]를 선택하고 ❺ [확인]을 클릭합니다.

➕ 임의의 셀을 클릭하면 머리글의 가운데 영역에 로고 그림이 배경으로 희미하게 삽입된 것을 확인할 수 있습니다.

우선
순위

혼자
해보기

문서
작성

문서
편집
&
인쇄

수식
&
함수

차트

데이터
관리/
분석&
자동화

2010 \ 2013 \ 2016 \ 2019 \ 2021

페이지 레이아웃과
머리글/바닥글 설정하기

실습 파일 2장 \ 실습파일 \ 미수금현황.xlsx
완성 파일 2장 \ 실습파일 \ 미수금현황_완성.xlsx

⊕ 예제 설명 및 완성 화면

거래처 미수금 현황 문서에서 용지와 인쇄 제목을 지정하고, 회사 로고와 페이지 번호를 머리글/바닥글
에서 설정합니다.

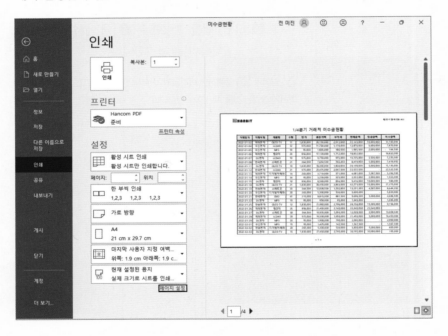

01 아래쪽 상태 표시줄에서 [페이지 레이아웃📃]을 클릭해 페이지 레이아웃 보기 상태로 전환합니다.

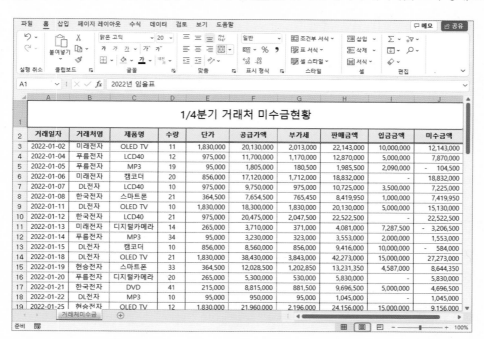

02 [페이지 레이아웃] 탭-[페이지 설정] 그룹-[용지 방향📄]-[가로]를 클릭해 용지 방향을 가로로 바꿉니다.

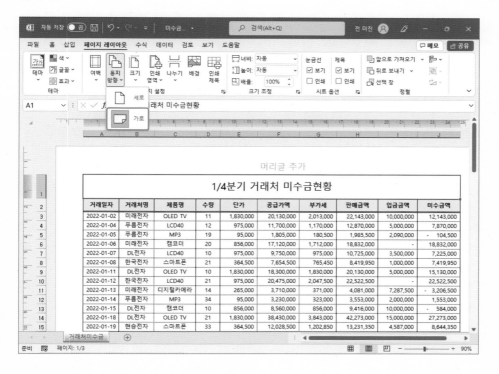

03 [페이지 레이아웃] 탭-[페이지 설정] 그룹-[인쇄 제목圖]을 클릭합니다. [페이지 설정] 대화상자가 나타나면 [시트] 탭-[반복할 행]을 클릭한 후 2행 머리글을 클릭하고 [확인]을 클릭합니다. 각 페이지를 인쇄할 때마다 반복 설정한 행이 제목으로 인쇄됩니다.

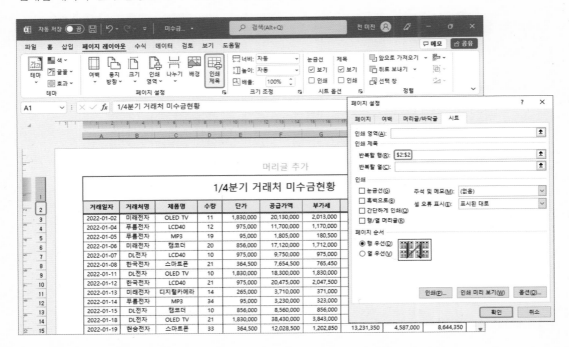

04 머리글 왼쪽 영역을 클릭하고 [머리글/바닥글] 탭-[머리글/바닥글 요소] 그룹-[그림圖]을 클릭합니다. [그림 삽입] 대화상자에서 [찾아보기]를 클릭한 후 'logo.gif' 이미지 파일을 불러옵니다. 머리글 왼쪽 영역에 로고가 삽입됩니다.

05 머리글 오른쪽 영역을 클릭하고 **인쇄시간 :**을 입력한 후 한 칸 띄우고 [머리글/바닥글] 탭–[머리글/ 바닥글 요소] 그룹–[현재시간🕐]을 클릭합니다. 머리글 오른쪽 영역에 현재 시간으로 인쇄시간이 표시됩니다.

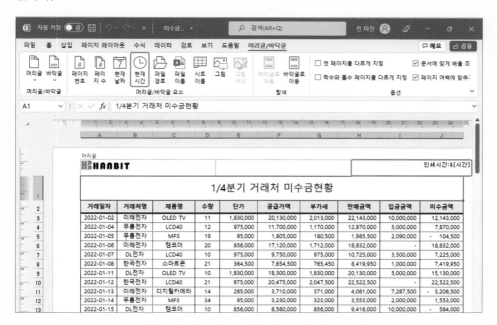

06 바닥글 가운데 영역을 클릭합니다. [머리글/바닥글] 탭–[머리글/바닥글 요소] 그룹–[페이지 번호 🔢]를 클릭한 후 앞과 뒤로 –를 한 칸 띄워 입력합니다. 다음과 같이 **– &[페이지 번호] –**가 입력되면 '– 페이지번호 –' 형식으로 표기됩니다.

07 [파일] 탭–[인쇄]–[페이지 설정]을 클릭합니다. [페이지 설정] 대화상자에서 [여백] 탭–[페이지 가운데 맞춤]–[가로]에 체크합니다. [확인]을 클릭하고 인쇄 미리 보기에서 앞서 설정한 머리글과 바닥글, 인쇄 제목 등이 제대로 나타나는지 확인합니다.

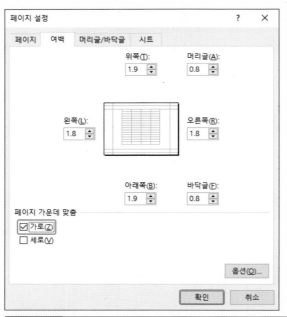

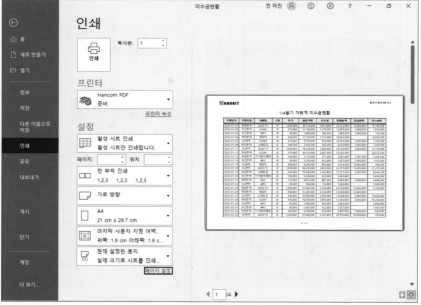

CHAPTER

03

수식 작성 및
함수 활용하기

엑셀을 사용하는 가장 큰 이유는 복잡한 계산을 쉽고 빠르게 끝내면서
반복되는 계산도 함수로 간단하게 해결할 수 있기 때문입니다. 여기서는
수식과 함수의 구조를 이해하고, 상대 참조, 절대 참조, 혼합 참조를 이
용해 수식을 만들어보겠습니다. 실무에서 자주 쓰는 활용도 높은 함수를
사용하는 방법에 대해서 살펴보겠습니다.

핵심기능

44

2010 / 2013 / 2016 / 2019 / 2021

상대 참조로 수식 만들기

실습 파일 3장 \ 수식_셀참조.xlsx [상대참조] 시트
완성 파일 3장 \ 수식_셀참조_완성.xlsx

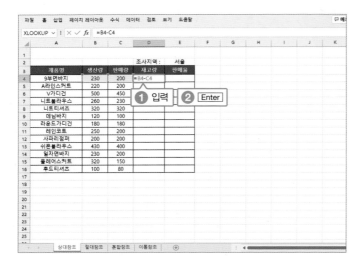

상대 참조로 재고량 구하기

01 생산량에서 판매량을 빼서 재고량을 구해보겠습니다. ❶ [상대참조] 시트에서 [D4] 셀에 수식 **=B4-C4**를 입력한 후 ❷ Enter 를 누릅니다.

➕ 생산량에서 판매량을 뺀 재고량이 계산됩니다.

상대 참조로 판매율 구하기

02 판매율은 판매량을 생산량으로 나누어 구합니다. ❶ [E4] 셀에 수식 **=C4/B4**를 입력한 후 ❷ Enter 를 누릅니다.

➕ 판매량을 생산량으로 나눈 판매율이 계산됩니다.

쉽고 빠른 엑셀 Note 　　상대 참조

주소 형식	설명	수식 복사
A1	일반적인 셀 주소 형식입니다. 셀을 참조하여 수식을 만드는 방법으로 가장 많이 사용됩니다. 수식을 복사하면 셀 위치에 따라 참조한 셀 주소가 바뀝니다.	A1 → B1, C1, D1 ↓ A2, A3, A4

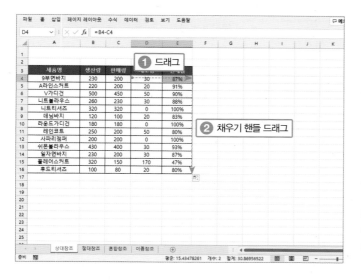

수식 복사하기

03 재고량과 판매율의 수식을 복사해 각 셀에 결괏값을 표시해보겠습니다. ❶ [D4:E4] 범위를 지정합니다. ❷ 채우기 핸들을 [E16] 셀까지 드래그해 수식을 복사합니다. 셀 위치에 따라 재고량과 판매율이 바뀝니다.

➕ 재고량과 판매율의 각 셀을 클릭해 수식 입력줄을 살펴보면 셀 위치에 따라 참조한 셀 주소가 바뀌었음을 알 수 있습니다.

문자 연산자로 제목 표시하기

04 제목은 조사지역과 생산/판매/재고량의 문자를 합쳐서 표시합니다. ❶ [A1] 셀에 수식 **=E2&"지역 생산/판매/재고량"**를 입력한 후 ❷ Enter 를 누릅니다.

➕ 제목이 '서울지역 생산/판매/재고량'으로 표시됩니다.

바로 통 하는TIP 문자와 문자를 합칠 때는 문자 연산자(&)를 사용합니다.

절대 참조로 수식 만들기

실습 파일 3장\수식_셀참조.xlsx [절대참조] 시트
완성 파일 3장\수식_셀참조_완성.xlsx

2010 \ 2013 \ 2016 \ 2019 \ 2021

절대 참조로 금액 구하기

01 생두의 단가를 원화로 환산하고 중량을 곱하여 금액을 구합니다. [절대참조] 시트에서 [D5] 셀에 수식 **=B5*D2**를 입력한 후 F4 를 눌러 수식 내의 D2를 절대 참조 **$D$2**로 바꿉니다.

02 계속해서 *****C5**를 입력하고 Enter 를 눌러 **=B5*$D$2*C5** 수식을 완성합니다.

➕ 생두의 단가와 중량이 곱해진 금액을 계산하여 원화로 표시합니다.

바로 통 하는TIP 완성 수식은 **=단가*환율*중량**을 의미합니다.

쉽고 빠른 엑셀 Note　　절대 참조

주소 형식	설명	수식 복사
$A$1	열 머리글과 행 머리글 앞에 $ 기호를 붙입니다. 절대 참조 수식을 입력한 후 수식을 복사하면 셀 위치에 관계없이 참조한 셀 주소가 바뀌지 않고 고정됩니다.	$A$1 → A1(고정) → A1(고정)

서식 없이 수식 자동 채우기

03 완성된 수식을 [D19] 셀까지 채워보겠습니다. ❶ [D5] 셀의 채우기 핸들을 [D19] 셀까지 드래그합니다. ❷ [자동 채우기 옵션🖰]을 클릭하고 ❸ [서식 없이 채우기]를 클릭하여 미리 지정된 서식을 유지합니다.

➕ [D19] 셀까지 금액이 계산됩니다. 셀 주소를 고정할 때는 절대 참조를 사용합니다.

쉽고 빠른 엑셀 Note   상대, 절대, 혼합 참조 유형을 빠르게 변경하기

참조 영역을 고정할 때는 수식의 셀 주소에 $ 기호를 직접 입력할 수도 있지만, F4를 눌러 셀 참조 유형을 상대 참조→절대 참조→혼합 참조 순서로 바꿀 수도 있습니다.

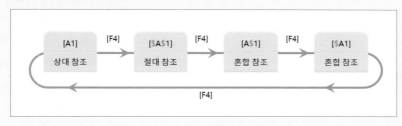

핵심기능

혼합 참조로 수식 만들기

46

실습 파일 3장\수식_셀참조.xlsx [혼합참조] 시트
완성 파일 3장\수식_셀참조_완성.xlsx

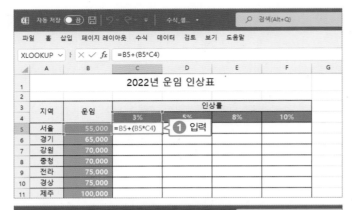

혼합 참조로 운임료 구하기

01 지역에 따른 운임을 기준으로 2022년 인상 운임을 구합니다. ❶ [혼합참조] 시트에서 [C5] 셀에 수식 **=B5+(B5*C4)**를 입력합니다. ❷ 수식 내의 B5를 각각 클릭한 후 F4를 세 번 눌러 **$B5**로 변경합니다. ❸ 수식 내의 C4를 클릭한 후 F4를 두 번 눌러 **C$4**로 변경하고 ❹ Enter를 누릅니다. **=$B5+($B5*C$4)** 수식을 완성합니다.

➕ 인상률에 따른 2022년 인상 운임이 계산됩니다.

바로 통하는 TIP [C5] 셀의 수식을 복사해도 B 열과 4행은 고정되어야 하므로 B열과 4행 앞에 $ 기호를 붙여 각각 **$B5**와 **C$4**로 변경합니다.

쉽고 빠른 엑셀 Note | **혼합 참조**

주소 형식	설명	수식 복사
A$1	행 앞에 $를 붙입니다. 행 고정 참조로 수식을 입력한 후 복사하면 셀 위치에 따라 $가 붙은 행이 고정되고 열만 바뀝니다.	A$1 → B1, C1, D1 ↓ A1(고정)
$A1	열 앞에 $를 붙입니다. 열 고정 참조로 수식을 입력한 후 복사하면 셀 위치에 따라 $가 붙은 열이 고정되고 행만 바뀝니다.	$A1 → A1(고정) ↓ A2, A3, A4

02 ❶ [C5] 셀을 클릭한 후 ❷ 채우기 핸들을 [C11] 셀까지 드래그합니다. ❸ [C5:C11] 범위가 지정된상태에서 [C11] 셀의 채우기 핸들을 [F11] 셀까지 드래그하여 수식을 복사합니다.

➕ 각 지역의 운임을 해당 요율만큼 인상했을 때 금액이 계산됩니다.

바로 통하는TIP 수식을 복사하면 B열과 4행은 변하지 않고 $ 기호가 붙지 않은 부분의 값만 변하는 혼합 참조 형태의 수식이 복사됩니다.

쉽고 빠른 엑셀 Note　　수식의 구조

수식은 등호(=)를 먼저 입력하고 연산자, 피연산자, 함수 등을 조합하여 만듭니다. 피연산자는 숫자일 수도 있지만 셀 주소가 될 수도 있습니다. 연산자는 산술, 문자, 비교 연산자로 데이터를 계산하라는 명령 기호입니다.

＝　　　**피연산자**　　　**연산자**　　　**피연산자**

① 등호　　② 숫자 또는 셀 주소,　　③ 산술, 문자, 비교 연산자 등　　④ 숫자 또는 셀 주소,
　　　　　　　또는 정의된 이름　　　　　　　　　　　　　　　　　　　　　또는 정의된 이름

연산자 종류와 우선순위

연산자에는 산술, 비교, 문자, 참조 연산자가 있습니다. 산술, 문자, 참조 연산자는 수식에 직접 사용하지만 비교 연산자는 TRUE, FALSE 값을 결과로 표시하기 때문에 함수식에 주로 쓰입니다. 각 연산자 사이에도 우선순위가 있으며, 우선순위가 같은 연산자는 왼쪽에 있는 연산자를 먼저 계산합니다. 연산자의 우선순위를 바꾸려면 괄호( )를 사용합니다. 괄호 연산자 안에 있는 수식을 가장 먼저 계산합니다.

① **산술 연산자** : 더하기, 빼기, 곱하기와 같은 기본적인 수학 연산을 수행합니다. 1순위 연산자입니다.

기능	백분율	거듭제곱	곱하기	나누기	더하기	빼기
연산자	%	^	*	/	+	−

② **문자 연산자** : 문자열을 여러 개 연결해서 하나로 만듭니다. 2순위 연산자입니다.

기능	같다
연산자	&

③ **비교 연산자** : 두 값을 비교하여 참 또는 거짓으로 결괏값이 나타납니다. 3순위 연산자입니다.

기능	같다	크다	크거나 같다	작다	작거나 같다	같지 않다
연산자	=	〉	〉=	〈	〈=	〈〉

2010 \ 2013 \ 2016 \ 2019 \ 2021

셀 참조로 시간 외 근무 수당 계산하기

실습 파일 3장 \ 실습파일 \ 시간외근무수당.xlsx
완성 파일 3장 \ 실습파일 \ 시간외근무수당_완성.xlsx

예제 설명 및 완성 화면

시간외 근무 수당 문서에서 기본급을 기준으로 시간당 급여, 1일 급여, 야간근무수당과 휴일근무수당을 구해보겠습니다. 절대 참조, 상대 참조, 혼합 참조를 적절하게 사용하여 수식을 완성합니다.

시간외 근무 수당

사번	성명	부서	기본급	시급 160(H)	일급 8(H)	야간근무 (H)	휴일근무 (D)	야간근무수당 50%	휴일근무수당 150%	근무외수당합계
JH10897	고은주	전산팀	1,700,000	10,625	85,000	8	2	42,500	255,000	297,500
JH10896	김남주	총무팀	1,780,000	11,125	89,000		2	-	267,000	267,000
JH10901	김송인	영업1팀	1,400,000	8,750	70,000	7		30,625	-	30,625
JH10894	김전우	인사팀	1,400,000	8,750	70,000	5		21,875	-	21,875
JH10891	김진우	인사팀	1,780,000	11,125	89,000	2	1	11,125	133,500	144,625
JH10905	나문이	기획팀	1,780,000	11,125	89,000			-		-
JH10906	마상태	영업1팀	2,300,000	14,375	115,000	2	1	14,375	172,500	186,875
JH10900	박민중	재무팀	2,300,000	14,375	115,000		1	-	172,500	172,500
JH10898	박상일	홍보팀	1,650,000	10,313	82,500	10		51,563	-	51,563
JH10904	박상중	전산팀	2,300,000	14,375	115,000		2	-	345,000	345,000
JH10895	박철수	영업2팀	2,050,000	12,813	102,500			-		-
JH10893	박철중	인사팀	1,700,000	10,625	85,000		3	-	382,500	382,500
JH10907	이남주	기획팀	1,400,000	8,750	70,000	9		39,375	-	39,375
JH10903	이명수	총무팀	2,050,000	12,813	102,500	7		44,844	-	44,844
JH10892	전소미	기획팀	1,780,000	11,125	89,000			-		
JH10902	정수남	인사팀	1,400,000	8,750	70,000		3	-	315,000	315,000
JH10899	최은지	재무팀	1,780,000	11,125	89,000	8		44,500	-	44,500

01 시급은 기본급을 총 근무 시간(E4)으로 나눠서 구합니다. [E5] 셀에 수식을 입력합니다.

- **완성 수식 : =D5/$E$4**

E5			fx	=D5/$E$4						
	A	B	C	D	E	F	G	H	I	J	K

	시간외 근무 수당									
사번	성명	부서	기본급	시급	일급	야간근무	휴일근무	야간근무 수당	휴일근무 수당	근무외수당합계
				160(H)	8(H)	(H)	(D)	50%	150%	
JH10897	고은주	전산팀	1,700,000	10,625		8	2			
JH10896	김남주	총무팀	1,780,000				2			
JH10901	김송인	영업1팀	1,400,000			7				
JH10894	김전우	인사팀	1,400,000			5				
JH10891	김진우	인사팀	1,780,000			2	1			
JH10905	나문이	기획팀	1,780,000							
JH10906	마상태	영업1팀	2,300,000			2	1			
JH10900	박민중	재무팀	2,300,000				1			
JH10898	박상일	홍보팀	1,650,000			10				
JH10904	박상중	전산팀	2,300,000				2			
JH10895	박철수	영업2팀	2,050,000							
JH10893	박철중	인사팀	1,700,000				3			
JH10907	이남주	기획팀	1,400,000			9				
JH10903	이명수	총무팀	2,050,000			7				
JH10892	전소미	기획팀	1,780,000							
JH10902	정수남	인사팀	1,400,000				3			

02 일급은 시급에 일일 근무 시간(F4)을 곱해서 구합니다. [F5]셀에 수식을 입력합니다.

- **완성 수식 : =E5*$F$4**

F5			fx	=E5*$F$4						
	A	B	C	D	E	F	G	H	I	J	K

	시간외 근무 수당									
사번	성명	부서	기본급	시급	일급	야간근무	휴일근무	야간근무 수당	휴일근무 수당	근무외수당합계
				160(H)	8(H)	(H)	(D)	50%	150%	
JH10897	고은주	전산팀	1,700,000	10,625	85,000	8	2			
JH10896	김남주	총무팀	1,780,000				2			
JH10901	김송인	영업1팀	1,400,000			7				
JH10894	김전우	인사팀	1,400,000			5				
JH10891	김진우	인사팀	1,780,000			2	1			
JH10905	나문이	기획팀	1,780,000							
JH10906	마상태	영업1팀	2,300,000			2	1			
JH10900	박민중	재무팀	2,300,000				1			
JH10898	박상일	홍보팀	1,650,000			10				
JH10904	박상중	전산팀	2,300,000				2			
JH10895	박철수	영업2팀	2,050,000							
JH10893	박철중	인사팀	1,700,000				3			
JH10907	이남주	기획팀	1,400,000			9				
JH10903	이명수	총무팀	2,050,000			7				
JH10892	전소미	기획팀	1,780,000							
JH10902	정수남	인사팀	1,400,000				3			
JH10899	최은지	재무팀	1,780,000			8				

03 [E5:F5] 범위를 지정한 후 채우기 핸들을 더블클릭하여 수식을 복사하면 전체 인원의 시급과 일급이 구해집니다.

| E5 | ▾ | ⋮ × ✓ f_x | =D5/$E$4 | | | | | | | | |

	A	B	C	D	E	F	G	H	I	J	K
1				시간외 근무 수당							
2											
3	사번	성명	부서	기본급	시급	일급	야간근무	휴일근무	야간근무수당	휴일근무수당	근무외수당
4					160(H)	8(H)	(H)	(D)	50%	150%	
5	JH10897	고온주	전산팀	1,700,000	10,625	85,000	8	2			
6	JH10896	김남주	총무팀	1,780,000	11,125	89,000		2			
7	JH10901	김송인	영업1팀	1,400,000	8,750	70,000	7				
8	JH10894	김전우	인사팀	1,400,000	8,750	70,000	5				
9	JH10891	김진우	인사팀	1,780,000	11,125	89,000	2	1			
10	JH10905	나문이	기획팀	1,780,000	11,125	89,000					
11	JH10906	마상태	영업1팀	2,300,000	14,375	115,000	2	1			
12	JH10900	박민중	재무팀	2,300,000	14,375	115,000		1			
13	JH10898	박상일	홍보팀	1,650,000	10,313	82,500	10				
14	JH10904	박상중	전산팀	2,300,000	14,375	115,000		2			
15	JH10895	박철수	영업2팀	2,050,000	12,813	102,500					
16	JH10893	박철중	인사팀	1,700,000	10,625	85,000		3			
17	JH10907	이남주	기획팀	1,400,000	8,750	70,000	9				
18	JH10903	이명수	총무팀	2,050,000	12,813	102,500	7				
19	JH10892	전소미	기획팀	1,780,000	11,125	89,000					
20	JH10902	정수남	인사팀	1,400,000	8,750	70,000		3			
21	JH10899	최은지	재무팀	1,780,000	11,125	89,000	8				
22											

04 야간근무수당은 시급의 50%, 휴일근무수당은 일급의 150%를 할증합니다. 야간근무수당을 먼저 구하기 위해 [I5] 셀에 수식을 입력합니다.

• 완성 수식 : **=E5*I$4*G5**

| I5 | ▾ | ⋮ × ✓ f_x | =E5*I$4*G5 | | | | | | | | |

	A	B	C	D	E	F	G	H	I	J	K
1				시간외 근무 수당							
2											
3	사번	성명	부서	기본급	시급	일급	야간근무	휴일근무	야간근무수당	휴일근무수당	근무외수당
4					160(H)	8(H)	(H)	(D)	50%	150%	
5	JH10897	고온주	전산팀	1,700,000	10,625	85,000	8	2	42,500		
6	JH10896	김남주	총무팀	1,780,000	11,125	89,000		2			
7	JH10901	김송인	영업1팀	1,400,000	8,750	70,000	7				
8	JH10894	김전우	인사팀	1,400,000	8,750	70,000	5				
9	JH10891	김진우	인사팀	1,780,000	11,125	89,000	2	1			
10	JH10905	나문이	기획팀	1,780,000	11,125	89,000					
11	JH10906	마상태	영업1팀	2,300,000	14,375	115,000	2	1			
12	JH10900	박민중	재무팀	2,300,000	14,375	115,000		1			
13	JH10898	박상일	홍보팀	1,650,000	10,313	82,500	10				
14	JH10904	박상중	전산팀	2,300,000	14,375	115,000		2			
15	JH10895	박철수	영업2팀	2,050,000	12,813	102,500					
16	JH10893	박철중	인사팀	1,700,000	10,625	85,000		3			
17	JH10907	이남주	기획팀	1,400,000	8,750	70,000	9				
18	JH10903	이명수	총무팀	2,050,000	12,813	102,500	7				
19	JH10892	전소미	기획팀	1,780,000	11,125	89,000					
20	JH10902	정수남	인사팀	1,400,000	8,750	70,000		3			
21	JH10899	최은지	재무팀	1,780,000	11,125	89,000	8				
22											

05 야간근무수당의 수식을 복사하여 휴일근무수당을 구합니다. [I5] 셀의 채우기 핸들을 [J5] 셀까지 드래그해 수식을 복사하면 자동으로 휴일근무수당이 구해집니다.

• 완성 수식 : **=F5*J$4*H5**

J5				f_x	=F5*J$4*H5					
	B	C	D	E	F	G	H	I	J	K
1				시간외 근무 수당						
2										
3	성명	부서	기본급	시급	일급	야간근무	휴일근무	야간근무수당	휴일근무수당	근무외수당합계
4				160(H)	8(H)	(H)	(D)	50%	150%	
5	고온주	전산팀	1,700,000	10,625	85,000	8	2	42,500	255,000	
6	김남주	총무팀	1,780,000	11,125	89,000		2			
7	김송인	영업1팀	1,400,000	8,750	70,000	7				
8	김전우	인사팀	1,400,000	8,750	70,000	5				
9	김진우	인사팀	1,780,000	11,125	89,000	2	1			
10	나문이	기획팀	1,780,000	11,125	89,000					
11	마상태	영업1팀	2,300,000	14,375	115,000	2	1			
12	박민중	재무팀	2,300,000	14,375	115,000		1			
13	박상일	홍보팀	1,650,000	10,313	82,500	10				
14	박상중	전산팀	2,300,000	14,375	115,000		2			
15	박철수	영업2팀	2,050,000	12,813	102,500					
16	박철중	인사팀	1,700,000	10,625	85,000		3			
17	이남주	기획팀	1,400,000	8,750	70,000	9				
18	이명수	총무팀	2,050,000	12,813	102,500	7				
19	전소미	기획팀	1,780,000	11,125	89,000					
20	정수남	인사팀	1,400,000	8,750	70,000		3			
21	최은지	재무팀	1,780,000	11,125	89,000	8				
22										

06 근무외수당합계는 야간근무수당(I5)과 휴일근무수당(J5)을 더해서 구합니다. [K5] 셀에 수식을 입력합니다. [I5:K5] 범위를 지정한 후 채우기 핸들을 더블클릭하여 수식을 복사합니다. 전체의 인원의 근무외수당 합계가 구해집니다.

• 완성 수식 : **=I5+J5**

K5				f_x	=I5+J5					
	B	C	D	E	F	G	H	I	J	K
1				시간외 근무 수당						
2										
3	성명	부서	기본급	시급	일급	야간근무	휴일근무	야간근무수당	휴일근무수당	근무외수당합계
4				160(H)	8(H)	(H)	(D)	50%	150%	
5	고온주	전산팀	1,700,000	10,625	85,000	8	2	42,500	255,000	297,500
6	김남주	총무팀	1,780,000	11,125	89,000		2			
7	김송인	영업1팀	1,400,000	8,750	70,000	7				
8	김전우	인사팀	1,400,000	8,750	70,000	5				
9	김진우	인사팀	1,780,000	11,125	89,000	2	1			
10	나문이	기획팀	1,780,000	11,125	89,000					
11	마상태	영업1팀	2,300,000	14,375	115,000	2	1			
12	박민중	재무팀	2,300,000	14,375	115,000		1			
13	박상일	홍보팀	1,650,000	10,313	82,500	10				
14	박상중	전산팀	2,300,000	14,375	115,000		2			
15	박철수	영업2팀	2,050,000	12,813	102,500					
16	박철중	인사팀	1,700,000	10,625	85,000		3			
17	이남주	기획팀	1,400,000	8,750	70,000	9				
18	이명수	총무팀	2,050,000	12,813	102,500	7				
19	전소미	기획팀	1,780,000	11,125	89,000					
20	정수남	인사팀	1,400,000	8,750	70,000		3			
21	최은지	재무팀	1,780,000	11,125	89,000	8				
22										

우선순위

혼자해보기

문서작성

문서편집&인쇄

수식&함수

차트

데이터관리/분석&자동화

핵심기능

47

이름으로 수식 만들기

실습 파일 3장\수식_셀참조.xlsx [이름참조] 시트
완성 파일 3장\수식_셀참조_완성.xlsx

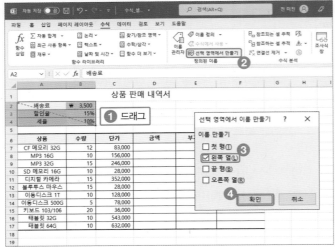

선택 영역에서 이름 정의하기

01 ❶ [이름참조] 시트에서 [A2:B4] 범위를 지정합니다. ❷ [수식] 탭-[정의된 이름] 그룹-[선택 영역에서 만들기📭]를 클릭합니다. ❸ [선택 영역에서 이름 만들기] 대화상자에서 [왼쪽 열]에만 체크한 후 ❹ [확인]을 클릭합니다.

➕ 지정된 범위에서 왼쪽 열 이름인 배송료, 할인율. 세율이 오른쪽 범위의 이름으로 정의되었습니다.

02 이름 상자 목록 단추☑를 클릭하면 정의된 이름이 표시됩니다.

바로 통 하는TIP [수식] 탭-[정의된 이름] 그룹-[이름 관리자]를 클릭하면 정의된 이름을 수정 및 삭제할 수 있습니다.

정의된 이름으로 수식 만들기

03 정의한 이름으로 수식을 만들면 수식을 좀 더 직관적으로 이해할 수 있습니다. ❶ [D7] 셀에 수식 **=C7*(1-할인율)*B7**을 입력한 후 ❷ Enter 를 누릅니다.

➕ 할인율이 적용된 금액이 표시됩니다.

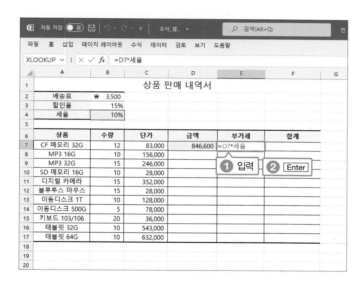

04 ❶ [E7] 셀에 수식 **=D7*세율**을 입력한 후 ❷ Enter 를 누릅니다.

➕ 세율에 따른 부가세가 표시됩니다.

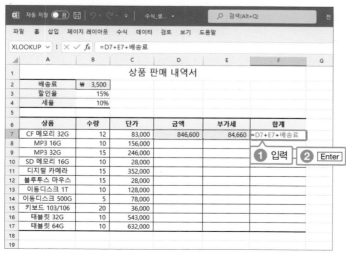

05 ❶ [F7] 셀에 수식 **=D7+E7+배송료**를 입력한 후 ❷ Enter 를 누릅니다.

➕ 배송료가 포함된 전체 합계가 표시됩니다.

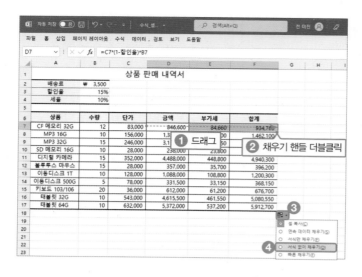

06 ❶ [D7:F7] 범위를 지정하고 ❷ 채우기 핸들을 더블클릭하여 수식을 복사합니다. ❸ [자동 채우기 옵션▦]을 클릭하고 ❹ [서식 없이 채우기]를 클릭합니다.

➕ 전 상품의 금액, 부가세, 합계가 구해집니다.

쉽고 빠른 엑셀 Note | **이름 정의하고 이름으로 수식 만들기**

셀이나 선택 범위를 특정 이름으로 정의한 후 수식에 사용할 수 있습니다. 자주 참조하는 셀 주소를 이름으로 정의하면 셀 주소를 수식으로 사용할 때 자주 나타나는 오류를 줄일 수 있고, 수식을 좀 더 직관적으로 만들 수 있습니다.

수식	이름을 사용한 수식
=D7*B4	=D7*세율
=C7*(1−B3)*B7	=C7*(1-할인율)*B7

범위를 선택한 후 [이름 상자]에 직접 이름을 입력하고 Enter 를 누르면 이름을 정의할 수 있습니다. [수식] 탭-[정의된 이름] 그룹-[선택 영역에서 만들기▦]를 이용해 셀 이름을 정의하면 매번 범위를 지정할 필요 없이 데이터 목록의 첫 행(제목 행)이나 왼쪽 열(제목 열)의 이름을 한번에 셀 이름으로 정의할 수 있습니다.

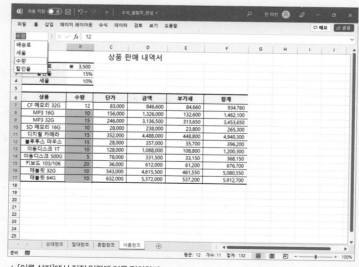

▲ [이름 상자]에서 직접 입력해 이름 정의하기

▲ [선택 영역에서 이름 만들기] 대화상자에서 이름 정의하기

핵심기능

48

다른 시트의 셀을 참조하여 수식 만들기

실습 파일 3장\수식_시트참조_매출실적.xlsx
완성 파일 3장\수식_시트참조_매출실적_완성.xlsx

다른 시트의 셀을 참조하여 실적수량 데이터 가져오기

01 [상반기] 시트의 수량 데이터를 작성하기 위해 [1Q] 시트와 [2Q] 시트의 실적수량을 참조합니다. ❶ [상반기] 시트에서 [B5] 셀을 클릭한 후 ❷ =를 입력합니다.

02 ❶ [1Q] 시트 탭을 클릭합니다. ❷ [F4] 셀을 클릭한 후 ❸ Enter 를 눌러 수식 ='1Q'!F4를 완성합니다.

➕ [F4] 셀에 '셔츠' 품목의 1분기 실적수량 데이터가 표시됩니다.

바로 통 하는 TIP 완성 수식은 ='1Q'!F4입니다. 시트명이나 파일명이 숫자로 시작하거나 공백이 포함된 경우에는 작은따옴표(' ') 안에 시트명('1Q'!셀주소) 또는 파일명과 시트명('[수식_시트참조_매출실적.xlsx]1Q'!셀주소)을 표시합니다.

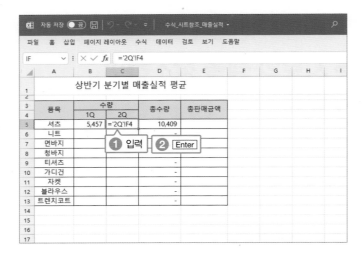

03 ❶ [상반기] 시트에서 [C5] 셀에 수식 **='2Q'!F4**를 입력합니다. ❷ Enter를 눌러 수식을 완성합니다.

➕ [C5] 셀에 '셔츠' 품목의 2분기 실적수량 데이터가 표시됩니다.

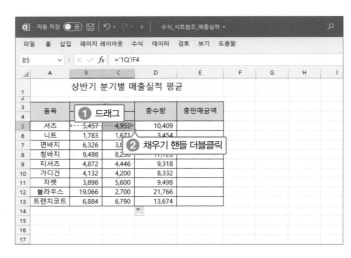

04 ❶ [B5:C5] 범위를 지정하고 ❷ 채우기 핸들을 더블클릭하여 수식을 복사합니다.

➕ 각 품목의 분기별 실적수량이 모두 표시됩니다.

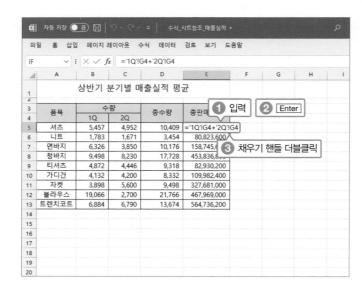

다른 시트의 셀을 참조하여 총판매금액 합계 구하기

05 [상반기] 시트의 총판매금액을 입력하기 위해 [1Q] 시트와 [2Q] 시트의 판매금액을 참조하여 합계를 구합니다. ❶ [상반기] 시트에서 [E5] 셀에 수식 **='1Q'!G4+'2Q'!G4**를 입력한 후 ❷ Enter를 눌러 수식을 완성합니다. ❸ [E5] 셀의 채우기 핸들을 더블클릭하여 수식을 복사합니다.

➕ 각 품목의 분기별 총판매금액이 모두 표시됩니다.

자동 합계 기능으로 수식 계산하기

실습 파일 3장 \ 수식_자동합계.xlsx
완성 파일 3장 \ 수식_자동합계_완성.xlsx

합계 구하기

01 인사고과 집계표에는 평가 항목별로 점수가 표시되어있습니다. 총점의 합계를 구해보겠습니다. ❶ [G4:G17] 범위를 지정한 후 ❷ [홈] 탭-[편집] 그룹-[자동 합계∑]를 클릭합니다.

➕ 개인별 점수 합계가 계산됩니다.

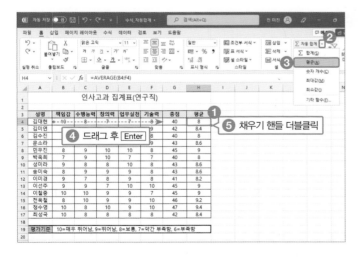

평균 구하기

02 다음은 평가 항목별 점수의 평균을 구해보겠습니다. ❶ [H4] 셀을 클릭합니다. ❷ [자동 합계∑]의 ☑을 클릭하고 ❸ [평균]을 클릭합니다. ❹ [B4:F4] 범위를 지정하고 Enter를 눌러 평균을 구합니다. ❺ [H4] 셀의 채우기 핸들을 더블클릭하여 수식을 복사합니다.

➕ 개인별 점수의 평균이 계산됩니다.

2010 \ 2013 \ 2016 \ 2019 \ 2021

셀 이름 정의하여
시간제 근무 비용 구하기

실습 파일 3장 \ 실습파일 \ 시급표.xlsx
완성 파일 3장 \ 실습파일 \ 시급표_완성.xlsx

예제 설명 및 완성 화면

시간에 따른 급여가 계산되는 일일 시간제 근무 비용표를 만들어보겠습니다. 주간과 야간의 시급이 다
르므로 이름을 각각 정의해서 수식을 만들고, 자동 합계 기능으로 금액과 합계를 구합니다.

	A	B	C	D	E	F
1	시간제 근무 비용표					
2						
3	주간시급	9,160				
4	야간시급	13,740				
5						
6	성명	주간(H)	야간(H)	주간시급	야간시급	총금액(Day)
7	이성민	8	2	73,280	27,480	100,760
8	홍만우	6	4	54,960	54,960	109,920
9	박상철	2	4	18,320	54,960	73,280
10	김수진	8	0	73,280	-	73,280
11	나영호	5	5	45,800	68,700	114,500
12	문호철	0	5	-	68,700	68,700
13	정수현	3	5	27,480	68,700	96,180
14	강미옥	8	0	73,280	-	73,280
15	김상민	3	5	27,480	68,700	96,180
16	최호철	0	3	-	41,220	41,220
17	송민수	5	2	45,800	27,480	73,280
18	합계			439,680	480,900	920,580

시급표

01 [A3:B4] 범위를 지정한 후 [수식] 탭-[정의된 이름] 그룹-[선택 영역에서 만들기 ☷]를 클릭합니다. [선택 영역에서 이름 만들기] 대화상자에서 [왼쪽 열]에 체크한 후 [확인]을 클릭해 '주간시급', '야간시급'으로 셀 이름을 정의합니다.

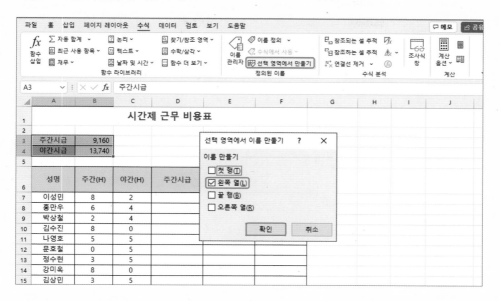

02 시간에 따라 주간시급과 야간시급을 계산하려면 [B3], [B4] 셀을 절대 참조해서 수식을 만들어야 합니다. 하지만 여기서는 정의된 이름으로 다음과 같이 수식을 만듭니다. 수식을 입력하면 각 시급이 계산됩니다.

주간시급(D7) 수식	야간시급(E7) 수식
=B7*주간시급	=C7*야간시급

03 [D7:E7] 범위를 지정한 후 채우기 핸들을 [E17] 셀까지 드래그하여 수식을 복사하면 전체 인원의 주간, 야간 근무 시간에 따른 시급이 계산됩니다.

	A	B	C	D	E	F
1			시간제 근무 비용표			
2						
3	주간시급	9,160				
4	야간시급	13,740				
5						
6	성명	주간(H)	야간(H)	주간시급	야간시급	총금액(Day)
7	이성민	8	2	73,280	27,480	
8	홍만우	6	4	54,960	54,960	
9	박상철	2	4	18,320	54,960	
10	김수진	8	0	73,280	-	
11	나영호	5	5	45,800	68,700	
12	문호철	0	5	-	68,700	
13	정수현	3	5	27,480	68,700	
14	강미욱	8	0	73,280	-	
15	김상민	3	5	27,480	68,700	
16	최호철	0	3	-	41,220	
17	송민수	5	2	45,800	27,480	
18		합계				

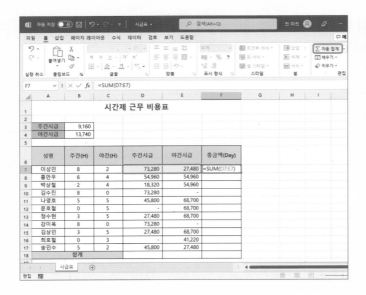

04 [F7] 셀을 클릭한 후 [홈] 탭-[편집] 그룹-[자동 합계∑]를 클릭합니다. [D7:E7] 범위를 지정하고 Enter 를 눌러 주간시급과 야간시급의 합계를 구합니다.

05 [F7] 셀의 채우기 핸들을 더블클릭하여 수식을 복사하면 전체 인원의 총금액이 구해집니다.

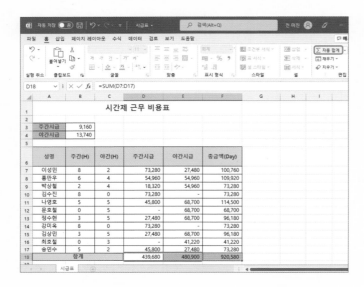

05 [D18:F18] 범위를 지정한 후 [홈] 탭-[편집] 그룹-[자동 합계∑]를 클릭하여 주간시급과 야간시급 전체의 합계를 구합니다.

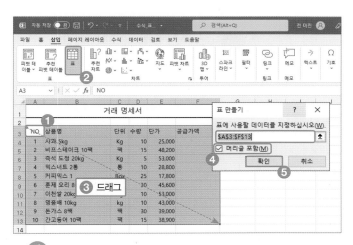

핵심기능

50

2010 \ 2013 \ 2016 \ 2019 \ 2021

표에서 구조적 참조를 이용해 한번에 수식 계산하기

실습 파일 3장\수식_표수식.xlsx [표수식1] 시트
완성 파일 3장\수식_표수식_완성.xlsx

표 만들기

01 거래 명세서의 데이터를 표로 변환하고 서식을 적용해보겠습니다. ❶ [표수식1] 시트에서 임의의 데이터 셀을 클릭합니다. ❷ [삽입] 탭-[표] 그룹-[표]를 클릭합니다. ❸ [표 만들기] 대화상자에서 표에 사용할 데이터로 [A3:F13] 범위를 지정하고 ❹ [머리글 포함]에 체크합니다. ❺ [확인]을 클릭합니다.

➕ 선택한 범위의 데이터가 표로 변환됩니다.

바로 통하는TIP 데이터 범위(A3:F13)가 표로 변환되면 셀 주소 대신에 구조적 참조를 사용합니다. 표 전체의 이름은 [표1], 각 열의 범위는 머리글을 참조하여 [NO], [상품명], [단위], [수량], [단가], [공급가액]을 사용합니다.

구조적 참조로 공급가액 구하기

02 상품의 수량과 단가를 곱해 공급가액을 계산해보겠습니다. ❶ [F4] 셀에 =를 입력합니다. ❷ [D4] 셀을 클릭하고 ❸ *를 입력한 후 ❹ [E4] 셀을 클릭하면 =[@수량]*[@단가]로 수식이 자동 입력됩니다. ❺ Enter를 누릅니다.

➕ 표의 구조적 수식으로 공급가액 전체가 계산됩니다.

바로 통하는TIP 표의 구조적 수식에서 [열 머리글]은 열 전체의 범위를 의미하고, [@열 머리글]은 열 전체 중에서 현재 셀이 위치하는 행을 의미합니다. 즉, [수량]이면 [D4:D13] 범위를 의미하고 [@수량]이면 각각의 [D4], [D5], … [D13] 셀을 의미합니다.

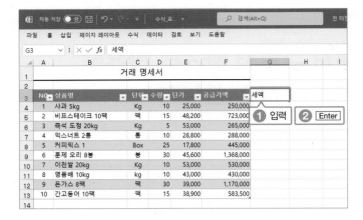

세액 열 추가하기

03 ❶ [G3] 셀에 **세액**을 입력한 후
❷ Enter를 누릅니다.

➕ 표가 오른쪽으로 확장됩니다.

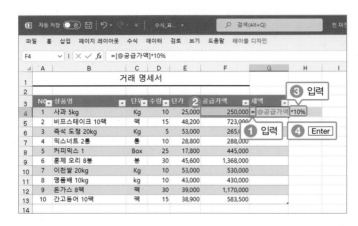

구조적 참조로 세액 구하기

04 ❶ [G4] 셀에 **=**를 입력하고 ❷
[F4] 셀을 클릭한 후 ❸ ***10%**를 입력
합니다. **=[@공급가액]*10%**로 수식이
자동 입력됩니다. ❹ Enter를 눌러 세
액 전체를 구합니다.

➕ 자동 채우기 기능으로 모든 세액이 계산됩니
다.

쉽고 빠른 엑셀 Note ▸ **표의 구성 요소와 구조적 참조**

표의 구성 요소는 표, 머리글, 데이터, 열 등으로 구성되어 있으며 표의 이름은 표1,표2,표3,…순으로 자동으로 정의되며 표의 이름은
[테이블 디자인] 탭–[속성] 그룹에서 재정의할 수 있습니다. 각 구성 요소가 어느 영역을 참조하는지 알아보겠습니다.

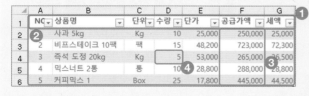

① 표1[#모두] : 표 전체를 참조합니다.

② 표1[#머리글] : 머리글 영역 전체를 참조합니다.

③ 표1[공급가액] : 머리글 영역을 제외한 데이터 영역
을 참조합니다.

④ 표1[@수량] : 선택된 셀과 행 위치가 같은 값을 참조
합니다.

구조적 참조로 수식 작성하기

표 안의 데이터를 참조해서 만들어진 수식은 대괄호([])와 열 머리글을 사용하는 구조적 참조 방식을 사용합니다.

일반 셀 참조 수식	구조적 참조 수식
수량(D2)과 단가(E2)를 곱하기 수식 : =D2*E2	표1의 수량과 단가를 곱하기 수식 : =[@수량]*[@단가]
[F2:F6] 범위의 합계를 계산 수식 : =SUM(F2:F6)	표1의 공급가액 열의 합계를 계산 수식 : =SUM(표1[공급가액])

표에서 요약 행 표시하기

실습 파일 3장 \ 수식_표수식.xlsx [표수식2] 시트
완성 파일 3장 \ 수식_표수식_완성.xlsx

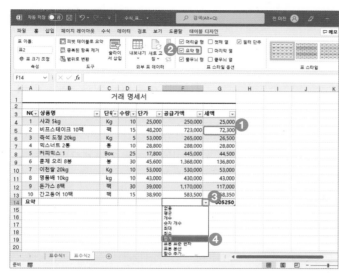

✅ 엑셀 2019&이전 버전 [표 도구]-[디자인] 탭을 클릭합니다.

요약 행 표시하기

01 ① [표수식2] 시트에서 표 안에 있는 임의의 데이터 셀을 클릭합니다. ② [테이블 디자인] 탭-[표 스타일 옵션] 그룹-[요약 행]에 체크합니다. 표에 요약 행이 추가됩니다. ③ [F14] 셀의 요약 목록 단추⯆를 클릭하고 ④ [합계]를 클릭해서 공급가액의 합계를 구합니다.

바로 통 하는 TIP 표의 마지막 행에 요약 행이 삽입되어 열의 합계를 간단히 구할 수 있습니다.

02 ① 같은 방법으로 [D14] 셀을 클릭하고 요약 목록 단추⯆를 클릭합니다. ② [합계]를 클릭하여 수량의 합계를 구합니다.

➕ 수량의 합계가 요약 행에 표시됩니다.

데이터 입력하기

03 표 범위에서 데이터의 마지막 셀인 [G13] 셀을 클릭하고 Tab을 누르면 자동으로 행이 추가됩니다.

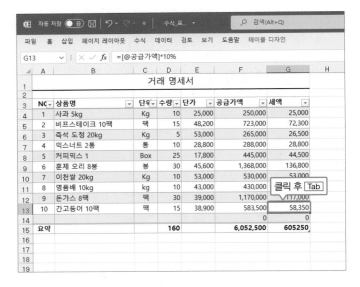

04 추가된 [A14:E14] 범위에 **11, 불고기 10팩, 팩, 10, 59900**을 각각 입력하면 공급가액과 세액, 요약행의 합계가 자동으로 계산됩니다.

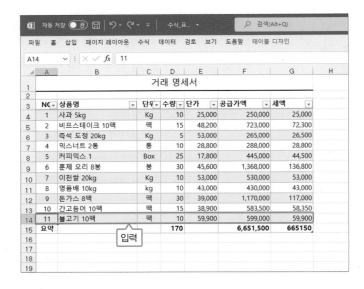

핵심기능

52

SUM, MAX, LARGE 함수로 합계와 최댓값 구하기

실습 파일 3장\함수_SUM_인사고과.xlsx
완성 파일 3장\함수_SUM_인사고과_완성.xlsx

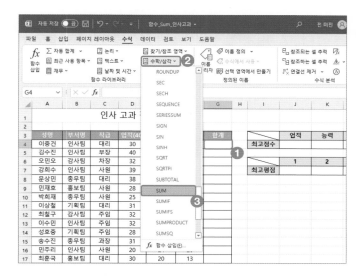

인사 고과 평가 항목의 합계 구하기

01 인사 고과의 평가 항목에 포함된 업적, 능력, 태도의 합계 점수를 구해보겠습니다. ❶ [G4] 셀을 클릭합니다. ❷ [수식] 탭-[함수 라이브러리] 그룹-[수학/삼각 圖]을 클릭하고 ❸ [SUM]을 클릭합니다.

➕ [함수 인수] 대화상자가 나타납니다.

바로 통 하는TIP SUM 함수는 범위의 합계를 구합니다.

SUM 함수 인수 입력하기

02 ❶ [함수 인수] 대화상자의 [Number1]에 **D4:F4**를 입력하고 ❷ [확인]을 클릭합니다.

➕ [G4] 셀에 수식이 입력되며 평가 항목별 합계 점수가 계산됩니다. 완성 수식은 =SUM(D4:F4) 입니다.

바로 통 하는TIP 셀과 셀 사이에 콜론(:)을 입력하면 '앞에 있는 셀부터 뒤에 있는 셀까지의 범위'를 의미합니다.

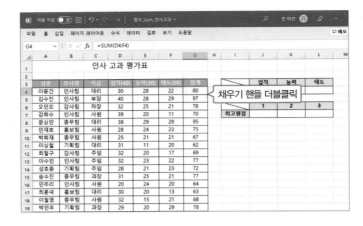

03 [G4] 셀의 채우기 핸들을 더블 클릭하여 수식을 복사합니다.

➕ 모든 구성원의 업적, 능력, 태도 항목의 합계가 구해집니다.

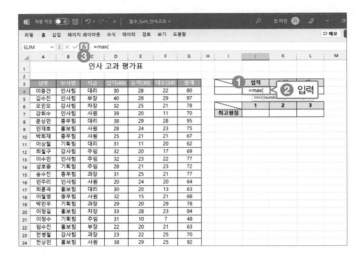

인사 고과 평가 항목의 최대 점수 구하기

04 인사 고과의 평가 항목에 포함된 업적, 능력, 태도의 최고 점수를 구해보겠습니다. ❶ [J4] 셀을 클릭합니다. ❷ **=MAX(**를 입력하고 ❸ 수식 입력줄에서 [함수 삽입 *fx*]을 클릭합니다.

➕ [함수 인수] 대화상자가 나타납니다.

바로**통**하는**TIP** 함수 삽입 단축키는 Shift + F3 입니다.

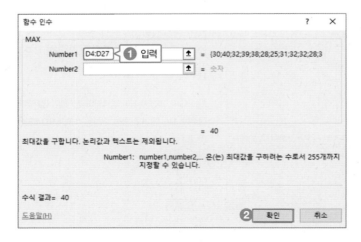

MAX 함수 인수 입력하기

05 ❶ [함수 인수] 대화상자의 [Number1]에 **D4:D27**을 입력하고 ❷ [확인]을 클릭합니다.

➕ [J4] 셀에 수식이 입력되며 평가 항목별 최고 점수가 계산됩니다. 완성 수식은 **=MAX (D4:D27)** 입니다.

바로**통**하는**TIP** MAX 함수는 범위의 최댓값을 구합니다.

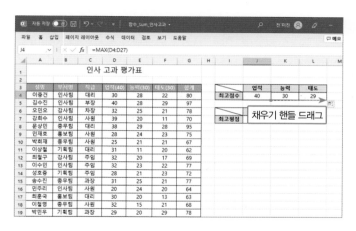

06 [J4] 셀의 채우기 핸들을 [L4] 셀까지 드래그해서 수식을 복사합니다.

➕ 업적, 능력, 태도 항목에서 가장 높은 점수가 기록됩니다.

바로 통 하는TIP 수식 입력줄에서 [함수 삽입 *fx*]을 클릭하여 [함수 인수] 대화상자에서 함수식을 수정할 수 있습니다. 직접 수정하려면 수식 입력줄을 클릭하거나 F2를 눌러 함수식을 수정합니다.

고과 점수에서 첫 번째~세 번째 큰 값을 구하기

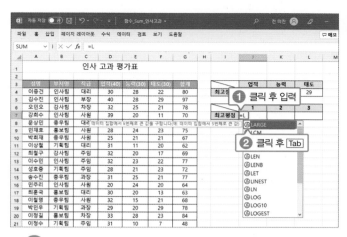

07 인사 고과 합계 점수 중 가장 높은 순서로 상위 세 개 점수를 구해 보겠습니다. ❶ [J7] 셀을 클릭하고 **=L**을 입력합니다. ❷ 수식 자동 완성 목록 상자에서 [LARGE]를 클릭하고 Tab 을 누릅니다.

➕ LARGE 함수가 입력되면서 인수를 지정할 수 있습니다.

바로 통 하는TIP LARGE 함수는 범위에서 지정한 인수 번째의 큰 값을 구합니다.

LARGE 함수 인수 입력하기

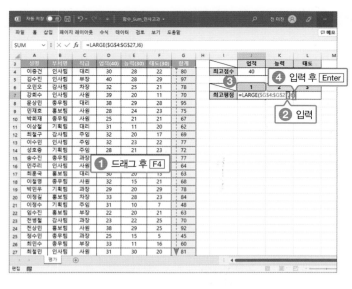

08 ❶ [G4:G27] 범위를 드래그한 후 F4 를 눌러 범위를 고정합니다. ❷ **,**를 입력하고 ❸ [J6] 셀을 클릭합니다. ❹ **)**를 입력해서 수식을 완성하고 Enter 를 눌러 첫 번째로 큰 값을 구합니다.

➕ 완성 수식은 **=LARGE($G$4:$G$27,J6)**입니다.

09 [J7] 셀의 채우기 핸들을 [L7] 셀까지 드래그해서 수식을 복사합니다.

➕ [J7] 셀의 채우기 핸들을 오른쪽으로 드래그해서 수식을 복사하면 두 번째 인수의 값이 자동으로 2, 3으로 변하면서 두 번째, 세 번째로 큰 점수가 구해집니다.

쉽고 빠른 엑셀 Note | **SUM, MAX, LARGE 함수 한눈에 보기**

다음을 참고해 SUM 함수와 MAX, LARGE 함수를 자세히 이해할 수 있습니다.

범주	이름	설명
수학/삼각 함수	SUM(숫자1,숫자2,…,숫자255)	숫자의 합계를 구합니다.
통계 함수	MAX(숫자1,숫자2,…,숫자255)	숫자 중에서 최댓값을 구합니다.
	LARGE(범위,K번째)	범위에서 K번째로 큰 값을 구합니다.

⊙ 우선순위

핵심기능

53

2010 \ 2013 \ 2016 \ 2019 \ 2021

COUNTA, COUNTBLANK 함수로 출석일, 결석일 구하기

실습 파일 3장\함수_COUNTA_출석부.xlsx
완성 파일 3장\함수_COUNTA_출석부_완성.xlsx

바로 통 하는 TIP COUNTA 함수는 범위에서 공백을 제외한 모든 셀의 개수를 구합니다.

출석일 구하기

01 1일~5일까지 기간 중 어학 교육에 출석한 인원의 출석일을 구해보겠습니다. ❶ [H3] 셀을 클릭합니다. ❷ [수식] 탭-[함수 라이브러리] 그룹-[함수 더 보기▣]를 클릭하고 ❸ [통계]-[COUNTA]를 클릭합니다.

➕ [함수 인수] 대화상자가 나타납니다.

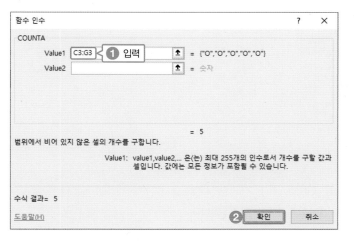

COUNTA 함수 인수 입력하기

02 ❶ [함수 인수] 대화상자에서 [Value1]에 **C3:G3**을 입력한 후 ❷ [확인]을 클릭합니다.

➕ 입력한 범위(C3:G3)에서 공백을 제외한 셀의 개수, 즉 출석일을 구합니다. 완성 수식은 **=COUNTA(C3:G3)**입니다.

결석일 구하기

03 1일~5일까지 기간 중 어학 교육에 결석한 인원의 결석일을 구해보겠습니다 ❶ [I3] 셀을 클릭합니다. ❷ [수식] 탭-[함수 라이브러리] 그룹-[함수 더 보기📄]를 클릭합니다. ❸ [통계]-[COUNTBLANK]를 클릭합니다.

➕ [함수 인수] 대화상자가 나타납니다.

바로 **통** 하는TIP COUNTBLANK 함수는 범위에서 비어 있는 셀의 개수를 구합니다.

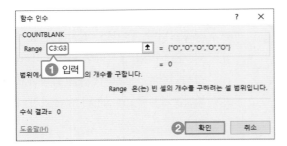

COUNTBLANK 함수 인수 입력하기

04 ❶ [함수 인수] 대화상자에서 [Range]에 **C3: G3**을 입력하고 ❷ [확인]을 클릭합니다.

➕ 입력한 범위(C3:G3)에서 빈 셀의 개수, 즉 결석일을 구합니다. 완성 수식은 **=COUNTBLANK(C3:G3)**입니다.

05 ❶ [H3:I3] 범위를 지정한 후 ❷ 채우기 핸들을 더블클릭하여 수식을 복사합니다.

➕ 교육 출석 수강생의 전체 출석일과 결석일이 구해집니다.

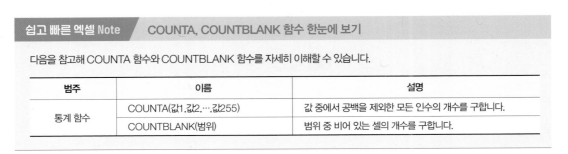

범주	이름	설명
통계 함수	COUNTA(값1,값2,…,값255)	값 중에서 공백을 제외한 모든 인수의 개수를 구합니다.
	COUNTBLANK(범위)	범위 중 비어 있는 셀의 개수를 구합니다.

핵심기능

54

INT, ROUND 함수로
내림과 반올림하기

실습 파일 3장 \ 함수_ROUND_제안비.xlsx
완성 파일 3장 \ 함수_ROUND_제안비_완성.xlsx

평균제안건수를 정수로 표시하기

01 부서별 평균제안건수를 정수로 내림해 값을 표시해보겠습니다. ① [H5] 셀을 클릭합니다. ② [수식] 탭-[함수 라이브러리] 그룹-[수학/삼각⊡]을 클릭하고 ③ [INT]를 클릭합니다.

➕ [함수 인수] 대화상자가 나타납니다.

바로 통 하는 TIP INT 함수는 소수점 아래는 버리고 가장 가까운 정수로 내림합니다.

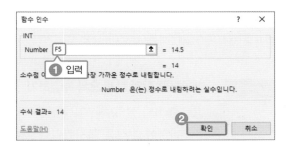

INT 함수 인수 입력하기

02 ① [함수 인수] 대화상자에서 [Number]에 **F5**를 입력하고 ② [확인]을 클릭합니다.

➕ 평균제안건수를 소수 첫째 자리에서 내림해 정수로 표시합니다. 완성 수식은 **=INT(F5)**입니다.

03 [H5] 셀의 채우기 핸들을 더블클릭해서 수식을 복사합니다.

➕ 정수로 내림한 부서별 평균제안건수가 모두 표시됩니다.

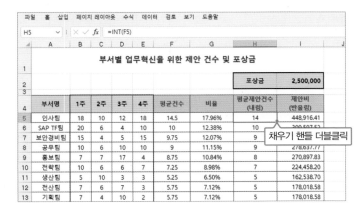

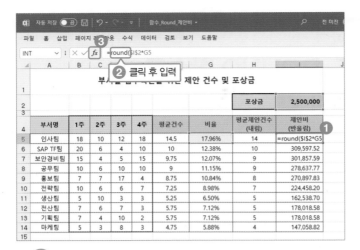

제안비를 반올림하여 천의 자리까지 표시하기

04 각 부서별 제안 비율에 따른 제안비를 백의 자리에서 반올림해 천의 자리까지 값을 표시해보겠습니다. ❶ [I5] 셀을 클릭합니다. ❷ 수식 입력줄에서 =의 뒷부분을 클릭한 후 **ROUND(**를 입력하고 ❸ [함수 삽입 _fx_]을 클릭합니다.

➕ [함수 인수] 대화상자가 나타납니다.

바로 통 하는TIP ROUND 함수는 지정한 자릿수의 숫자가 5 이상이면 올림하고, 4 이하면 내림합니다.

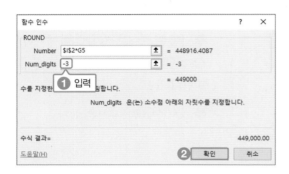

ROUND 함수 인수 입력하기

05 [함수 인수] 대화상자의 [Number]에 **$I$2*G5**가 입력되어 있습니다. ❶ [Num_digits]에 **−3**을 입력합니다. ❷ [확인]을 클릭합니다.

➕ 완성 수식은 **=ROUND($I$2*G5,−3)**입니다.

바로 통 하는TIP 0을 기준으로 양수(1, 2, 3,…)를 지정하면 소수점 이하로 자릿수를 조정하고, 음수(−1, −2, −3,…)로 지정하면 소수점 이상으로 자릿수를 조정합니다. 여기에서는 제안비(포상금*비율)를 백의 자리(−3)에서 반올림해 천의 자리로 표시했습니다.

반올림한 값의 합계 오차 해결하기

06 ❶ [I5] 셀의 채우기 핸들을 더블클릭하여 수식을 복사합니다. ❷ [I5] 셀의 수식을 **=I2−SUM(I6:I14)**로 수정한 후 Enter를 누릅니다.

➕ 제안비를 모두 반올림하면 제안비의 합계는 2,501,000원으로 포상금과 1,000원의 오차가 생깁니다. 따라서 첫 번째 제안비는 포상금(I2)에서 나머지 제안비의 합계(I6:I14)를 빼서 오차를 해결합니다.

바로 통 하는TIP ROUND 함수는 제안비를 백의 자리에서 반올림하기 때문에 실제 값이 바뀌어 오차가 발생하므로 주의합니다.

07 ❶ [I5:I14] 범위를 지정합니다.
❷ [홈] 탭—[표시 형식] 그룹— [자릿수 줄임] 을 두 번 클릭하여 정수로 표시합니다.

바로 통 하는 TIP [표시 형식] 그룹에 있는 [자릿수 늘림]과 [자릿수 줄임]은 실제 값이 바뀌는 것이 아니라 화면에 표시되는 자릿수를 늘리거나 줄여서 반올림합니다.

부서별 업무혁신을 위한 제안 건수 및 포상금

| | 포상금 | 2,500,000 |

부서명	1주	2주	3주	4주	평균건수	비율	평균제안건수 (내림)	제안비 (반올림)
인사팀	18	10	12	18	14.5	17.96%	14	448,000
SAP TF팀	20	6	4	10	10	12.38%	10	310,000
보안경비팀	15	4	5	15	9.75	12.07%	9	302,000
공무팀	10	6	10	10	9	11.15%	9	279,000
홍보팀	7	7	17	4	8.75	10.84%	8	271,000
전략팀	10	6	6	7	7.25	8.98%	7	224,000
생산팀	5	10	3	3	5.25	6.50%	5	163,000
전산팀	7	6	7	3	5.75	7.12%	5	178,000
기획팀	7	4	10	2	5.75	7.12%	5	178,000
마케팅	5	3	8	3	4.75	5.88%	4	147,000

❶ 드래그

쉽고 빠른 엑셀 Note — INT, ROUND 함수 한눈에 보기

다음을 참고해 INT 함수와 ROUND 함수를 자세히 이해할 수 있습니다.

범주	이름	설명
수학/삼각 함수	INT(숫자)	소수점 아래를 버리고 가장 가까운 정수로 내림합니다.
	ROUND(숫자,반올림할 자릿수)	인수를 지정한 자릿수로 반올림합니다.

2010 \ 2013 \ 2016 \ 2019 \ 2021

QUOTIENT, MOD 함수로 몫, 나머지 값 표시하기

실습 파일 3장 \ 함수_Quotient_포장재.xlsx
완성 파일 3장 \ 함수_Quotient_포장재_완성.xlsx

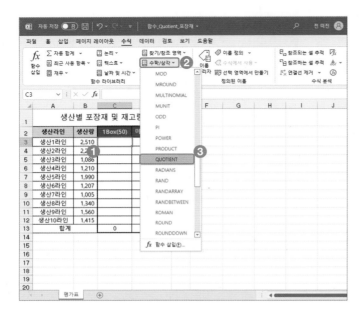

50개를 포장할 수 있는 포장재의 개수 구하기

01 생산라인의 생산량에 따라 50개를 포장할 수 있는 포장재의 개수를 구해보겠습니다. ❶ [C3] 셀을 클릭합니다. ❷ [수식] 탭-[함수 라이브러리] 그룹-[수학/삼각🔲]을 클릭하고 ❸ [QUOTIENT]를 클릭합니다.

➕ [함수 인수] 대화상자가 나타납니다.

바로 통 하는 **TIP** QUOTIENT 함수는 나누기 수식에서 몫을 구합니다.

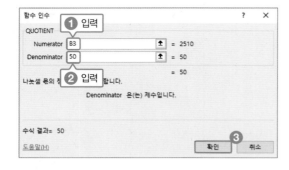

QUOTIENT 함수 인수 입력하기

02 ❶ [함수 인수] 대화상자의 [Numerator]에 **B3**을 입력하고 ❷ [Denominator]에 **50**을 입력합니다. ❸ [확인]을 클릭합니다.

➕ 생산량에서 50개를 포장할 수 있는 포장재의 개수가 구해집니다. 완성 수식은 **=QUOTIENT(B3,50)**입니다.

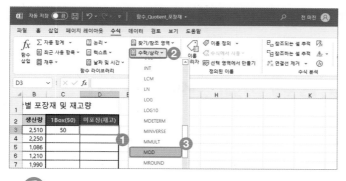

미포장한 재고량 구하기

03 생산량을 50개 단위로 포장하고 남은 미포장 재고의 수량을 구해보겠습니다. ❶ [D3] 셀을 클릭합니다. ❷ [수식] 탭-[함수 라이브러리] 그룹-[수학/삼각📷]을 클릭하고 ❸ [MOD]를 클릭합니다.

➕ [함수 인수] 대화상자가 나타납니다.

바로 통 하는TIP MOD 함수는 나누기 수식에서 나머지 값을 구합니다.

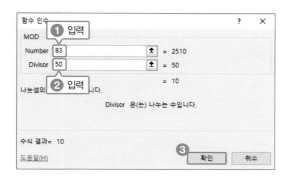

MOD 함수 인수 입력하기

04 ❶ [함수 인수] 대화상자의 [Number]에 **B3**을 입력하고 ❷ [Divisor]에 **50**을 입력합니다. ❸ [확인]을 클릭합니다.

➕ 생산 수량에서 포장하지 못한 재고량을 구합니다. 완성 수식은 **=MOD(B3,50)**입니다.

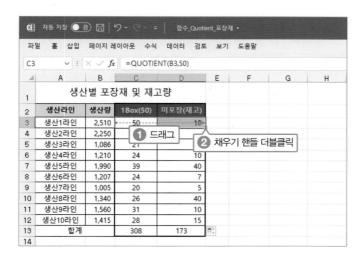

05 ❶ [C3:D3] 범위를 지정한 후 ❷ 채우기 핸들을 더블클릭해서 수식을 복사합니다.

➕ 생산라인별 포장재의 개수와 재고량이 표시됩니다.

쉽고 빠른 엑셀 Note QUOTIENT, MOD 함수 한눈에 보기

다음을 참고해 QUOTIENT 함수와 MOD 함수를 자세히 이해할 수 있습니다.

범주	이름	설명
수학/삼각 함수	QUOTIENT(피제수,제수)	피제수(나누는 수)에서 제수(나누는 수)를 나눈 몫의 정수 부분을 구합니다.
	MOD(피제수,제수)	피제수(나누는 수)에서 제수(나누는 수)를 나눠 나머지를 구합니다.

핵심기능

56

ROW, SUMPRODUCT 함수로 행 번호와 합계 금액 구하기

실습 파일 3장\함수_ROW_견적서.xlsx
완성 파일 3장\함수_ROW_견적서_완성.xlsx

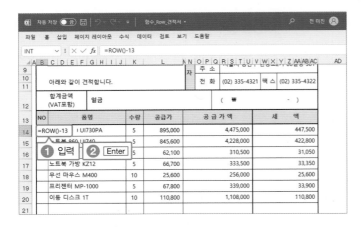

행 번호를 구하기

01 품명의 행 번호를 구해보겠습니다. ❶ [B14] 셀에 **=ROW()-13**을 입력한 후 ❷ Enter 를 누릅니다.

➕ 행 번호 1이 표시됩니다.

바로 통 하는 TIP ROW 함수는 행 번호를 구합니다. [B14] 셀의 현재 행 번호는 14이므로 ROW 함수에서 13을 빼서 1을 표시했습니다.

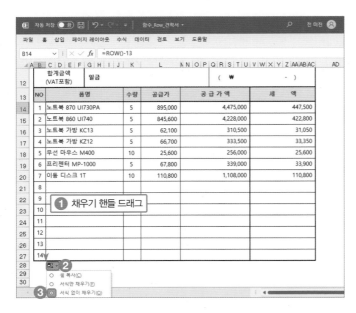

02 ❶ [B14] 셀의 채우기 핸들을 [B27] 셀까지 드래그한 후 ❷ [자동 채우기 옵션🗐]을 클릭하고 ❸ [서식 없이 채우기]를 클릭합니다.

➕ [B27] 셀까지 행 번호가 채워집니다.

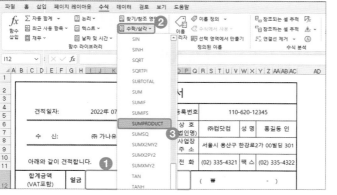

합계 금액 구하기

03 범위의 수량과 공급가를 곱한 후 모두 더하여 합계 금액을 구해보겠습니다. ① [I12] 셀을 클릭합니다. ② [수식] 탭-[함수 라이브러리] 그룹-[수학/삼각 圖]을 클릭하고 ③ [SUMPRODUCT]를 클릭합니다.

➕ [함수 인수] 대화상자가 나타납니다.

바로 통 하는TIP SUMPRODUCT 함수는 배열에서 대응하는 각 행의 값을 곱하고 더합니다.

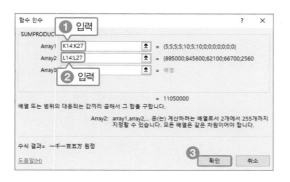

SUMPRODUCT 함수 인수 입력하기

04 ① [함수 인수] 대화상자에서 [Array1](대응하여 곱할 범위1)에 **K14:K27**을 입력하고 ② [Array2](대응하여 곱할 범위2)에 **L14:L27**을 입력한 후 ③ [확인]을 클릭합니다.

➕ 범위의 수량과 공급가를 곱한 후 모두 더한 값이 구해집니다. 완성 수식은 **=SUMPRODUCT(K14:K27,L14:L27)**입니다.

부가세 10% 포함 합계 금액 구하기

05 ① [I12] 셀을 클릭합니다. ① 수식 입력줄에서 수식의 마지막에 ***1.1**을 추가로 입력한 후 Enter 를 누릅니다.

➕ 공급가액에 10%가 추가되어 합계 금액이 구해집니다. 완성 수식은 **=SUMPRODUCT (K14:K27,L14:L27)*1.1**입니다.

쉽고 빠른 엑셀 Note ROW, SUMPRODUCT 함수 한눈에 보기

다음을 참고해 ROW 함수와 SUMPRODUCT 함수를 자세히 이해할 수 있습니다.

범주	이름	설명
찾기/참조 함수	ROW(셀 주소)	현재 셀이나 특정 셀의 행 번호를 표시합니다.
수학/삼각 함수	SUMPRODUCT(배열1,배열2,…)	배열 또는 범위의 대응하는 값끼리 곱하고 더해 줍니다.

핵심기능

2010 \ 2013 \ 2016 \ 2019 \ 2021

RANK.EQ, RANK.AVG
함수로 순위 구하기

57

실습 파일 3장 \ 함수_RANK_보험계약.xlsx
완성 파일 3장 \ 함수_RANK_보험계약_완성.xlsx

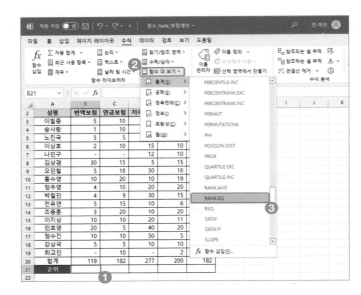

합계를 기준으로 순위 구하기

01 개인별 전체 계약 건수 중 보험 종류별로 가장 많이 계약된 보험의 순위를 알아보겠습니다. ❶ [B21] 셀을 클릭합니다. ❷ [수식] 탭-[함수 라이브러리] 그룹-[함수 더 보기 📄]를 클릭하고 ❸ [통계]-[RANK. EQ]를 클릭합니다.

➕ [함수 인수] 대화상자가 나타납니다.

바로 통하는 TIP RANK.EQ 함수는 범위에서 지정한 수의 순위를 구합니다.

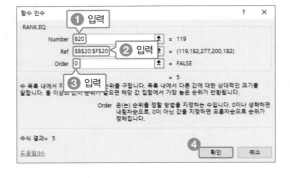

RANK.EQ 함수 인수 입력하기

02 ❶ [함수 인수] 대화상자에서 [Number](순위를 구할 셀)에 **B20**를 입력하고 ❷ [Ref](순위를 구할 때 참조할 범위)에 **$B$20:$F$20**을 입력합니다. ❸ [Order](오름차순/내림차순)에 **0**을 입력하고 ❹ [확인]을 클릭합니다.

➕ 특정 셀(B20)이 범위(B20:F20)에서 몇 위인지 내림차순(0)으로 순위를 구합니다. 완성 수식은 **=RANK.EQ(B20,$B$20:$F$20,0)** 입니다.

바로 통하는 TIP 순위를 계산할 때 큰 값에서 작은 값순이면 내림차순, 작은 값에서 큰 값순이면 오름차순입니다. 순위 결정 방법에 **0**을 입력하거나 생략하면 내림차순으로, **1**을 입력하면 오름차순으로 순위를 구합니다.

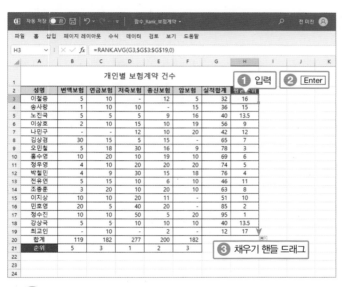

03 [B21] 셀의 채우기 핸들을 [F21] 셀까지 드래그해서 수식을 복사합니다.

➕ 가장 계약 건수가 많은 보험 순서대로 순위가 표시됩니다. 순위가 같으면 동순위(3위)로 표시하고 동순위의 개수 만큼 건너뛴 다음 순위(5위)를 표시합니다.

RANK.AVG 함수로 합계의 평균 순위 구하기

04 계약 건수가 많은 개인별 순위를 알아보겠습니다. ❶ [H3] 셀에 **=RANK.AVG(G3,$G$3:$G$19,0)**을 를 입력한 후 ❷ **Enter** 를 누릅니다. ❸ [H3] 셀의 채우기 핸들을 [H19] 셀까지 드래그해서 수식을 복사합니다.

➕ 범위(G3:G19)에서 계약 건수의 합계 '40'이 2명으로 동순위입니다. 따라서 13위, 14위의 구간 평균값인 13.5위로 순위가 표시됩니다.

바로 통 하는TIP RANK.AVG 함수는 범위에서 지정한 수의 순위를 구하지만 동순위가 나오면 구간 평균 순위로 표시합니다.

쉽고 빠른 엑셀 Note   RANK.EQ, RANK.AVG 함수 한눈에 보기

다음을 참고해 RANK.EQ 함수와 RANK.AVG 함수를 자세히 이해할 수 있습니다.

범주	이름	설명
수학/삼각 함수	RANK.EQ(순위를 구하는 수,범위,순위 결정 방법)	범위에서 지정한 수의 순위를 구합니다. 순위가 같으면 동순위를 표시합니다. 순위 결정 방법에는 0(내림차순) 또는 1(오름차순)을 입력합니다.
	RANK.AVG(순위를 구하는 수,범위,순위 결정 방법)	동순위가 나오면 순위가 구간 평균값을 표시합니다.

2010 \ 2013 \ 2016 \ 2019 \ 2021

IF 함수로 과정 수료자와 교육점수 구하기

실습 파일 3장 \ 함수_IF_과정수료.xlsx
완성 파일 3장 \ 함수_IF_과정수료_완성.xlsx

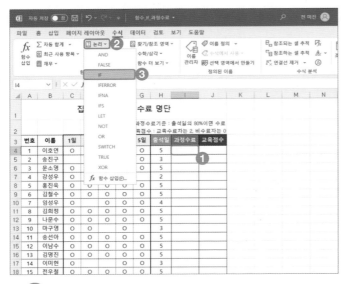

출석 일수에 따라 수료와 미수료 표시하기

01 출석 일수의 80%(4일) 이상 교육에 참여한 경우에는 '수료'를, 그렇지 않은 경우에는 '미수료'를 표시해 보겠습니다. ❶ [I4] 셀을 클릭합니다. ❷ [수식] 탭-[함수 라이브러리] 그룹-[논리 🔃]를 클릭하고 ❸ [IF]를 클릭합니다.

➕ [함수 인수] 대화상자가 나타납니다.

바로 통 하는 TIP IF 함수는 조건에 따른 참값과 거짓값을 표시합니다.

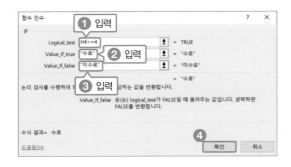

02 [함수 인수] 대화상자에서 ❶ [Logical_test](조건)에 **H4>=4**를 입력하고 ❷ [Value_if_true](참값)에 **수료**를 입력합니다. ❸ [Value_if_false](거짓값)에 **미수료**를 입력한 후 ❹ [확인]을 클릭합니다.

➕ 출석 일수에 따른 '수료', '미수료'가 표시됩니다. 완성 수식은 **=IF(H4>=4,"수료","미수료")**입니다.

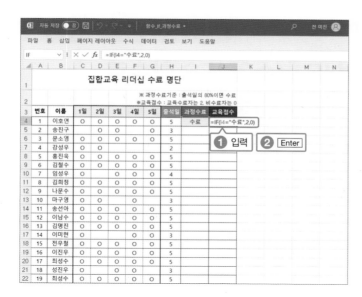

교육점수에 수료면 2, 미수료면 0을 표시하기

03 교육을 수료한 경우에는 교육점수에 '2', 미수료한 경우에는 '0'을 표시해보겠습니다. ❶ [J4] 셀에 **=IF(I4="수료",2,0)**를 입력하고 ❷ Enter를 누릅니다.

➕ 교육 수료 점수가 계산됩니다.

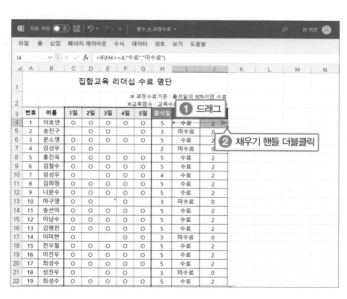

04 ❶ [I4:J4] 범위를 지정하고 ❷ 채우기 핸들을 더블클릭해서 수식을 복사합니다.

➕ 모든 수강생의 교육 과정 수료 여부 및 인사 고과에 반영될 교육점수가 표시됩니다.

쉽고 빠른 엑셀 Note | **IF 함수 한눈에 보기**

다음을 참고해 IF 함수를 자세히 이해할 수 있습니다.

범주	이름	설명
논리 함수	IF(조건식,참값,거짓값)	조건식에 따라 참 또는 거짓으로 구분합니다.

핵심기능

59

중첩 IF 함수와 IFS 함수로
부서별 포상금/부서 등급 구하기

실습 파일 3장 \ 함수_IF중첩_업무제안.xlsx
완성 파일 3장 \ 함수_IF중첩_업무제안_완성.xlsx

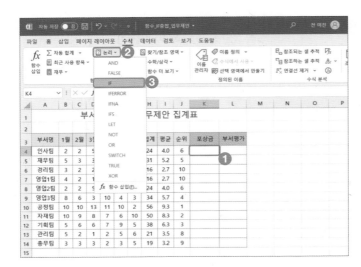

IF 함수 중첩해 포상금 표시하기

01 부서별 포상금을 업무제안 순위에 따라 1위면 100만 원, 2위면 50만 원, 3위면 30만 원을 표시해보겠습니다. ❶ 포상금을 표시할 [K4]셀을 클릭합니다. ❷ [수식] 탭-[함수 라이브러리] 그룹-[논리②]를 클릭하고 ❸ [IF]를 클릭합니다.

➕ [함수 인수] 대화상자가 나타납니다.

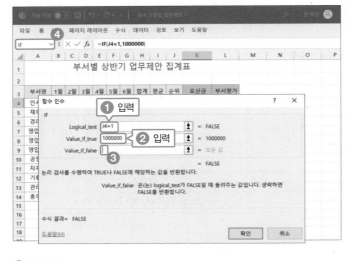

IF 함수 인수 입력하기

02 ❶ [함수 인수] 대화상자에서 [Logical_test]에 **J4=1**을 입력하고 ❷ [Value_if_true]에 **1000000**을 입력합니다. ❸ [Value_if_false]를 클릭한 후 ❹ [이름 상자]에서 [IF]를 클릭합니다.

➕ IF 함수에 대한 [함수 인수] 대화상자가 추가로 나타나 두 번째 IF 함수를 중첩할 수 있습니다.

🔧 인수 설명

Logical_test(조건식) : 순위가 1인지 판단하는 조건식으로 **J4=1**을 입력합니다.

Value_if_true(참값) : 순위가 1이면 포상금에 **1000000**을 입력합니다.

Value_if_false(거짓값) : 첫 번째 조건이 거짓인 경우 두 번째 조건으로 IF 함수를 중첩하기 위해 [이름 상자]에서 [IF]를 클릭합니다.

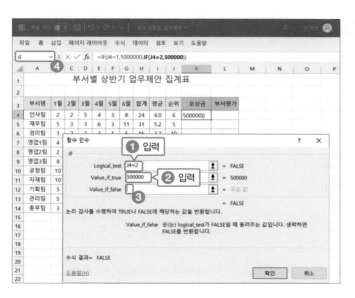

03 ① 새로운 [함수 인수] 대화상자에서 [Logical_test]에 **J4=2**를 입력하고 ② [Value_if_true]에 **500000**을 입력합니다. ③ [Value_if_false]를 클릭한 후 ④ [이름 상자]에서 [IF]를 클릭합니다.

➕ IF 함수에 대한 [함수 인수] 대화상자가 추가로 나타나 세 번째 IF 함수를 중첩할 수 있습니다.

fx **인수 설명**

Logical_test : 순위가 2인지 판단하는 조건식으로 **J4=2**를 입력합니다.

Value_if_true : 순위가 2이면 포상금에 **500000**을 입력합니다.

Value_if_false : 두 번째 조건이 거짓인 경우 세 번째 조건으로 IF 함수를 중첩하기 위해 [이름 상자]에서 [IF]를 클릭합니다.

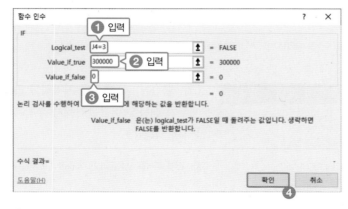

04 ① 새로운 [함수 인수] 대화상자의 [Logical_test]에 **J4=3**을 입력하고 ② [Value_if_true]에 **300000**을 입력합니다. ③ [Value_if_false]에 **0**을 입력하고 ④ [확인]을 클릭합니다.

➕ 업무 제안 순위에 따른 포상금이 1~3위까지 계산됩니다. 완성 수식은 **=IF(J4=1,1000000, IF(J4=2,500000,IF(J4=3,300000,0)))**입니다.

fx **인수 설명**

Logical_test : 순위가 3인지 판단하는 조건식으로 **J4=3**를 입력합니다.

Value_if_true : 순위가 3이면 포상금에 **300000**을 입력합니다.

Value_if_false : 순위가 1～3이 아니면 **0**을 입력합니다.

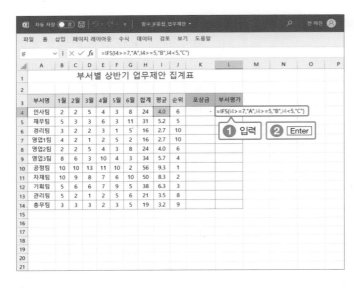

IFS 함수로 부서별 평가 등급 표시하기

05 부서별 업무제안 건수의 평균이 7개 이상이면 'A', 5개 이상이면 'B', 5개 미만이면 'C'를 표시해보겠습니다. ❶ [L4] 셀에 **=IFS(I4)=7,"A",I4)=5,"B",I4〈5,"C")**를 입력한 후 ❷ Enter를 누릅니다.

➕ 부서별 평가 등급이 표시됩니다. 완성 수식은 **=IFS(I4)=7,"A",I4)=5,"B",I4〈5,"C")**입니다. 마지막 조건을 TRUE로 대신해 수식을 만들면 **=IFS(I4)=7,"A",I4)=5,"B",TRUE,"C")**입니다.

ƒx 인수 설명

Logical_test 1 : 평균 제안 건수가 7개 이상인지를 판단하는 조건식으로 **I4)=7**을 입력합니다.
Value_if_true1 : 평균 제안 건수가 7개 이상이면 **A**를 입력합니다.
Logical_test 2 : 평균 제안 건수가 5개 이상인지를 판단하는 조건식으로 **I4)=5**를 입력합니다.
Value_if_true2 : 평균 제안 건수가 5개 이상이면 **B**를 입력합니다.
Logical_test 3 : 평균 제안 건수가 5개 미만인지 판단하는 조건식으로 **I4〈5**를 입력합니다.
Value_if_true3 : 평균 제안 건수가 5개 미만이면 **C**를 입력합니다.

✅ **엑셀 2013&이전 버전** 중첩 IF 함수를 사용한 완성 수식은 **=IF(I4)=7,"A",IF(I4)=5,"B","C"))**입니다.

06 ❶ [K4:L4] 범위를 지정하고 ❷ 채우기 핸들을 더블클릭해서 수식을 복사합니다.

➕ 전체 부서별 포상금과 평가 등급이 표시됩니다.

IF 함수 형식은 =**IF(Logical_test, Value_if_true, Value_if_False)**입니다.
　　　　　　　　조건식　　　　　참값　　　　　　거짓값

기본적으로 조건이 하나일 때 사용하지만, 조건이 여럿일 때도 IF 함수 안에 IF 함수를 중첩해서 쓸 수 있습니다. 예를 들어 평가 점수가 90점 이상이면 교육 이수 점수를 2점, 70점 이상이면 1점, 70점 미만이면 0점을 주는 경우에는 다음과 같이 쓸 수 있습니다.

=만약(점수가 90점 이상이면, 2점, 만약(점수가 70점 이상이면 1점, 70점 미만이면 0점을 준다)

이것을 함수식으로 표현하면 다음과 같습니다. 교육 점수에는 교육 점수가 담긴 셀 주소를 입력합니다.

$$=IF(\underline{교육점수}>=90,\underline{2},IF(\overline{교육점수}>=70,\overline{1},\overline{0}))$$
　　　　조건식①　　　참값①　　　　　　　거짓값①

엑셀 2016 버전에 새로 추가된 IFS(조건식1,참값1,조건식2,참값2,…) 함수는 IF를 중첩하지 않고 127개의 조건식을 만들 수 있습니다. IFS 함수를 사용한 함수식은 다음과 같습니다.

$$=IFS(\underline{교육점수>=90},\underline{2},\underline{교육점수>=70},\underline{1},\underline{교육점수<70},\underline{0})$$
　　　　조건식①　　　참값①　　　조건식②　　참값②　　　조건식③　　　참값③

또는 다음과 같이 만들 수 있습니다.

$$=IFS(\underline{교육점수>=90},\underline{2},\underline{교육점수>=70},\underline{1},\underline{TRUE},\underline{0})$$
　　　　조건식①　　　참값①　　　조건식②　　참값②　조건식③　참값③

핵심기능

60

IF, AND, OR 함수로 기업 신용도 분류하기

실습 파일 3장\함수_IF_AND_신용평가.xlsx
완성 파일 3장\함수_IF_AND_신용평가_완성.xlsx

IF 함수와 AND 함수를 중첩해 신용도 분류하기

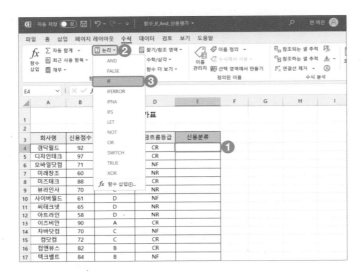

01 기업별 신용 평가표에서 신용 평가등급이 A나 B고 현금흐름등급이 CR일 때는 신용분류에 '정상기업'을, 그렇지 않을 때는 '워크아웃'을 표시해보겠습니다. ❶ [E4] 셀을 클릭합니다. ❷ [수식] 탭-[함수 라이브러리] 그룹-[논리🔽]를 클릭한 후 ❸ [IF]를 클릭합니다.

➕ [함수 인수] 대화상자가 나타납니다.

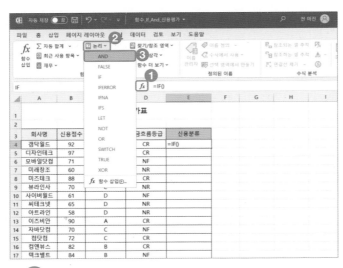

02 신용·평가등급과 현금흐름등급의 두 가지 조건을 모두 만족해야 하므로 조건식에 AND 함수를 중첩시킵니다. ❶ 수식 입력줄에서 [함수 삽입🔽]을 클릭하여 [함수 인수] 대화상자를 닫습니다. ❷ [수식] 탭-[함수 라이브러리] 그룹-[논리🔽]를 클릭한 후 ❸ [AND]를 클릭합니다.

➕ AND 함수에 대한 [함수 인수] 대화상자가 나타납니다.

바로 통하는 TIP AND 함수는 다중 조건을 모두 만족하면 참값을 표시하고 그 외에는 거짓값을 표시합니다.

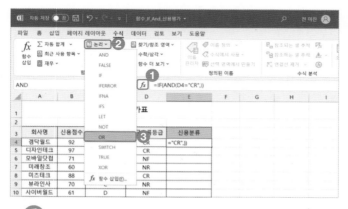

AND 함수 인수 입력하기

03 ❶ [함수 인수] 대화상자에서 [Logical1]에 **D4="CR"**를 입력하고 ❷ [Logical2]를 클릭합니다.

➕ IF 함수 수식에 AND 함수가 중첩되어 추가됩니다.

🔢 **인수 설명**

Logical1(조건1) : 현금흐름등급이 "CR"인지를 판단하는 조건입니다.

OR 함수 중첩하기

04 신용평가등급이 A나 B인 경우 조건을 만족하므로 OR 함수를 중첩 시킵니다. ❶ 수식 입력줄에서 [함수 삽입 *fx*]을 클릭하여 [함수 인수] 대화상자를 닫습니다. ❷ [함수 라이 브러리] 그룹—[논리 🔲]를 클릭하고 ❸ [OR]을 클릭합니다.

➕ OR 함수에 대한 [함수 인수] 대화상자가 나타 납니다.

바로 통 하는 TIP OR 함수는 다중 조건에 하나라도 만족하면 참값을 표시합니다.

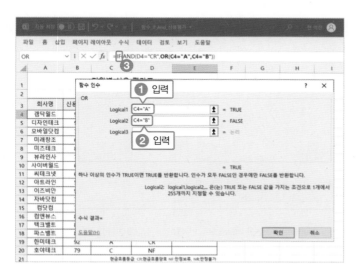

OR 함수 인수 입력하기

05 ❶ [함수 인수] 대화상자에서 [Logical1]에 **C4="A"**를 입력하고 ❷ [Logical2]에 **C4="B"**를 입력합 니다. ❸ IF 함수의 [함수 인수] 대화 상자로 돌아가기 위해 수식 입력줄 에서 IF를 클릭합니다.

➕ IF 함수에 대한 [함수 인수] 대화상자가 나타납 니다.

🔢 **인수 설명**

Logical1(조건1) : 신용평가등급이 "A"인지를 판단하는 조건입니다.
Logical2(조건2) : 신용평가등급이 "B"인지를 판단하는 조건입니다.

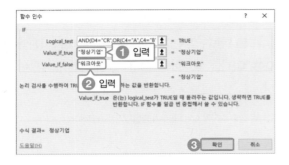

06 [함수 인수] 대화상자에서 [Logical_test]에 AND, OR 함수 수식이 입력되어 있습니다. ❶ [Value_if_true]에 **정상기업**을 입력하고 ❷ [Value_if_false]에 **워크아웃**을 입력한 후 ❸ [확인]을 클릭합니다.

➕ 완성 수식은 =IF(AND(D4="CR",OR(C4="A",C4="B")),"정상기업","워크아웃")입니다. IFS 함수를 사용한 수식은 =IFS(AND(D4="CR",OR(C4="A",C4="B")),"정상기업",TRUE,"워크아웃")입니다.

🔣 인수 설명

Logical_test : 현금흐름등급이 "CR"이고, 신용평가등급이 "A"이거나 "B"인 조건입니다.

Value_if_true : 조건 결과가 참이면 "정상기업"을 표기합니다.

Value_if_false : 조건 결과가 거짓이면 "워크아웃"을 표기합니다.

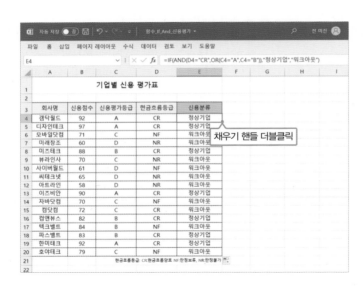

07 [E4] 셀의 채우기 핸들을 더블클릭하여 나머지 셀에 수식을 복사합니다.

➕ 중첩한 IF, AND, OR 함수의 조건에 따라 '정상기업'과 '워크아웃'으로 신용분류가 표시됩니다.

쉽고 빠른 엑셀 Note / **AND, OR 함수 한눈에 보기**

다음을 참고해 AND 함수와 OR 함수를 자세히 이해할 수 있습니다.

범주	이름	설명
논리 함수	AND(조건1,조건2,…)	여러 항목의 조건을 비교해 모두 만족할 경우 참값을 반환합니다.
	OR(조건1,조건2,…)	여러 항목의 조건을 비교해 일부 조건을 만족할 경우 참값을 반환합니다.

회사통 — 혼자 해보기

개인별 판매 실적표에서 실적평가 완성하기

실습 파일 3장 \ 실습파일 \ 영업실적표1.xlsx
완성 파일 3장 \ 실습파일 \ 영업실적표1_완성.xlsx

⊕ 예제 설명 및 완성 화면

개인별 판매 실적표에서 지시 사항에 따라 COUNT, RANK.EQ, IF, IFS 함수로 인원수, 순위, 성과금,
실적평가를 구한 후 MOD, ROW 함수로 5행마다 테두리를 그리는 조건부 서식을 지정합니다.

	A	B	C	D	E	F	G
1			개인별 판매 실적표				
2					인원수	20	
3							
4	성명	부서	실적금액	순위	성과금	실적평가	
5	김성철	영업1팀	3,560,000	14	106,800		
6	이병욱	영업3팀	13,000,000	1	1,300,000	우수	
7	서기린	영업2팀	11,400,000	3	1,140,000	우수	
8	유태현	영업1팀	7,660,000	5	766,000	우수	
9	박민우	영업3팀	5,780,000	8	289,000		
10	김태성	영업2팀	8,910,000	4	891,000	우수	
11	남진섭	영업3팀	6,780,000	7	339,000		
12	강은철	영업1팀	3,450,000	15	103,500		
13	최진우	영업2팀	5,120,000	10	256,000		
14	황욱진	영업3팀	12,100,000	2	1,210,000	우수	
15	김진섭	영업1팀	4,300,000	13	129,000		
16	박태수	영업2팀	3,220,000	16	96,600		
17	이민호	영업1팀	2,450,000	18	73,500		
18	문호철	영업3팀	1,340,000	20	40,200		
19	전남주	영업2팀	3,110,000	17	93,300		
20	홍순민	영업1팀	5,660,000	9	283,000		
21	이나영	영업3팀	4,520,000	12	135,600		
22	나은미	영업1팀	1,980,000	19	59,400		
23	민호철	영업2팀	7,210,000	6	721,000	우수	
24	송수영	영업1팀	5,110,000	11	255,500		

실적표 ⊕

01 COUNTA 함수를 이용하여 영업 사원의 인원수를 구합니다. [F2] 셀에 수식을 입력합니다.

- **완성 수식 : =COUNTA(A5:A24)**

	A	B	C	D	E	F
1			개인별 판매 실적표			
2					인원수	20
3						
4	성명	부서	실적금액	순위	성과금	실적평가
5	김성철	영업1팀	3,560,000			
6	이병욱	영업3팀	13,000,000			
7	서기린	영업2팀	11,400,000			
8	유태현	영업1팀	7,660,000			
9	박민우	영업3팀	5,780,000			
10	김태성	영업2팀	8,910,000			
11	남진섭	영업3팀	6,780,000			
12	강은철	영업1팀	3,450,000			
13	최진우	영업2팀	5,120,000			
14	황욱진	영업3팀	12,100,000			
15	김진섭	영업1팀	4,300,000			
16	박태수	영업2팀	3,220,000			
17	이민호	영업1팀	2,450,000			
18	문호철	영업3팀	1,340,000			
19	전남주	영업2팀	3,110,000			
20	홍순민	영업1팀	5,660,000			
21	이나영	영업3팀	4,520,000			
22	나은미	영업1팀	1,980,000			

02 RANK.EQ 함수를 이용하여 실적금액 기준 내림차순으로 순위를 구합니다. [D5:D24] 범위를 지정하고 수식을 입력한 후 Ctrl + Enter 를 누릅니다.

- **완성 수식 : =RANK.EQ(C5,$C$5:$C$24,0)**

	A	B	C	D	E	F
3						
4	성명	부서	실적금액	순위	성과금	실적평가
5	김성철	영업1팀	3,560,000	14		
6	이병욱	영업3팀	13,000,000	1		
7	서기린	영업2팀	11,400,000	3		
8	유태현	영업1팀	7,660,000	5		
9	박민우	영업3팀	5,780,000	8		
10	김태성	영업2팀	8,910,000	4		
11	남진섭	영업3팀	6,780,000	7		
12	강은철	영업1팀	3,450,000	15		
13	최진우	영업2팀	5,120,000	10		
14	황욱진	영업3팀	12,100,000	2		
15	김진섭	영업1팀	4,300,000	13		
16	박태수	영업2팀	3,220,000	16		
17	이민호	영업1팀	2,450,000	18		
18	문호철	영업3팀	1,340,000	20		
19	전남주	영업2팀	3,110,000	17		
20	홍순민	영업1팀	5,660,000	9		
21	이나영	영업3팀	4,520,000	12		
22	나은미	영업1팀	1,980,000	19		
23	민호철	영업2팀	7,210,000	6		
24	송수영	영업1팀	5,110,000	11		

바로 통 하는TIP 범위를 지정한 후 수식을 입력하고 Ctrl+Enter를 누르면 수식이 한번에 입력됩니다.

03 성과금은 IFS 함수를 이용합니다. 실적금액이 7백만 원 이상이면 실적금액의 10%, 5백만 원 이상이면 5%, 그렇지 않으면 실적금액의 3%를 구합니다. [E5:E24] 범위를 지정하고 수식을 입력한 후 `Ctrl` + `Enter`를 누릅니다.

• 완성 수식 : **=IFS(C5>=7000000,C5*10%,C5>=5000000,C5*5%,TRUE,C5*3%)**

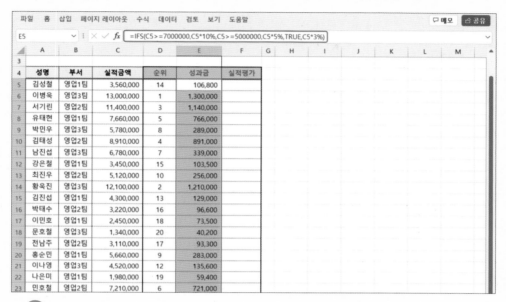

> **바로통 하는 TIP** IF 중첩 함수를 사용한 완성 수식은 **=IF(C5>=7000000,C5*10%,IF(C5>=5000000,C5*5%,C5*3%))**입니다.

04 실적평가는 IF 함수를 이용합니다. 실적금액이 7백만 원 이상이면 우수, 아니면 빈칸으로 표시합니다. [F5:F24] 범위를 지정하고 수식을 입력한 후 `Ctrl` + `Enter`를 누릅니다.

• 완성 수식 : **=IF(C5>=7000000,"우수","")**

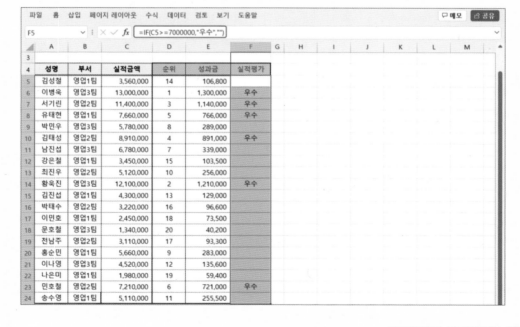

05 데이터 전체 범위(A5:F24)에서 5의 배수 행을 찾아 테두리가 적용되도록 수식으로 조건부 서식을 지정합니다. [홈] 탭-[스타일] 그룹에서 [조건부 서식圖]을 클릭하고 [새 규칙]을 클릭해 [새 서식 규칙] 대화상자를 불러옵니다.

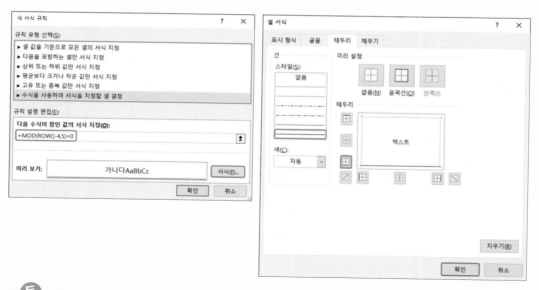

06 [새 서식 규칙] 대화상자의 [규칙 유형 선택]에서 [수식을 사용하여 서식을 지정할 셀 결정]을 클릭한 후 수식 입력란에 **=MOD(ROW()−4,5)=0**을 입력합니다. [서식]을 클릭한 후 [셀 서식] 대화상자에서 [테두리] 탭-[스타일]에서 [실선], [테두리]에서 [아래쪽 테두리]를 클릭합니다. [확인]을 클릭해 5행마다 테두리가 그려지는 조건부 서식을 적용합니다.

바로 통 하는 TIP 행 번호(ROW()−4)를 5로 나눠 나머지가 0이면 5의 배수이므로 수식 **=MOD(ROW()−4,5)=0**을 입력합니다.

2010 \ 2013 \ 2016 \ 2019 \ 2021

AVERAGE, AVERAGEIF 함수로 평균 구하기

실습 파일 3장 \ 함수_AVERAGE_교육평가표.xlsx
완성 파일 3장 \ 함수_AVERAGE_교육평가표_완성.xlsx

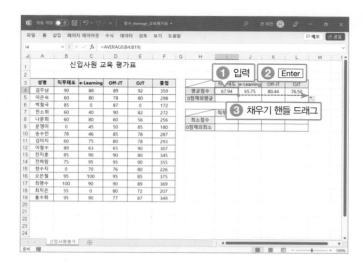

평가 항목의 평균 구하기

01 신입사원 교육 평가표에서 평가 항목의 전체 평균을 구해보겠습니다. ① [I4] 셀을 클릭한 후 **=AVERAGE(B4:B19)**를 입력하고 ② Enter를 누릅니다. ③ [I4] 셀의 채우기 핸들을 [L4] 셀까지 드래그해서 수식을 복사합니다.

➕ 평가 항목별 평균 점수가 표시됩니다.

바로 통 하는TIP AVERAGE 함수는 범위의 평균을 구합니다.

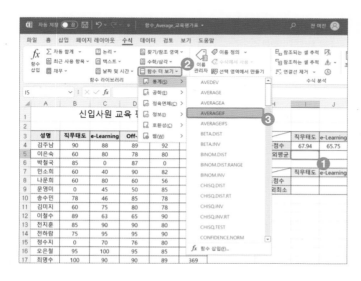

0을 제외한 평가 항목의 평균 구하기

02 신입사원 평가표에서 0점을 제외한 평가 항목의 평균을 구해보겠습니다. ① [I5] 셀을 클릭하고 ② [수식] 탭-[함수 라이브러리] 그룹-[함수 더 보기⊟]를 클릭합니다. ③ [통계]-[AVERAGEIF]를 클릭합니다.

➕ [함수 인수] 대화상자가 나타납니다.

바로 통 하는TIP AVERAGEIF 함수는 조건에 만족하는 범위의 평균을 구합니다.

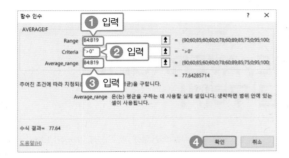

AVERAGEIF 함수 인수 입력하기

03 ① [함수 인수] 대화상자에서 [Range](범위)에 **B4:B19**를 입력하고 ② [Criteria](조건)에 **〉0**을 입력합니다. ③ [Average_range](평균 범위)에 **B4:B19**를 입력한 후 ④ [확인]을 클릭합니다.

➕ 전체 평가 항목의 범위(B4:B19)에서 0을 제외한 조건(">0")에 만족하는 점수의 평균이 구해집니다. 완성 수식은 **=AVERAGEIF(B4:B19,">0",B4:B19)**입니다.

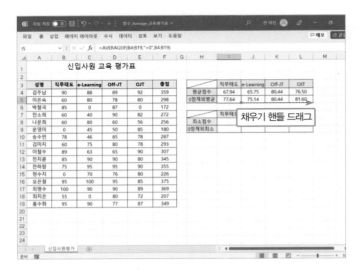

04 [I5] 셀의 채우기 핸들을 [L5] 셀까지 드래그해서 수식을 복사합니다.

➕ 0점을 제외한 평균 점수가 표시됩니다.

쉽고 빠른 엑셀 Note　　AVERAGE, AVERAGEIF 함수 한눈에 보기

다음을 참고해 AVERAGE 함수와 AVERAGEIF 함수를 자세히 이해할 수 있습니다.

범주	이름	설명
통계 함수	AVERAGE(평균을 계산할 전체 범위,…)	셀의 평균을 계산합니다.
	AVERAGEIF(조건을 검사할 범위,조건,평균을 계산할 범위)	조건에 만족하는 셀의 평균을 구합니다.

2010 \ 2013 \ 2016 \ 2019 \ 2021

우선
순위

혼자
해보기

문서
작성

문서
편집
&
인쇄

수식
&
함수

차트

데이터
관리/
분석&
자동화

핵심기능

62

MIN, MINIFS 함수로
최솟값 구하기

실습 파일 3장 \ 함수_Min_교육평가표.xlsx
완성 파일 3장 \ 함수_Min_교육평가표_완성

평가 항목의 최솟값 구하기

01 신입사원 교육 평가표에서 평가 항목의 전체 최솟값을 구해보겠습니다. ❶ [I8] 셀에 **=MIN(B4:B19)**를 입력하고 ❷ Enter 를 누릅니다. ❸ [I8] 셀의 채우기 핸들을 [L8] 셀까지 드래그해서 수식을 복사합니다.

➕ 평가 항목별 최소 점수가 표시됩니다.

바로 통 하는TIP MIN 함수는 범위의 최솟값을 구합니다.

0을 제외한 평가 항목의 최솟값 구하기

02 신입사원 교육 평가표에서 0점을 제외한 평가 항목의 최솟값을 구해보겠습니다. ❶ [I9] 셀을 클릭하고 ❷ [수식] 탭-[함수 라이브러리] 그룹-[함수 더 보기 📄]를 클릭합니다. ❸ [통계]-[MINIFS]를 클릭합니다.

➕ [함수 인수] 대화상자가 나타납니다.

바로 통 하는TIP MINIFS 함수는 엑셀 2019 버전에서 새로 추가된 함수로 조건에 만족하는 셀의 최솟값을 구합니다.

✔ **엑셀 2016&이전 버전** 수식 **=MIN(IF(B4:B19)0,B4:B19))**를 입력하고 Ctrl + Shift + Enter 를 눌러 배열 수식으로 조건을 만족하는 최솟값을 구합니다.

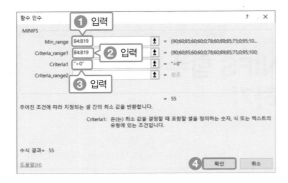

MINIFS 함수 인수 입력하기

03 ❶ [함수 인수] 대화상자에서 [Min_range] (최솟값 범위)에 **B4:B19**를 입력하고 ❷ [Criteria _range1](조건1 범위)에 **B4:B19**를 입력합니다. ❸ [Criteria1](조건1)에 **>0**을 입력한 후 ❹ [확인] 을 클릭합니다.

➕ 전체 평가 항목의 범위(B4:B19)에서 0을 제외한 조건(">0") 에 만족하는 점수의 최솟값이 구해집니다. 완성 수식은 **=MINIFS (B4:B19,B4:B19,">0")** 입니다.

04 [I9] 셀의 채우기 핸들을 [L9] 셀까지 드래그해서 수식을 복사합니다.

➕ 0점을 제외한 최소 점수가 표시됩니다.

쉽고 빠른 엑셀 Note | MIN, MINIFS 함수 한눈에 보기

다음을 참고해 MIN 함수와 MINIFS 함수를 자세히 이해할 수 있습니다.

범주	이름	설명
통계 함수	MIN(최솟값을 계산할 전체 범위,…)	셀의 최솟값을 계산합니다.
	MINIFS(최솟값을 계산할 범위,최솟값을 검사할 범위1, 조건1,최솟값을 검사할 범위2,조건2,…)	다중 조건에 만족하는 셀의 최솟값을 구합니다.

혼자
해보기

문서
작성

문서
편집
&
인쇄

수식
&
함수

차트

데이터
관리/
분석&
자동화

핵심기능

2010 \ 2013 \ 2016 \ 2019 \ 2021

63

COUNTIF, COUNTIFS 함수로 조건을 만족하는 인원수 구하기

실습 파일 3장 \ 함수_COUNTIF_참가명단.xlsx
완성 파일 3장 \ 함수_COUNTIF_참가명단_완성.xlsx

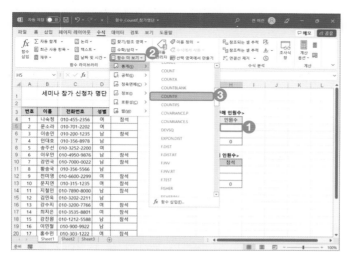

참석 인원수 구하기

01 구매유무에 따라 명부에 참석 또는 공란이 표시되어 있습니다. 참석한 인원수를 세어보겠습니다. ❶ [H5] 셀을 클릭합니다. ❷ [수식] 탭-[함수 라이브러리] 그룹-[함수 더 보기🔲]를 클릭합니다. ❸ [통계]-[COUNTIF]를 클릭합니다.

➕ [함수 인수] 대화상자가 나타납니다.

바로 **통** 하는 **TIP** COUNTIF 함수는 조건에 만족하는 셀의 개수를 구합니다.

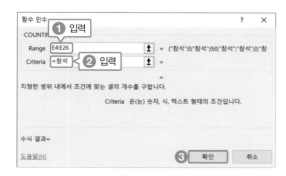

COUNTIF 함수 인수 입력하기

02 ❶ [함수 인수] 대화상자의 [Range]에 **E4: E26**을 입력한 후 ❷ [Criteria]에 **=참석**을 입력합니다. ❸ [확인]을 클릭합니다.

➕ 범위(E4:E26)에서 조건(참석)에 만족하는 셀의 개수, 즉 참석한 인원수가 표시됩니다. 완성 수식은 =COUNTIF(E4:E26,"=참석") 입니다.

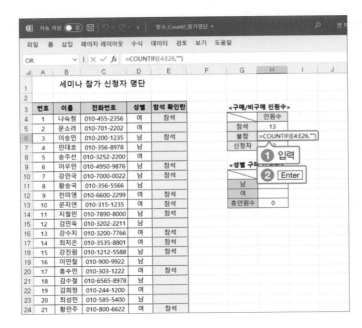

불참 인원수 구하기

03 신청자 명단에 공란으로 표시된 셀의 개수를 세어보겠습니다. ❶ [H6] 셀에 **=COUNTIF(E4:E26,"")** 를 입력하고 ❷ Enter 를 누릅니다.

➕ 범위(E4:E26)에서 조건(공란)에 만족하는 셀의 개수, 즉 불참한 인원수가 표시됩니다.

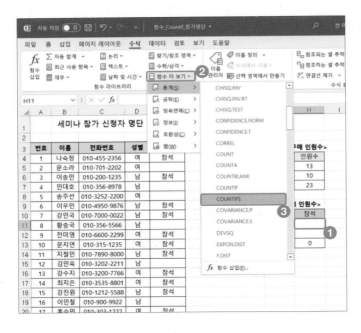

성별 참석 인원수 구하기

04 참석한 인원 중 성별에 따라 남, 여의 인원수를 세어보겠습니다. ❶ [H11] 셀을 클릭합니다. ❷ [수식] 탭-[함수 라이브러리] 그룹-[함수 더 보기🔳]를 클릭하고 ❸ [통계]-[COUNTIFS]를 클릭합니다.

➕ [함수 인수] 대화상자가 나타납니다.

바로 통 하는TIP COUNTIFS 함수는 다중 조건에 만족하는 셀의 개수를 구합니다.

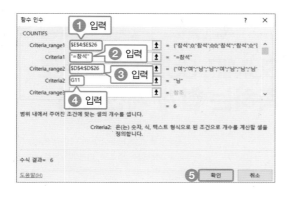

COUNTIFS 함수 인수 입력하기

05 ❶ [함수 인수] 대화상자에서 [Criteria_range1](조건1 범위)에 **$E$4:$E$26**을 입력합니다. ❷ [Criteria1](조건1)에 **=참석**을 입력하고 ❸ [Criteria_range2](조건2 범위)에 **$D$4:$D$26**을 입력합니다. ❹ [Criteria2](조건2)에 **G11**을 입력하고 ❺ [확인]을 클릭합니다.

➕ 완성 수식은 **=COUNTIFS($E$4:$E$26,"=참석",$D$4:$D$26,G11)**입니다.

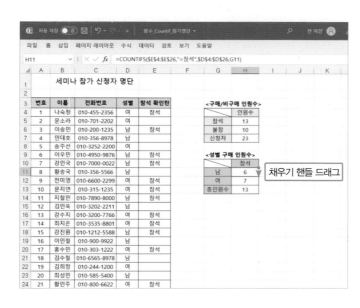

06 [H11] 셀의 채우기 핸들을 [H12] 셀까지 드래그해서 수식을 복사합니다.

➕ 참석한 인원 중 남, 여 인원수가 표시됩니다.

다음을 참고해 COUNTIF 함수와 COUNTIFS 함수를 자세히 이해할 수 있습니다.

범주	이름	설명
통계 함수	COUNTIF(개수를 세고 싶은 범위,조건)	조건에 맞는 셀의 개수를 구합니다.
	COUNTIFS(개수를 세고 싶은 범위1,조건1,개수를 세고 싶은 범위2,조건2,…)	다중 조건에 만족하는 셀의 개수를 구합니다.

핵심기능

64

2010 \ 2013 \ 2016 \ 2019 \ 2021

UNIQUE, SUMIF, SUMIFS 함수로 조건을 만족하는 합계 계산하기

실습 파일 3장 \ 함수_SUMIF_입금대장.xlsx
완성 파일 3장 \ 함수_SUMIF_입금대장_완성.xlsx

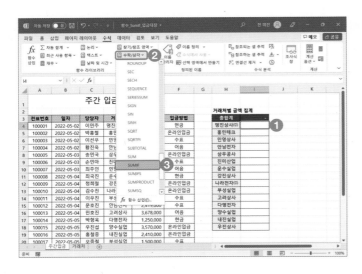

✔ **엑셀 2019&이전 버전** [거래처] 시트의 [A2:A16] 범위를 복사해서 [주간입금] 시트의 [H4] 셀에 붙여 넣습니다.

거래처 고윳값 추출하기

01 주간 입금 대장의 거래처 범위에서 고윳값을 추출해보겠습니다. ❶ [H4] 셀에 **=UNIQUE(D4:D28)**입력하고 ❷ Enter 를 누르면 거래처 고윳값을 범위로 반환합니다.

바로 통 하는TIP 엑셀 2021버전에 새로 추가된 UNIQUE 함수는 거래처 범위(D4:D28)에서 중복된 값을 제거하고 고윳값을 추출하는 동적 배열 함수로, 결괏값을 범위로 반환하고 파란색 테두리로 강조해 표시합니다. 반환할 위치에 다른 값이 있으면 #SPILL! 오류가 표시됩니다. 동적 배열 함수로 고윳값을 추출한 범위를 참조할 때 수식을 입력한 셀 주소(H4) 뒤에 #을 입력하면 범위를 반환합니다.

거래처별 금액의 합계 구하기

02 주간 입금 대장에서 거래처별로 입금액의 합계를 구해보겠습니다. ❶ [I4] 셀을 클릭합니다. ❷ [수식] 탭-[함수 라이브러리] 그룹-[수학/삼각▦]을 클릭하고 ❸ [SUMIF]를 클릭합니다.

➕ [함수 인수] 대화상자가 나타납니다.

바로 통 하는TIP SUMIF 함수는 조건에 만족하는 셀의 합계를 구합니다.

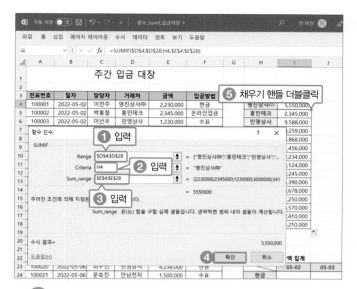

SUMIF 함수 인수 입력하기

03 ❶ [함수 인수] 대화상자에서 [Range](범위)에 **$D$4:$D$28**을 입력한 후 ❷ [Criteria](조건)에 **H4**를 입력하고 ❸ [Sum_range](합계 범위)에 **$E$4:$E$28**을 입력합니다. ❹ [확인]을 클릭합니다. ❺ [I4] 셀의 채우기 핸들을 더블클릭하여 수식을 복사합니다.

➕ [I18] 셀까지 값이 채워지며 거래처별 금액의 합계가 표시됩니다. 완성 수식은 **=SUMIF($D$4:$D$28,H4,$E$4:$E$28)**입니다.

바로**통**하는**TIP** [Criteria](조건)에 **명진상사㈜**를 입력하면 수식을 복사할 때 조건이 변하지 않고 고정됩니다. 따라서 [H4] 셀을 지정하여 조건이 바뀌도록 합니다.

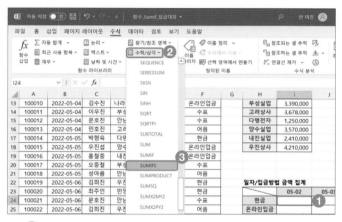

일자별 입금방법을 조건으로 한 금액의 합계 구하기

04 일자별로 입금한 방법에 따른 금액의 합계를 구해보겠습니다. ❶ [I24] 셀을 클릭하고 ❷ [수식] 탭-[함수 라이브러리] 그룹-[수학/삼각▣]을 클릭한 후 ❸ [SUMIFS]를 클릭합니다.

➕ [함수 인수] 대화상자가 나타납니다.

바로**통**하는**TIP** SUMIFS 함수는 다중 조건에 만족하는 셀의 합계를 구합니다.

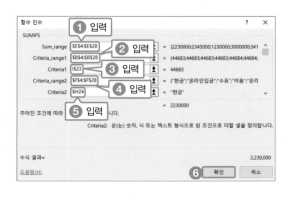

05 ❶ [함수 인수] 대화상자에서 [Sum_range](합계 범위)에 **$E$4:$E$28**을 입력한 후 ❷ [Criteria_range1](조건1 범위)에 **$B$4:$B$28**을 입력합니다. ❸ [Criteria1](조건1)에 **I$23**를 입력하고 ❹ [Criteria_range2](조건2 범위)에 **$F$4:$F$28**을 입력한 후 ❺ [Criteria2](조건2)에 **$H24**를 입력합니다. ❻ [확인]을 클릭합니다.

➕ 완성 수식은 **=SUMIFS($E$4:$E$28,$B$4:$B$28,I$23,$F$4:$F$28,$H24)**입니다.

06 ❶ [I24] 셀의 채우기 핸들을 [I27] 셀까지 드래그합니다. ❷ [I24:I27] 범위의 채우기 핸들을 [M27] 셀까지 드래그해서 수식을 복사합니다.

➕ 입금한 날짜별로 입금한 방법에 따른 금액의 합계가 구해집니다.

쉽고 빠른 엑셀 Note   **UNIQUE, SUMIF, SUMIFS 함수 한눈에 보기**

다음을 참고해 UNIQUE 함수와 SUMIF 함수, SUMIFS 함수를 자세히 이해할 수 있습니다.

범주	이름	설명
찾기/참조 영역	UNIQUE(고윳값을 반환할 범위,[방향],[고윳값])	범위에서 고윳값을 추출합니다. 방향에는 조회할 방향을 행(FALSE)방향이나 열 방향(TRUE)으로 지정하고, 고윳값에는 범위 내에서 모든 고윳값을 추출(FALSE)하거나 한 번만 발생한 고윳값을 추출(TRUE)하도록 지정합니다.
수학/삼각 함수	SUMIF(조건을 검사할 범위,조건,합계를 계산할 범위)	조건에 맞는 셀의 합계를 구합니다.
	SUMIFS(합계를 계산할 범위,조건을 검사할 범위1, 조건1,조건을 검사할 범위2,조건2,…)	다중 조건에 만족하는 셀의 합계를 구합니다.

회사통

**혼자
해보기**

개인별 판매 실적표에서
구조적 참조로 판매실적 조회하기

실습 파일 3장\실습파일\영업실적표2.xlsx
완성 파일 3장\실습파일\영업실적표2_완성.xlsx

⊕ 예제 설명 및 완성 화면

개인별 판매 실적표를 표로 변환하고, UNIQUE 함수와 데이터 유효성 검사로 부서 목록을 표시합니다. 조회하고 싶은 부서명을 선택하고 지시 사항에 따라 SUMIF, MAXIFS, COUNTIFS, SUM 함수와 구조적 참조 수식으로 부서별 실적합계, 최대성과금, 우수사원수를 구합니다.

	A	B	C	D	E
1			개인별 판매 실적표		
2			인원수	21	
3					
4	성명	부서	실적금액	성과금	실적평가
5	김성철	영업1팀	3,560,000	106,800	
6	이병욱	영업3팀	13,000,000	1,300,000	우수
7	서기린	영업2팀	11,400,000	1,140,000	우수
8	유태현	영업1팀	7,660,000	766,000	우수
9	박민우	영업3팀	5,780,000	289,000	
10	김태성	영업2팀	8,910,000	891,000	우수
11	남진섭	영업3팀	6,780,000	339,000	
12	강은철	영업1팀	3,450,000	103,500	
13	최진우	영업2팀	5,120,000	256,000	
14	황욱진	영업3팀	12,100,000	1,210,000	우수
15	김진섭	영업1팀	4,300,000	129,000	
16	박태수	영업2팀	3,220,000	96,600	
17	이민호	영업1팀	2,450,000	73,500	
18	문호철	영업3팀	1,340,000	40,200	
19	천남주	영업2팀	3,110,000	93,300	
20	홍순민	영업1팀	5,660,000	283,000	
21	이나영	영업3팀	4,520,000	135,600	
22	나은미	영업1팀	1,980,000	59,400	

<부서별 판매 실적 조회>

부서	실적합계	성과금합계	최대성과금	우수사원수
영업3팀	43,520,000	3,313,800	1,300,000	2

영업1팀
영업3팀
영업2팀
영업4팀

01 전체 데이터에서 임의의 셀을 클릭하고 Ctrl+T를 눌러 [표 만들기] 대화상자를 불러옵니다. [확인]을 클릭해 데이터의 범위를 표로 만듭니다.

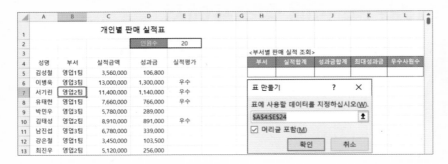

02 부서명은 UNIQUE 함수를 이용해 고유값을 추출해 구합니다. [O5] 셀에 수식을 입력합니다.

· **완성 수식 : =UNIQUE(표1[부서])**

✅ **엑셀 2019**   UNIQUE 함수는 엑셀 2019 버전부터 사용할 수 있습니다.

03 부서에 데이터 유효성 검사를 설정하기 위해 [H5] 셀을 클릭한 후 [데이터] 탭-[데이터 도구] 그룹-[데이터 유효성 검사🗒]를 클릭합니다. [데이터 유효성] 대화상자가 나타나면 [제한 대상]을 [목록]으로 선택하고 원본에 **=$O$5#**을 입력합니다. [확인]을 클릭하면 [H5] 셀에 부서명 목록이 추가됩니다.

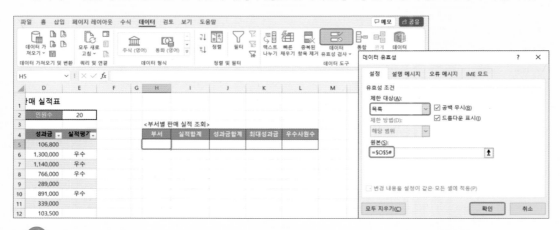

바로**통**하는**TIP**   동적 배열 함수로 고윳값을 추출한 범위를 참조할 때 수식을 입력한 셀 주소($O$5) 뒤에 #을 입력하면 범위를 반환합니다.

✅ **엑셀 2019&이전 버전**   엑셀 2019 버전을 포함한 이전 버전에서는 [데이터 유효성] 대화상자의 [원본]에 **영업1팀, 영업2팀, 영업3팀**을 입력합니다.

04 [H5] 셀의 부서명을 [영업1팀]으로 선택하고, 실적합계는 SUMIF 함수를 이용하여 구합니다. [I5] 셀에 수식을 입력하고 채우기 핸들을 [J5] 셀까지 드래그하여 수식을 복사하면 성과금합계까지 구해집니다.

- **완성 수식 : =SUMIF(표1[[부서]:[부서]],$H$5,표1[실적금액])**

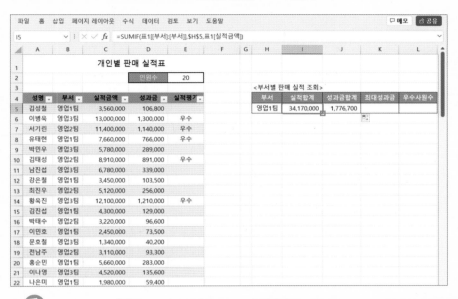

바로 통 하는TIP 구조적 참조는 일반 셀 참조와 마찬가지로 수식을 복사하면 열 머리글의 참조가 변합니다. 수식 **=SUMIF(표1[부서],$H$5, 표1[실적금액])**에서 **표1[부서]**는 고정되어야 하므로 **표1[[부서]:[부서]]**로 수정합니다.

05 성과금의 최댓값은 MAXIFS 함수를 이용하여 구합니다. [K5] 셀에 수식을 입력합니다.
- **완성 수식 : =MAXIFS(표1[성과금],표1[부서],H5)**

![Excel 화면 - MAXIFS 함수 입력]

✔ **엑셀 2019** MAXIFS 함수는 범위에서 다중 조건을 만족하는 최댓값을 구합니다. 엑셀 2019 버전부터 사용할 수 있습니다.

06 우수사원수는 COUNTIFS 함수를 이용하여 구합니다. [L5] 셀에 수식을 입력합니다.

- **완성 수식 : =COUNTIFS(표1[부서],H5,표1[실적평가],"=우수")**

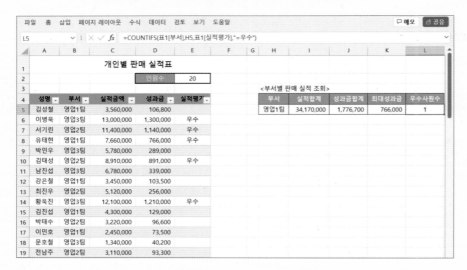

07 [A25:C25] 범위에 **이민주, 영업4팀, 7000000**을 입력합니다. [H5] 셀의 부서명 목록에 '영업4팀'이 추가됩니다. [영업4팀]을 선택하고 부서별 판매 실적을 조회합니다.

✅ **엑셀 2019&이전 버전** 엑셀 2019 버전을 포함한 이전 버전에서는 [데이터 유효성] 대화상자의 [원본]에 **영업4팀**을 추가로 입력해야 합니다.

2010 \ 2013 \ 2016 \ 2019 \ 2021

우선
순위

혼자
해보기

문서
작성

문서
편집
&
인쇄

수식
&
함수

차트

데이터
관리/
분석&
자동화

핵심기능

65

FREQUENCY 함수로
연령대 분포 빈도수 구하기

실습 파일 3장 \ 함수_FREQUENCY_빈도수.xlsx
완성 파일 3장 \ 함수_FREQUENCY_빈도수_완성.xlsx

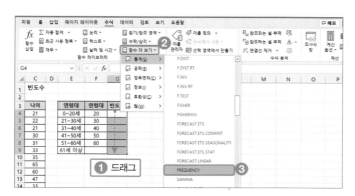

① 드래그

연령대 분포 빈도수 구하기

01 여행 참가자를 연령대별로 표시해보겠습니다. ❶ [G4:G9] 범위를 지정합니다. ❷ [수식] 탭–[함수 라이브러리] 그룹–[함수 더 보기 □]를 클릭하고 ❸ [통계]–[FREQUENCY]를 클릭합니다.

➕ [함수 인수] 대화상자가 나타납니다.

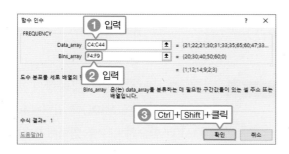

① 입력

② 입력

③ Ctrl + Shift + 클릭

FREQUENCY 함수 인수 입력하기

02 ❶ [함수 인수] 대화상자에서 [Data_array] (빈도수를 계산할 범위)에 **C4:C44**를 입력하고 ❷ [Bins_array](빈도수 구간 범위)에 **F4:F9**를 입력합니다. ❸ Ctrl + Shift 를 누른 상태에서 [확인]을 클릭합니다.

➕ 완성 수식은 {=FREQUENCY(C4:C44,F4:F9)}입니다. 연령대별 분포 빈도수가 계산됩니다.

바로**통**하는**TIP** FREQUENCY 함수는 배열 수식이 필요하므로 Ctrl + Shift 를 누른 채 [확인]을 클릭해 수식을 완성합니다.

ƒx 인수 설명

Data_array : 연령대의 빈도수를 계산하기 위한 나이 전체 범위 (C4:C44)입니다.

Bins_array : 연령대의 빈도수를 계산하기 위한 분포 구간 범위 (F4:F9)입니다.

쉽고 빠른 엑셀 Note | FREQUENCY 함수 한눈에 보기

다음을 참고해 FREQUENCY 함수를 자세히 이해할 수 있습니다.

범주	이름	설명
통계 함수	FREQUENCY(데이터 배열,분포 구간)	대상 자료의 구간별 분포를 구합니다.

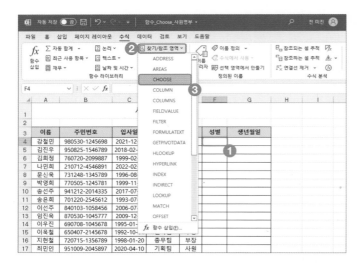

핵심기능 66

2010 \ 2013 \ 2016 \ 2019 \ 2021

CHOOSE, MID 함수로 주민번호에서 성별 구하기

실습 파일 3장 \ 함수_CHOOSE_사원명부.xlsx
완성 파일 3장 \ 함수_CHOOSE_사원명부_완성.xlsx

CHOOSE와 MID 함수를 중첩하여 성별을 표시하기

01 ❶ [F4] 셀을 클릭합니다. ❷ [수식] 탭–[함수 라이브러리] 그룹–[찾기/참조 영역圖]을 클릭하고 ❸ [CHOOSE]를 클릭합니다.

➕ [함수 인수] 대화상자가 나타납니다.

바로 **통**하는 **TIP** CHOOSE 함수는 인덱스 번호에 대응하는 값을 찾아 표시합니다.

02 ❶ [함수 인수] 대화상자의 [Index_num]에 **MID()**를 입력하고 ❷ MID 함수의 인수를 입력하기 위해 수식 입력줄에서 MID()를 클릭합니다.

➕ MID 함수에 대한 [함수 인수] 대화상자가 나타납니다.

바로 **통**하는 **TIP** MID 함수는 문자열에서 일부 글자를 추출합니다.

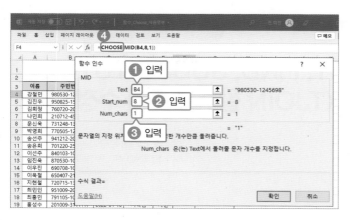

MID 함수 인수 입력하기

03 ❶ [함수 인수] 대화상자에서 [Text]에 **B4**를 입력하고 ❷ [Start_num]에 **8**을 입력합니다. ❸ [Num_chars]에 **1**을 입력한 후 ❹ 수식 입력줄에서 CHOOSE를 클릭합니다.

✚ CHOOSE 함수의 [함수 인수] 대화상자로 돌아갑니다.

🅵ⓧ 인수 설명

Text : 주민번호가 있는 셀 주소를 지정합니다.

Start_num : 주민번호에서 추출을 시작할 위치를 입력합니다.

Num_chars : 시작 위치로부터 추출할 문자 개수를 입력합니다.

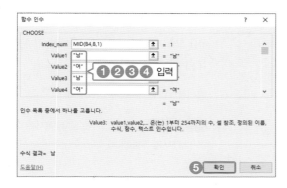

CHOOSE 함수 인수 입력하기

04 ❶ [Value1]에 **남**을 입력하고 ❷ [Value2]에 **여**를 입력합니다. ❸ [Value3]에 **남**을 입력한 후 ❹ [Value4]에 **여**를 입력합니다. ❺ [확인]을 클릭합니다.

✚ 주민번호에서 추출한 성별을 구분하는 수식(MID(B4,8,1)에 따라 1, 3이면 "남", 2, 4면 "여"를 표시합니다. 완성 수식은 **=CHOOSE(MID(B4,8,1),"남","여","남","여")**입니다.

05 [F4] 셀의 채우기 핸들을 더블클릭해서 수식을 복사합니다.

✚ 주민번호 여덟 번째 자리 숫자를 추출해서 사원의 성별을 표시합니다.

쉽고 빠른 엑셀 Note / CHOOSE, MID 함수 한눈에 보기

다음을 참고해 CHOOSE 함수와 MID 함수를 자세히 이해할 수 있습니다.

범주	이름	설명
찾기/참조 영역 함수	CHOOSE(인덱스 번호,값1,값2,…)	인덱스 번호(1~254)에 따른 위치의 목록(값1, 값2, …)을 찾아줍니다.
텍스트 함수	MID(문자열,추출할 시작 위치,추출할 문자의 수)	문자열에서 글자 일부를 추출합니다.

우선 순위

혼자 해보기

분서 작성

문서 편집 & 인쇄

수식 & 함수

차트

데이터 관리/ 분석& 자동화

LEFT, FIND, SUBSTITUTE, TEXTJOIN 함수로 문자 수정하기

실습 파일 3장 \ 함수_FIND_이메일주소록.xlsx
완성 파일 3장 \ 함수_FIND_이메일주소록_완성.xlsx

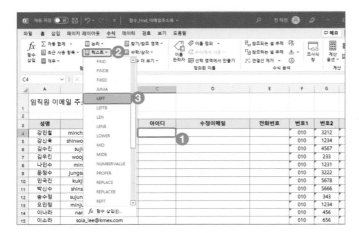

이메일 주소에서 아이디 추출하기

01 이메일 주소에서 @ 기호 앞부분에 위치한 사원별 아이디를 추출해보겠습니다. ❶ [C4] 셀을 클릭합니다. ❷ [수식] 탭-[함수 라이브러리] 그룹-[텍스트🖾]를 클릭하고 ❸ [LEFT]를 클릭합니다.

➕ [함수 인수] 대화상자가 나타납니다.

바로 통 하는 TIP LEFT 함수는 문자열에서 왼쪽의 일부 문자를 추출합니다.

LEFT, FIND 함수 인수 입력하기

02 ❶ [함수 인수] 대화상자의 [Text]에 **B4**를 입력하고 ❷ [Num_chars]에 **FIND("@",B4)-1**을 입력합니다. ❸ [확인]을 클릭합니다.

➕ 완성 수식은 **=LEFT(B4,FIND("@",B4)-1)**입니다. 이메일 주소에서 아이디만 추출됩니다.

🔢 인수 설명

Text : 아이디를 추출할 이메일 주소(B4)를 지정합니다.

Num_chars : 이메일 주소에서 @ 기호(FIND("@",B4))의 위치를 구하고, @ 위치 전까지만 추출해야 하므로 **-1**을 입력합니다.

바로 통 하는 TIP FIND 함수는 특정 문자가 문자열에서 몇 번째 위치에 있는지를 숫자로 표시합니다.

이메일 주소에서 수정하기

03 이메일 주소에서 co.kr을 com으로 수정해보겠습니다. **①** [D4] 셀을 클릭합니다. **②** [수식] 탭-[함수 라이브러리] 그룹-[텍스트圖]를 클릭하고 **③** [SUBSTITUTE]를 클릭합니다.

✚ [함수 인수] 대화상자가 나타납니다.

바로 통 하는TIP SUBSTITUTE 함수는 문자열에서 일부 문자를 새로운 문자로 치환합니다.

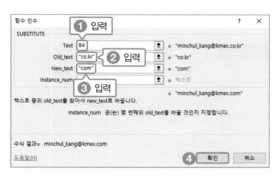

SUBSTITUTE 함수 인수 입력하기

04 **①** [함수 인수] 대화상자의 [Text]에 **B4**를 입력하고 **②** [Old_text]에 **co.kr**을 입력합니다. **③** [New_text]에 **com**을 입력한 후 **④** [확인]을 클릭합니다.

✚ 완성 수식은 =SUBSTITUTE(B4,"co.kr", "com")입니다.

ƒx 인수 설명

Text : 이메일 주소(B4)를 지정합니다.
Old_text : 바꾸고자 하는 문자열을 찾기 위해 **co.kr**을 입력합니다.
New_text : 새롭게 바꿀 문자열 **com**을 입력합니다.

전화번호 합치기

05 각각의 번호를 '―' 구분 기호로 합쳐보겠습니다. **①** [E4] 셀을 클릭합니다. **②** [수식] 탭-[함수 라이브러리] 그룹-[텍스트圖]를 클릭하고 **③** [TEXTJOIN]을 클릭합니다.

✚ [함수 인수] 대화상자가 나타납니다.

✅ **엑셀 2016&이전 버전** TEXTJOIN 함수는 엑셀 2019 버전에서 새로 추가된 함수로, 구분 기호를 사용하여 문자열을 합칩니다. 엑셀 2016 버전을 포함한 이전 버전에서는 이 단계를 건너 뛰고 다음 단계의 엑셀 2016 버전 팁을 참고합니다.

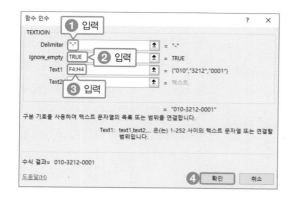

TEXTJOIN 함수 인수 입력하기

06 ❶ [함수 인수] 대화상자의 [Delimiter]에 **–**를 입력하고 ❷ [Ignore_empty]에 **TRUE**를 입력합니다. ❸ [Text1]에 **F4:H4**를 입력합니다. ❹ [확인]을 클릭합니다.

➕ 완성 수식은 =TEXTJOIN("–",TRUE,F4:H4)입니다. 전화번호가 '–' 구분 기호로 합쳐집니다.

✅ **엑셀 2016** 수식 =F4&"–"&G4&"–"&H4를 입력합니다.

🔟 인수 설명

Delimiter : 문자열을 합칠 때 구분 기호 **–**를 입력합니다.

Ignore_empty : 합칠 문자열의 범위에 빈 셀을 포함하지 않으려면 **TRUE**를 입력합니다.

Text1: 전화번호를 합칠 범위(F4:H4)를 지정합니다.

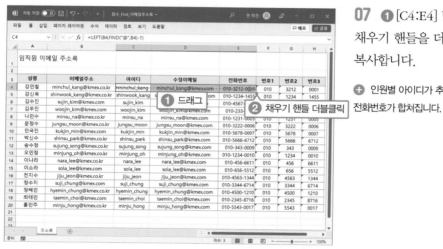

07 ❶ [C4:E4] 범위를 지정하고 ❷ 채우기 핸들을 더블클릭해서 수식을 복사합니다.

➕ 인원별 아이디가 추출되며 이메일이 수정되고 전화번호가 합쳐집니다.

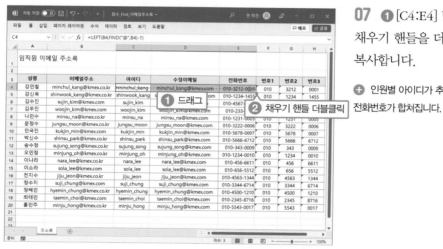
쉽고 빠른 엑셀 Note LEFT, FIND, SUBSTITUTE, TEXTJOIN 함수 한눈에 보기

다음을 참고해 LEFT, FIND, SUBSTITUTE, TEXTJOIN 함수를 자세히 이해할 수 있습니다.

범주	이름	설명
텍스트 함수	LEFT(문자열,왼쪽으로부터 추출할 문자의 수)	문자열의 왼쪽으로부터 글자를 추출합니다.
	FIND(찾을 문자,문자열,시작 위치)	문자열에서 글자 일부의 시작 위치를 찾아 숫자로 나타냅니다.
	SUBSTITUTE(문자열,대상 문자,바꿀 문자,시작 위치)	문자열에서 일부 글자를 다른 글자로 대치하고자 할 때 사용합니다.
	TEXTJOIN(구분 기호,빈 셀 포함 유무,문자열1,문자열2,…,문자열252)	구분 기호를 사용하여 문자열을 합칩니다. TEXTJOIN 함수는 엑셀 2019 버전에서 새로 추가되었습니다.

핵심기능

68

DATE, LEFT, MID 함수로 생년월일 계산하기

실습 파일 3장 \ 함수_DATE_사원명부.xlsx
완성 파일 3장 \ 함수_DATE_사원명부_완성.xlsx

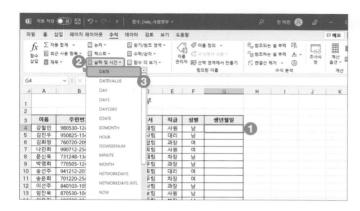

생년월일 구하기

01 ❶ [G4] 셀을 클릭합니다. ❷ [수식] 탭-[함수 라이브러리] 그룹-[날짜 및 시간圓]을 클릭하고 ❸ [DATE]를 클릭합니다.

➕ [함수 인수] 대화상자가 나타납니다.

바로통하는TIP DATE 함수는 연, 월, 일의 숫자를 입력받아 날짜로 변환합니다.

DATE 함수 인수 입력하기

02 ❶ [함수 인수] 대화상자에서 [Year]에 **"19"&LEFT(B4,2)**를 입력하고 ❷ [Month]에 **MID(B4,3,2)**를 입력합니다. ❸ [Day]에 **MID(B4,5, 2)**를 입력한 후 ❹ [확인]을 클릭합니다. ❺ [G4] 셀의 채우기 핸들을 더블클릭해서 수식을 복사합니다.

➕ [G20] 셀까지 생년월일이 계산되어 채워집니다. 완성 수식은 =DATE("19"&LEFT(B4,2),MID(B4,3,2),MID(B4,5,2))입니다.

바로통하는TIP 2000년 이후 출생자의 주민등록번호일 경우 'DATE_사원명부_완성.xlsx'의 [Sheet2] 시트를 참고합니다.

𝑓𝑥 인수 설명

Year : 주민번호(B4)의 왼쪽에서 두 글자를 가져와서 "19"를 합쳐 연도를 지정합니다.
Month : 주민번호의 세 번째 글자부터 두 글자를 가져와서 월로 지정합니다.
Day : 주민번호의 다섯 번째 글자부터 두 글자를 가져와서 일로 지정합니다.

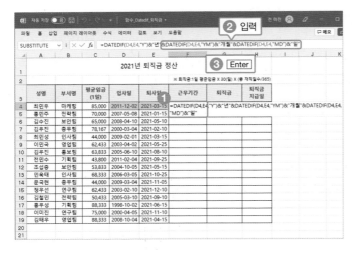

핵심기능

69

2010 / 2013 / 2016 / 2019 / 2021

DATEDIF, EOMONTH 함수로 근무기간과 퇴직금 지급일 구하기

실습 파일 3장 \ 함수_DATEDIF_퇴직금.xlsx
완성 파일 3장 \ 함수_DATEDIF_퇴직금_완성.xlsx

DATEDIF 함수로 근무기간을 계산하기

01 퇴직금 정산 목록의 입사일과 퇴사일을 비교해 근무기간을 계산해보겠습니다. ❶ [F4] 셀에 **=DATEDIF(D4,E4,"Y")&"년"**를 입력한 후 ❷ Enter 를 누릅니다.

➕ 입사일(D4)과 퇴사일(E4) 사이의 경과 연수("Y")가 계산됩니다.

바로 **통** 하는TIP DATEDIF 함수는 두 날짜 사이의 연, 월, 일 간격을 구합니다.

02 ❶ [F4] 셀을 클릭합니다. ❷ 수식 입력줄에 입력된 **=DATEDIF(D4,E4,"Y")&"년"**에 이어서 **&DATEDIF(D4,E4,"YM")&"개월"&DATEDIF(D4,E4,"MD")&"일"**를 입력합니다. ❸ Enter 를 눌러 근무기간을 계산합니다.

➕ 근무기간의 연, 월, 일이 계산됩니다.

🔣 수식 설명

DATEDIF(D4,E4,"Y")&"년" : 입사일(D4)로부터 퇴직일(E4)까지의 경과 연도("Y")를 구한 후 "년"과 연결합니다.

&DATEDIF(D4,E4,"YM")&"개월" : 입사일(D4)로부터 퇴직일(E4)까지의 경과 연도를 제외한 개월 수("YM")를 구한 다음 "개월"과 연결합니다.

&DATEDIF(D4,E4,"MD")&"일" : 입사일(D4)로부터 퇴직일(E4)까지의 경과 개월 수를 제외한 일수("MD")를 구한 다음 "일"과 연결합니다.

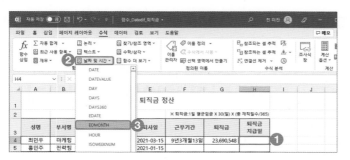

퇴직금 지급 일자 구하기

03 퇴직금은 퇴사일로부터 2개월이 경과한 후 그 달의 마지막 날짜에 지급합니다. 퇴직금 지급일을 계산합니다. ❶ [H4] 셀을 클릭합니다. ❷ [수식] 탭-[함수 라이브러리] 그룹-[날짜 및 시간圓]을 클릭하고 ❸ [EOMONTH]를 클릭합니다.

➕ [함수 인수] 대화상자가 나타납니다.

바로 통 하는 TIP EOMONTH 함수는 지정한 날짜의 전이나 후의 마지막 날짜를 계산합니다. 결괏값을 일련번호로 반환하기 때문에 날짜로 표시하려면 표시 형식을 날짜 형식으로 지정해야 합니다. [H4:H19] 범위에는 날짜 형식으로 표시 형식이 지정되어 있습니다.

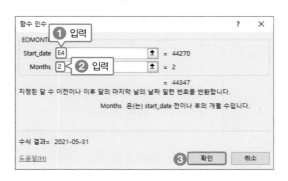

EOMONTH 함수 인수 입력하기

04 ❶ [함수 인수] 대화상자의 [Start_date](시작일)에 **E4**를 입력하고 ❷ [Months](개월 수)에 **2**를 입력합니다. ❸ [확인]을 클릭합니다.

➕ 완성 수식은 **=EOMONTH(E4,2)**입니다. 퇴사일로부터 2개월 후 그 달의 마지막 날짜로 퇴직금 지급일이 계산됩니다.

𝑓𝑥 인수 설명

Start_date : 시작일로 여기서는 퇴사일(E4)을 입력합니다.
Months : 개월 수로 시작일로부터 2개월 후에 마지막 날짜를 표시하기 위해 **2**를 입력합니다.

05 ❶ [F4:H4] 범위를 지정하고 ❷ 채우기 핸들을 더블클릭하여 수식을 복사합니다.

➕ 인원별 근무기간이 계산되면서 근무기간에 따른 퇴직금 및 퇴직금 지급일이 표시됩니다.

쉽고 빠른 엑셀 Note | DATEDIF, EOMONTH 함수 한눈에 보기

다음을 참고해 DATEDIF 함수와 EOMONTH 함수를 자세히 이해할 수 있습니다.

범주	이름	설명
날짜 및 시간 함수	DATEDIF(시작일,종료일,옵션)	두 날짜 사이의 연, 월, 일 간격을 계산합니다. (옵션 : Y, M, D, YM, YD, MD)
	EOMONTH(개월 수를 계산하기 위한 시작일, 전이나 후의 개월 수)	지정한 날짜의 전이나 후 마지막 날짜를 계산하여 일련번호를 반환합니다.

핵심기능

70

| 2010 | 2013 | 2016 | 2019 | 2021 |

HLOOKUP, VLOOKUP, XLOOKUP 함수로 상품명, 단가, 할인율 표시하기

실습 파일 3장\함수_VHlookup_판매일보.xlsx
완성 파일 3장\함수_VHlookup_판매일보_완성.xlsx

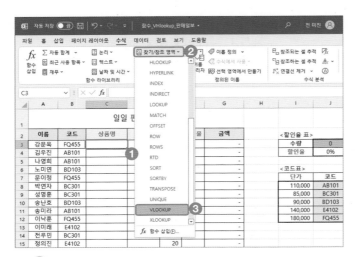

VLOOKUP 함수를 이용하여 상품명 입력하기

01 코드표에 입력된 코드를 참조하여 판매일보에 상품명을 표시해보겠습니다. ❶ [C3] 셀을 클릭합니다. ❷ [수식] 탭-[함수 라이브러리] 그룹-[찾기/참조 영역⬚]을 클릭하고 ❸ [VLOOKUP]을 클릭합니다.

➕ [함수 인수] 대화상자가 나타납니다.

바로 통하는TIP VLOOKUP 함수는 찾을 값을 코드표 범위에서 세로 방향으로 검색하여 대응하는 열의 값을 찾습니다.

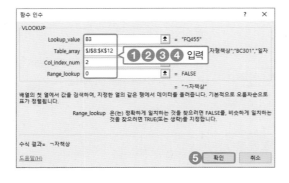

VLOOKUP 함수 인수 입력하기

02 ❶ [함수 인수] 대화상자의 [Lookup_value] (찾을 값)에 **B3**을 입력하고 ❷ [Table_array] (범위)에 **$J$8:$K$12**를 입력합니다. ❸ [Col_ index_num](추출할 열)에 **2**를 입력하고 ❹ [Range_lookup](옵션)에 **0**을 입력합니다. ❺ [확인]을 클릭합니다.

➕ 완성 수식은 **=VLOOKUP(B3,$J$8:$K$12,2,0)**입니다. 코드 표에서 [B3] 셀의 코드를 찾아 상품명을 가져옵니다.

𝑓𝑥 인수 설명

Lookup_value : 상품 코드를 찾아 상품명을 입력해야 하므로 B3을 입력합니다.

Table_array : [B3] 셀의 값을 찾을 범위로 코드표의 범위(J8:K12)입니다.

Col_index_num : 상품 코드별 코드표 범위에서 [B3] 셀 값을 찾아 상품명을 반영할 열 번호입니다.

Range_lookup : 찾는 값에 정확하게 일치해서 찾을 때는 **FALSE** 또는 0을 입력합니다.

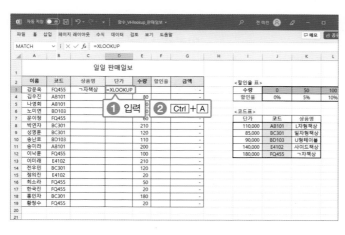

XLOOKUP 함수 이용하여 단가 입력하기

03 코드표에 입력된 단가를 참조하여 해당 상품의 단가를 입력해보겠습니다. ❶ [D3] 셀에 **=XLOOKUP**을 입력합니다. ❷ Ctrl + A 를 누릅니다.

➕ [함수 인수] 대화상자가 나타납니다.

✅ **엑셀 2021** XLOOKUP 함수는 엑셀 2021 버전에 새로 추가된 함수입니다. 찾을 값을 가로, 세로 방향으로 모두 검색할 수 있습니다. 이전 버전은 이 단계를 건너 뛰고 다음 단계의 엑셀 2019 버전 팁을 참고합니다.

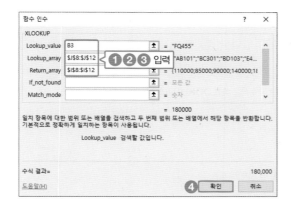

XLOOKUP 함수 인수 입력하기

04 ❶ [함수 인수] 대화상자에서 [Lookup_value](찾을 값)에 **B3**을 입력하고 ❷ [Lookup_array](범위)에 **$J$8:$J$12**를 입력합니다. ❸ [Return_array](결과 범위)에 **$I$8:$I$12**를 입력한 후 ❹ [확인]을 클릭합니다.

➕ 완성 수식은 **=XLOOKUP(B3,$J$8:$J$12,$I$8:$I$12)**입니다.

✅ **엑셀 2019** 찾을 범위가 코드 범위의 첫 번째 열에 없으므로 수식 **=LOOKUP(B3,$J$8:$J$12,$I$8:$I$12)**을 입력합니다. 완성 수식은 완성 파일의 [판매일보2019이전버전] 시트를 참고합니다.

🔢 인수 설명

Lookup_value : 상품 코드를 찾아야 하므로 **B3**을 입력합니다.
Lookup_array : [B3] 셀의 값을 찾을 범위로 코드표의 범위(J8:J12)입니다.
Return_array : 결과를 표시할 단가의 범위(I8:I12)입니다.

05 ❶ [C3:D3] 범위를 지정하고 ❷ 채우기 핸들을 더블클릭하여 수식을 복사합니다.

➕ 코드에 따른 상품명과 단가가 모두 표시됩니다.

우선
순위

혼자
해보기

문서
작성

문서
편집
&
인쇄

수식
&
함수

차트

데이터
관리/
분석&
자동화

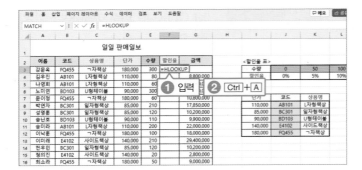

HLOOKUP 함수 이용하여 할인율 입력하기

06 수량별 할인율을 참조하여 상품의 할인율을 입력해보겠습니다. ❶ [F3] 셀에 =**HLOOKUP**을 입력합니다. ❷ Ctrl + A 를 누릅니다.

➕ [함수 인수] 대화상자가 나타납니다.

> **바로 통 하는TIP** HLOOKUP 함수는 찾을 값을 할인율 표 범위에서 가로 방향으로 검색하여 대응하는 행의 값을 찾습니다.

07 ❶ [함수 인수] 대화상자에서 [Lookup_value]에 **E3**을 입력하고 ❷ [Table_array]에 **$J$3:$M$4**를 입력합니다. ❸ [Row_index_num]에 **2**를 입력하고 ❹ [Range_lookup]에 **1**을 입력합니다. ❺ [확인]을 클릭합니다.

➕ 할인율 표에서 [E3] 셀의 수량에 따른 할인율을 찾아 가져옵니다. 완성 수식은 =**HLOOKUP(E3,$J$3:$M$4,2,1)**입니다.

🔢 인수 설명

Lookup_value : 수량을 찾아 할인율을 입력해야 하므로 **E3**을 입력합니다.
Table_array : [E3] 셀 값을 찾을 범위로 할인율 표의 범위(J3:M4)입니다.
Row_index_num : 할인율 표 범위에서 [E3] 셀 값을 찾아 할인율을 반영할 행 번호입니다.
Range_lookup : 찾는 값의 근삿값을 찾을 때는 **TRUE** 또는 **1**을 입력합니다.

08 [F3] 셀의 채우기 핸들을 더블클릭하여 수식을 복사합니다.

➕ 수량에 따른 할인율이 모두 표시됩니다.

쉽고 빠른 엑셀 Note   HLOOKUP, VLOOKUP 함수 한눈에 보기

다음을 참고해 HLOOKUP 함수와 VLOOKUP 함수를 자세히 이해할 수 있습니다.

범주	이름	설명
찾기/ 참조 영역 함수	HLOOKUP(찾을 값,데이터를 검색하고 참조할 범위,범위에서 추출할 행 번호,옵션)	목록 범위의 첫 번째 행에서 가로(Horizontal) 방향으로 검색하면서 결과가 표시될 행 위치에서 원하는 값을 추출합니다.
	VLOOKUP(찾을 값,데이터를 검색하고 참조할 범위,범위에서 추출할 열 번호,옵션)	목록 범위의 첫 번째 열에서 세로(Vertical) 방향으로 검색하면서 결과가 표시될 열 위치에서 원하는 값을 추출합니다.

쉽고 빠른 엑셀 Note / Table_Array(데이터 범위)에 대한 규칙과 에러

VLOOKUP과 HLOOKUP 함수는 사용법과 기능이 유사합니다. VLOOKUP 함수는 첫 행에서 원하는 값을 찾아 지정한 열에 있는 값을 반환하고 HLOOKUP 함수는 첫 열에서 원하는 값을 찾아 지정한 행에 있는 값을 반환합니다.

① 찾는 값(Lookup_value)은 반드시 Table_array의 **첫 번째 열(행)**에 있어야 합니다. 예를 들어 VLOOKUP 함수를 이용하여 상품 코드를 찾아서 상품명을 반환하려면 [A3:C7] 범위가 아닌 [B3:C7] 범위를 지정해야 합니다.

▲	A	B	C
1	<코드표>		
2	단가	코드	상품명
3	110,000	AB101	L자형책상
4	85,000	BC301	일자형책상
5	90,000	BD103	U형테이블
6	140,000	E4102	사이드책상
7	180,000	FQ455	ㄱ자책상

→

▲	A	B
10		
11	코드	상품명
12	E4102	사이드책상
13	FQ455	ㄱ자책상
14	AB101	L자형책상
15	BC301	일자형책상
16	AB101	L자형책상

▲ [B3:C7] 범위를 참조하여 단가를 찾음. 완성 수식 : =VLOOKUP(A12,$B$3:$C$7,2,0)) 또는 =XLOOKUP(A12,$B$3:$B$7,$C$3:$C$7)

② Table_array의 첫 번째 열(행)에서 근삿값을 찾을 경우에는 반드시 **오름차순으로 정렬**되어 있어야 합니다.

▲	A	B	C	D	E
1	<할인율 표>				
2		0~49	50~99	100~199	200이상
3	수량	0	50	100	200
4	할인율	0%	5%	10%	20%

→

	A	B
6		
7	수량	할인율
8	45	0%
9	100	10%
10	160	10%
11	210	20%

▲ [B2:E3] 범위를 참조하여 할인율을 찾음. 완성 수식 : =HLOOKUP(A8,$B$3:$E$4,2,1)) 또는 =XLOOKUP(A8,$B$3:$E$3,$B$4:$E$4,"",−1)

③ VLOOKUP이나 HLOOKUP 함수를 사용할 때 원하는 값을 찾지 못하면 해당 셀에 **#N/A 오류**가 나타납니다.

쉽고 빠른 엑셀 Note / XLOOKUP 함수 한눈에 보기

XLOOKUP 함수는 엑셀 2021 버전에서 새로 추가된 함수로 VLOOKUP, HLOOKUP, LOOKUP 함수가 하나로 합쳐지면서 처리 속도가 향상되었습니다. 기존 함수(VLOOKUP, HLOOKUP)에서 반드시 첫 열(행)에 찾을 값이 위치해야 했던 점이 개선되었으며, LOOKUP 함수에서 찾을 범위가 반드시 오름차순으로 정렬되고 근사값만을 찾는 불편한 점도 개선되었습니다.

범주	이름	설명
찾기/ 참조 영역 함수	XLOOKUP(찾을 값,찾을 범위,결과 범위,불일치 시 처리할 값,찾는 방법,찾는 순서)	목록 범위에서 가로 또는 세로 방향으로 검색하면서 결과가 표시될 범위에서 원하는 값을 추출합니다. • 찾을 값 : 찾을 값 지정 • 찾을 범위 : 찾을 범위 지정 • 결과 범위 : 결과 범위를 참조하여 결과 값 표시 • 불일치 시 처리할 값 : 찾는 값이 없을 경우 셀에 표시할 값 • 찾는 방법 : 정확히 일치(0 또는 생략), 작은 값(−1), 큰 값(1) • 찾는 순서 : 순방향 (1 또는 생략), 역방향 −1

2010 \ 2013 \ 2016 \ 2019 \ 2021

함수를 사용해
경력(재직) 증명서 완성하기

실습 파일 3장\실습파일\경력증명서.xlsx
완성 파일 3장\실습파일\경력증명서_완성.xlsx

예제 설명 및 완성 화면

사원 목록을 참조하는 IF, TODAY, LEFT, DATEDIF, VLOOKUP, TEXT 함수를 사용해 경력(재직)
증명서를 완성합니다. 엑셀 2021 버전에서 VLOOKUP 함수 대신 XLOOKUP 함수를 사용한 결과를
확인하려면 완성 파일의 [경력증명서2] 시트를 참고합니다.

경 력 (재 직) 증 명 서

성 명	이수진	주민등록 번 호	800504-******
부 서	홍보팀	직 급	대리
재 직 기 간	2008년 12월 02일 부터 2013년 02월 28일 까지		4년 2개월 26일
주 소	서울 충무로 2가 56-30		

상기인은 2008년 12월 02일~2013년 02월 28일까지 재직하였음을 증명합니다.

용도 : 경력 확인용

2022년 03월 04일

주소 :   서울시 강남구 역삼동 100 역삼빌딩 105

상호 :   주식회사 한빛미디어

대표 :   이 명 중

01 [사원목록] 시트에서 [A3:A110] 범위를 지정하고 **성명**으로 이름 정의합니다.

02 [사원목록] 시트에서 [A3:G110] 범위를 지정하고 **사원목록**으로 이름 정의합니다.

03 [경력증명서] 시트에서 [C3] 셀을 클릭하고 [데이터] 탭-[데이터 도구] 그룹-[데이터 유효성 검사 圖]를 클릭합니다. [데이터 유효성] 대화상자가 나타나면 [제한 대상]을 [목록]으로 선택합니다. [원본] 에 **=성명**을 입력한 후 [확인]을 클릭하면 [사원 목록] 시트의 [성명] 범위를 목록으로 반환합니다.

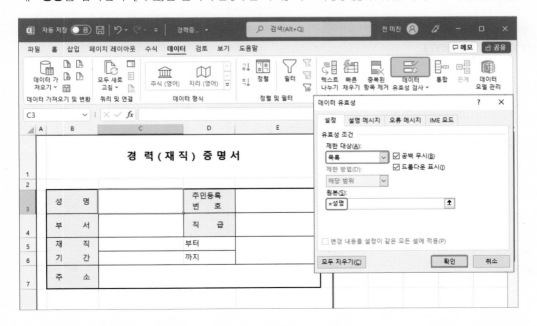

우선
순위

혼자
해보기

문서
작성

문서
관리
&
인쇄

수식
&
함수

차트

데이터
관리/
분석&
자동화

04 [C3] 셀에서 임의의 성명을 선택한 후 증명서 항목의 내용에는 각각 다음 표의 함수 수식을 입력합니다. 주민등록번호는 앞의 6자리만 표시하고, 재직 중인 사원은 퇴사일을 오늘 날짜로 표시합니다. [E5] 셀의 재직기간은 DATEDIF 함수를 사용하여 0년 0월 0일 형식으로, [C8] 셀의 재직기간은 TEXT 함수를 사용하여 구합니다.

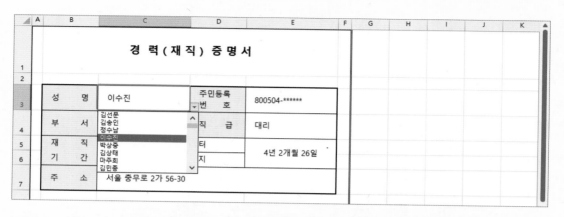

항목	셀 주소	완성 수식
주민등록번호	E3	=LEFT(VLOOKUP(C3,사원목록,2,0),6)&"-******"
부서	C4	=VLOOKUP(C3,사원목록,5,0)
직급	E4	=VLOOKUP(C3,사원목록,6,0)
입사일	C5	=VLOOKUP(C3,사원목록,3,0)
퇴사일	C6	=IF(VLOOKUP(C3,사원목록,4,0)="",TODAY(),VLOOKUP(C3,사원목록, 4,0))
주소	C7	=VLOOKUP(C3,사원목록,7,0)
재직기간	E5	=DATEDIF(C5,C6,"y")&"년 "&DATEDIF(C5,C6,"ym")&"월 "&DATEDIF(C5,C6, "md")&"일"
재직기간	C8	=TEXT(C5,"yyyy년 mm월 dd일~")&TEXT(C6,"yyyy년 mm월 dd일까지")

05 [B10] 셀에는 TODAY 함수를 사용하여 오늘 날짜를 구합니다.

· **완성 수식 : =TODAY()**

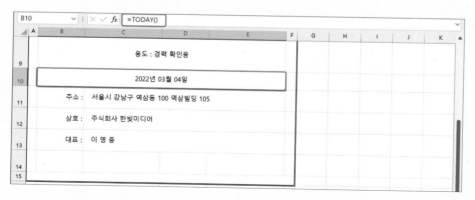

핵심기능

71

| 2010 | 2013 | 2016 | 2019 | 2021 |

IFERROR 함수로
오류 처리하기

실습 파일 3장 \ 함수_Iferror_판매일보.xlsx
완성 파일 3장 \ 함수_Iferror_판매일보_완성.xlsx

상품명에 #N/A 오류 발생 시 '코드 입력오류' 표시하기

01 ❶ [C3] 셀의 수식 맨 앞에 **=IFERROR(**를 입력합니다. ❷ 수식 입력줄에서 IFERROR를 클릭하고 ❸ [함수 삽입 *fx*]을 클릭해 [함수 인수] 대화상자를 불러옵니다.

➕ [함수 인수] 대화상자가 나타납니다.

바로 통 하는 TIP IFERROR 함수는 수식 오류 발생 시 처리할 값을 지정합니다.

IFERROR 함수 인수 입력하기

02 ❶ [함수 인수] 대화상자의 [Value]에 **VLOOKUP(B3,$I$8:$K$12,2,FALSE)**가 입력된 것을 확인하고 ❷ [Value_if_error]에 **코드입력오류**를 입력합니다. ❸ [확인]을 클릭합니다.

➕ 완성 수식은 =IFERROR(VLOOKUP(B3,$I$8:$K$12,2,FALSE),"코드입력오류")입니다.

fx 인수 설명

Value : [C3] 셀에 오류(#N/A, #VALUE!, #REF!, #DIV/0!, #NUM!, #NAME?, #NULL!)가 있는지 검사합니다.
Value_if_error : 수식에서 오류(#N/A)가 발생했을 때 반환할 값으로 **코드입력오류**를 입력합니다.

단가에 #N/A 오류 발생 시 '0'으로 표시하기

03 단가에 #N/A 오류가 발생한 경우 셀에 '0'을 표시해보겠습니다. ❶ [D3] 셀에 **=IFERROR(**를 입력합니다. ❷ 수식 입력줄에서 IFERROR을 클릭하고 ❸ [함수 삽입 *fx*]을 클릭해 [함수 인수] 대화상자를 불러옵니다.

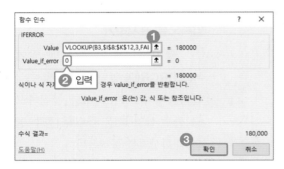

IFERROR 함수 인수 입력하기

04 ❶ [함수 인수] 대화상자의 [Value]에 **VLOOKUP(B3,$I$8:$K$12,3,FALSE)**가 입력된 것을 확인하고 ❷ [Value_if_error]에 **0**을 입력합니다. ❸ [확인]을 클릭합니다.

➕ 완성 수식은 **=IFERROR(VLOOKUP(B3,$I$8:$K$12,3, FALSE),0)**입니다.

fx **인수 설명**

Value : [D3] 셀에 오류(#N/A, #VALUE!, #REF!, #DIV/0!, #NUM!, #NAME?, #NULL!)가 있는지 검사합니다.

Value_if_error : 수식에서 오류(#N/A)가 발생하면 반환할 값으로 **0**을 입력합니다.

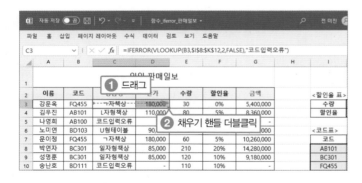

05 ❶ [C3:D3] 범위를 지정하고 ❷ 채우기 핸들을 더블클릭하여 수식을 복사합니다.

➕ 상품명의 #N/A 오류는 '코드입력오류'로, 단가의 #N/A 오류는 '0'으로 표시됩니다.

쉽고 빠른 엑셀 Note ▶ IFERROR 함수 한눈에 보기

다음을 참고해 IFERROR 함수를 자세히 이해할 수 있습니다.

범주	이름	설명
논리 함수	IFERROR(오류를 검사할 셀,오류일 때 표시할 값)	수식이나 셀의 오류를 검사하고 오류가 있다면 이를 처리합니다.

핵심기능

72

INDEX, MATCH 함수로 최저가 업체 선정하기

실습 파일 3장 \ 함수_INDEX_업체선정.xlsx
완성 파일 3장 \ 함수_INDEX_업체선정_완성.xlsx

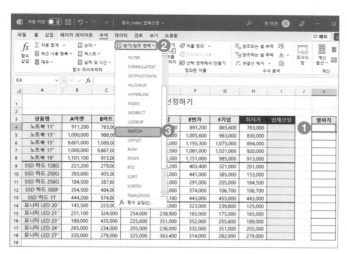

상품별 최저가 열의 위치(번호) 찾기

01 상품별로 최저 가격을 기록한 업체가 몇 번째 열에 위치하고 있는지 찾아 번호로 표시해보겠습니다. ❶ [K4] 셀을 클릭합니다. ❷ [수식] 탭-[함수 라이브러리] 그룹-[찾기/참조 영역▣]을 클릭하고 ❸ [MATCH]를 클릭합니다.

➕ [함수 인수] 대화상자가 나타납니다.

바로통 하는 **TIP** MATCH 함수는 찾는 값이 몇 번째 행 또는열에 있는지 숫자로 표시합니다.

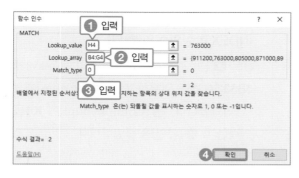

MATCH 함수 인수 입력하기

02 ❶ [함수 인수] 대화상자의 [Lookup_value](찾을 값)에 **H4**를 입력하고 ❷ [Lookup_array](범위)에 **B4:G4**를 입력합니다. ❸ [Match_type](찾을 방법)에 **0**을 입력합니다. ❹ [확인]을 클릭합니다.

➕ 완성 수식은 **=MATCH(H4,B4:G4,0)**입니다.

🔢 인수 설명

Lookup_value : 최저가의 열 번호를 찾기 위해 **H4**를 입력합니다.

Lookup_array : [H4] 셀 값이 포함된 열의 위치를 찾기 위한 업체별 상품 가격의 범위(B4:G4)입니다.

Match_type : 정확하게 찾고 싶은 첫 번째 위치의 값을 검색해야하므로 **0**을 입력합니다.

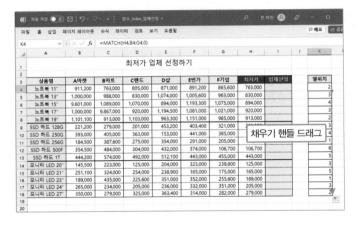

03 [K4] 셀의 채우기 핸들을 [K18] 셀까지 드래그하여 수식을 복사합니다.

➕ 상품별 최저가인 열의 위치가 표시됩니다.

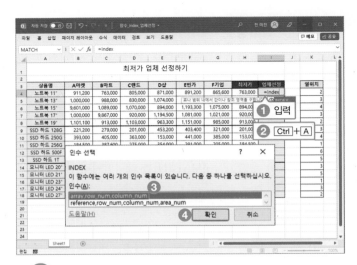

상품별로 최저가인 업체 찾기

04 상품별로 최저가인 업체를 업체선정란에 표시해보겠습니다. ❶ [I4] 셀에 **=INDEX**를 입력합니다. ❷ Ctrl + A 를 눌러 [인수 선택] 대화상자를 불러옵니다. ❸ [인수]에서 첫 번째 항목인 [array,row_num, column_num]을 클릭하고 ❹ [확인]을 클릭합니다.

➕ [함수 인수] 대화상자가 나타납니다.

바로 통 하는TIP INDEX 함수는 배열에서 행 번호와 열 번호로 해당 데이터를 찾습니다. [인수 선택] 대화상자에서 인수를 선택해야 [함수 인수] 대화상자가 나타납니다.

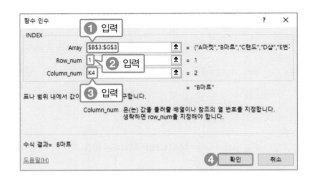

INDEX 함수 인수 입력하기

05 ❶ [함수 인수] 대화상자의 [Array]에 **$B$3:$G$3**을 입력하고 ❷ [Row_num]에 **1**을 입력합니다. ❸ [Column_num]에 **K4**를 입력한 후 ❹ [확인]을 클릭합니다.

➕ 완성 수식은 **=INDEX($B$3:$G$3,1,K4)**입니다.

𝑓𝑥 인수 설명

Array : 행 번호와 열 번호를 사용해서 검색할 기업 목록의 전체 범위(B$3:$G$3)입니다.

Row_num : 행 번호를 지정하는 곳으로 **1**을 입력합니다.

Column_num : 열 번호를 지정하는 곳으로 **K4**를 입력합니다.

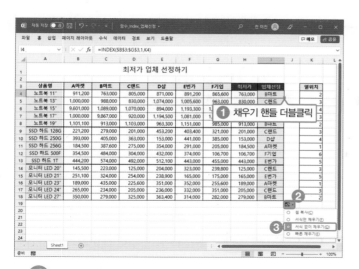

06 ❶ [I4] 셀의 채우기 핸들을 더블클릭하여 수식을 복사합니다. ❷ [자동 채우기 옵션📠]을 클릭하고 ❸ [서식 없이 채우기]를 클릭해 서식을 유지합니다.

➕ 상품별로 최저가인 업체명이 표시됩니다.

바로 **통** 하는**TIP** 선정이 완료된 후 불필요한 열을 숨기려면 K열 머리글에서 마우스 오른쪽 버튼을 클릭한 후 [숨기기]를 클릭합니다.

쉽고 빠른 엑셀 Note | INDEX, MATCH 함수 한눈에 보기

다음을 참고해 INDEX 함수와 MATCH 함수를 자세히 이해할 수 있습니다.

범주	이름	설명
찾기/ 참조 영역 함수	INDEX(배열,행 위치,열 위치)	특정 범위에서 행 번호와 열 번호에 해당하는 셀 값을 찾아줍니다.
	MATCH(행 또는 열 번호를 찾으려는 값,배열 행 또는 배열 열,찾을 방법)	특정 범위 내에서 지정한 값과 일치하는 항목의 상대 위치를 찾아 번호를 반환합니다.

FILTER, SORT 배열 함수로 데이터 추출 및 정렬하기

73

실습 파일 3장 \ 함수_배열_인사고과.xlsx
완성 파일 3장 \ 함수_배열_인사고과_완성.xlsx

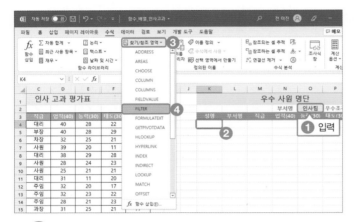

바로 통하는 TIP 엑셀 2021 버전에 새로 추가된 FILTER 함수는 조건에 만족하는 데이터를 추출하는 동적 배열 함수로, 결괏값을 범위로 반환하고 파란색 테두리로 강조해 표시합니다. 반환할 위치에 다른 값이 있으면 #SPILL! 오류가 표시됩니다. 동적 배열 함수로 추출한 범위를 참조할 때 수식을 입력한 셀 주소(K4) 뒤에 #을 입력하면 범위를 반환합니다.

FILTER 함수로 데이터 추출하기

01 인사 고과 평가표에서 부서명이 같은 데이터를 추출해보겠습니다. ❶ [O2] 셀에 **인사팀**을 입력합니다. ❷ [K4] 셀을 클릭합니다. ❸ [수식] 탭-[함수 라이브러리] 그룹-[찾기/참조 영역 📖]을 클릭하고 ❹ [FILTER]를 클릭합니다.

➕ [함수 인수] 대화상자가 나타납니다.

✅ **엑셀 2019&이전 버전** FILTER 함수는 엑셀 2021 이전 버전에서는 사용할 수 없으며 자동 필터 기능으로 대체할 수 있으므로 핵심기능 90을 참고합니다.

바로 통하는 TIP 배열 수식에서는 범위에 절대 참조를 사용하지 않아도 됩니다.

인수 입력하기

02 ❶ [함수 인수] 대화상자에서 [배열]에 **A4:G27**을 입력하고 ❷ [포함]에 **B4:B27=O2**를 입력합니다. ❸ [If_empty]에 **""**를 입력합니다. ❹ [확인]을 클릭합니다.

➕ 완성 수식은 **=FILTER(A4:G27,B4:B27=O2,"")**입니다.

fx **인수 설명**
배열 : 데이터의 전체를 입력해야 하므로 데이터 범위(A4:G27)를 입력합니다.
포함 : 부서명의 범위(B4:B27)에서 추출할 조건을 입력해야 하므로 [O2] 셀을 조건으로 지정합니다.
If_empty : 조건에 맞는 데이터는 찾지 못하면 공란("")을 표시합니다.

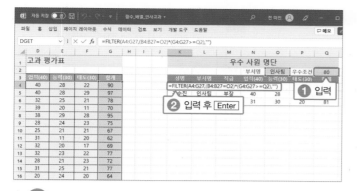

FILTER 함수에 조건 추가하기

03 우수사원을 추출하기 위해 합계가 80점 이상인 조건을 추가해보겠습니다. **①** [Q2] 셀에 **80**을 입력합니다. **②** [K4] 셀에서 수식을 **=FILTER(A4:G27,(B4:B27=O2) *(G4:G27>=Q2),"")**으로 수정하고 Enter를 누릅니다.

➕ 인사팀 중에서 80점 이상인 명단을 추출합니다.

바로통 하는TIP FILTER 함수에서 다중 조건을 지정할 때 AND 조건이면 곱하기(*)를, OR 조건이면 더하기(+) 기호를 입력합니다.

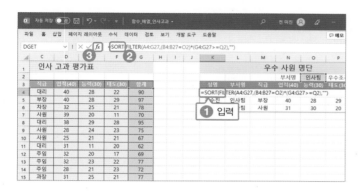

SORT 함수로 데이터 정렬하기

04 추출할 데이터를 합계 점수를 기준으로 내림차순으로 정렬해보겠습니다. **①** [K4] 셀에서 수식 맨 앞에 **=SORT(**를 입력합니다. **②** 수식 입력줄에서 SORT를 클릭하고 **③** [함수 삽입 fx]을 클릭해 [함수 인수] 대화상자를 불러옵니다.

✅ 엑셀 2019&이전 버전 SORT 함수는 범위에 해당하는 데이터를 오름차순 또는 내림차순으로 정렬합니다. 엑셀 2021 이전 버전에서는 사용할 수 없으며 정렬 기능으로 대체할 수 있으므로 핵심기능 87을 참고합니다.

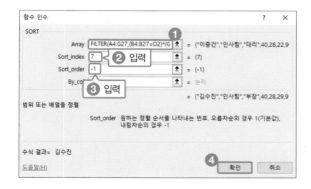

인수 입력하기

05 [함수 인수] 대화상자에서 **①** [Array]에 **FILTER(A4:G27,(B4:B27=O2)*(G4:G27>=Q2),"")**가 입력되어 있는지 확인하고 **②** [Sort_Index]에 **7**을 입력합니다. **③** [Sort_order]에 **−1**을 입력합니다. **④** [확인]을 클릭합니다.

➕ 완성 수식은 =SORT(FILTER(A4:G27,(B4:B27=O2)*(G4:G27>=Q2),""),7,−1)입니다.

fx 인수 설명

Array : 정렬할 데이터 전체 범위로 여기서는 FILTER 함수로 추출한 데이터 범위 수식을 지정합니다.
Sort_Index : 정렬할 필드의 번호로 [합계] 필드에 해당하는 7을 입력합니다.
Sort_order : 정렬할 순서로 내림차순(−1)으로 지정합니다. 생략하면 오름차순(1)으로 지정합니다.

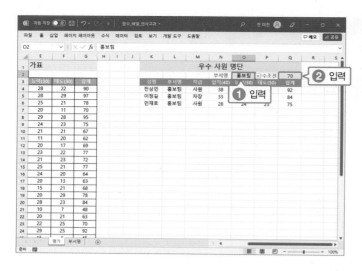

06 ① [O2] 셀에 **홍보팀**을 입력하고 ② [Q2] 셀에 **70**을 입력합니다.

➕ 홍보팀 중에서 70점 이상인 명단을 추출하고 합계를 기준으로 내림차순으로 정렬됩니다.

쉽고 빠른 엑셀 Note   FILTER, SORT 함수 한눈에 보기

다음을 참고해 엑셀 2021 버전에 추가된 FILTER, SORT 함수를 자세히 이해할 수 있습니다.

범주	이름	설명
찾기/참조 영역 함수	FILTER(배열,배열 조건,[조건에 해당 데이터가 없을 경우 표시할 값])	배열에서 조건에 만족하는 데이터를 필터링할 수 있습니다.
	SORT(배열,[정렬 기준 번호],[정렬 순서],[정렬 방향])	배열에서 기준 열로 정렬(1:오름,−1:내림)합니다.

CHAPTER

04

차트
만들기

차트는 표 형태의 자료를 효과적으로 분석해서 데이터의 변화와 추이를
시각적으로 보여줍니다. 따라서 데이터의 흐름을 한눈에 파악할 때 사
용하면 좋습니다. 여기에서는 차트 구성 요소를 익히고 막대, 원형, 혼합
등의 다양한 차트를 살펴보겠습니다. 또한, 셀에서 데이터의 추이를 확
인할 수 있는 스파크라인 차트를 만들어보겠습니다. 차트 만들기 핵심기
능은 엑셀 2013, 2016, 2019, 2021 버전을 기준으로 작성되었습니다.

2010 \ 2013 \ 2016 \ 2019 \ 2021

데이터에 적합한 차트 만들고 차트 종류 변경하기

실습 파일 4장\차트_기본1.xlsx
완성 파일 4장\차트_기본1_완성.xlsx

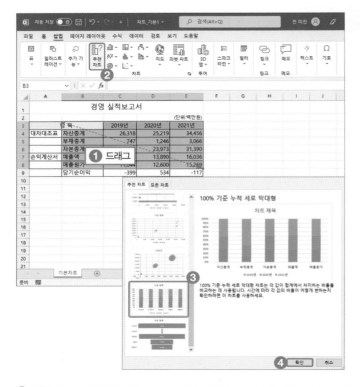

추천 차트로 데이터에 적합한 차트 삽입하기

01 연도별로 자산총계~매출원가를 기록한 데이터를 차트로 만들어보겠습니다. [추천 차트]에서는 선택한 데이터의 특징에 맞는 차트 종류를 추천합니다. ❶ [기본차트] 시트에서 차트로 만들 데이터인 [B3:E8] 범위를 지정합니다. ❷ [삽입] 탭-[차트] 그룹-[추천 차트]를 클릭합니다. ❸ [차트 삽입] 대화상자의 [추천 차트🖼️] 탭에서 [100% 기준 누적 세로 막대형]을 클릭하고 ❹ [확인]을 클릭합니다.

➕ 100% 기준 누적 세로 막대형 차트가 삽입됩니다.

✓ **엑셀 2010** [삽입] 탭-[차트] 그룹-[세로 막대형]을 클릭하고 [2차원 가로 막대형]에서 [100% 기준 누적 세로 막대형]을 클릭합니다.

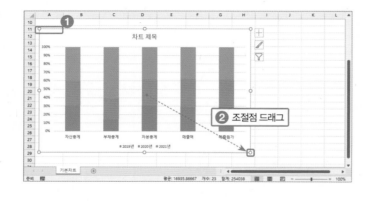

차트 위치와 크기 조절하기

02 ❶ 삽입한 차트를 드래그해서 [A11] 셀을 기준으로 배치합니다. ❷ 차트 조절점을 드래그해서 적당한 크기로 조절합니다.

🔵 **바로 통하는 TIP** 차트를 클릭하고 Delete 를 누르면 차트를 삭제할 수 있습니다.

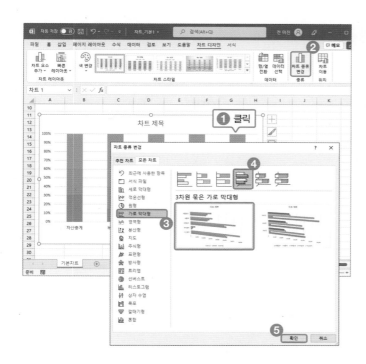

차트 종류 변경하기

03 삽입된 차트의 종류를 변경해보겠습니다. ❶ 차트 영역을 클릭합니다. ❷ [차트 디자인] 탭-[종류] 그룹-[차트 종류 변경⎅]을 클릭합니다. ❸ [차트 종류 변경] 대화상자의 [모든 차트] 탭에서 [가로 막대형]을 클릭하고 ❹ [3차원 묶은 가로 막대형]을 클릭한 후 ❺ [확인]을 클릭합니다.

➕ 3차원 묶은 가로 막대형 차트로 변경됩니다.

✅ **엑셀 2019&이전 버전** [차트 도구]-[디자인] 탭을 클릭합니다.

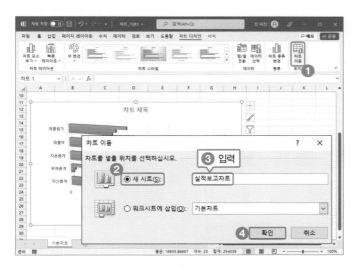

새 시트로 차트 이동하기

04 새 시트를 만들어 차트를 이동해보겠습니다. ❶ 차트 영역이 선택된 상태에서 [차트 디자인] 탭-[위치] 그룹-[차트 이동⎘]을 클릭합니다. ❷ [차트 이동] 대화상자에서 [새 시트]를 클릭하고 ❸ **실적보고차트**를 입력한 후 ❹ [확인]을 클릭합니다.

➕ [실적보고차트] 시트가 생성되면서 차트가 생성된 시트로 이동합니다.

차트는 일반 텍스트나 표에 비해 데이터 추세나 유형을 한눈에 비교할 수 있습니다. 차트의 각 구성 요소를 살펴보고 차트를 빠르게 변경하거나 추천 기능을 이용해 작성할 수 있습니다. 레이아웃과 색, 스타일, 필터링을 적용하고 눈금 간격을 비롯해 레이블과 범례 표시도 자유롭게 할 수 있습니다. 차트는 텍스트와 숫자로 이루어진 표에 비해 시각적으로 표현되므로 정보를 비교하거나 파악하는 데 도움이 됩니다. 특히 프레젠테이션 자료를 만들거나 정보를 빠르게 전달할 때 유용하게 활용할 수 있습니다.

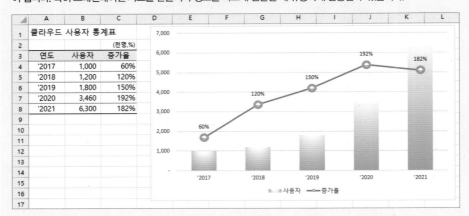

차트의 구성 요소 살펴보기

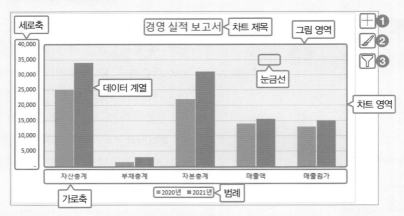

차트의 각 구성 요소는 차트 안에서 각각 독립적으로 이동하거나 크기 조절, 수정, 삭제할 수 있습니다.

① **차트 요소(⊞)** : 축 제목, 데이터 레이블 등의 요소를 추가하거나 숨깁니다.

② **차트 스타일(🖌)** : 차트 스타일 및 색 구성표 등의 디자인을 지정합니다.

③ **차트 필터(▽)** : 차트에 표시된 데이터 요소 및 이름을 변경합니다.

핵심기능

75

차트 레이아웃, 색, 스타일 변경하고 차트 데이터 필터링하기

실습 파일 4장\차트_기본2.xlsx [실적보고차트] 시트
완성 파일 4장\차트_기본2_완성.xlsx

차트 레이아웃 변경하기

01 [빠른 레이아웃]을 이용하면 미리 구성된 차트 서식을 빠르게 적용할 수 있습니다. 차트 레이아웃을 변경해보겠습니다. ❶ [실적보고차트] 시트에서 차트 영역을 클릭합니다. ❷ [차트 디자인] 탭-[차트 레이아웃] 그룹-[빠른 레이아웃📊]을 클릭하고 ❸ [레이아웃 5]를 클릭합니다. ❹ [차트 제목]을 클릭하고 **연도별 경영 실적 보고**를 입력합니다.

➕ 데이터 표가 차트 하단에 삽입됩니다.

✔ **엑셀 2010** [차트 도구]-[디자인] 탭-[차트 레이아웃] 그룹-[자세히▾]를 클릭하고 [레이아웃 5]를 클릭합니다.

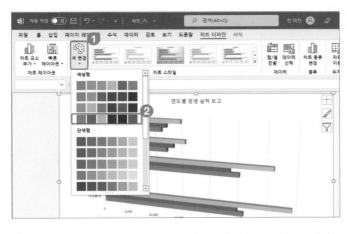

색 변경하기

02 [색 변경]을 이용하면 미리 구성된 차트 색 배합을 빠르게 적용할 수 있습니다. ❶ 차트 영역이 선택되어 있는 상태에서 [차트 디자인] 탭-[차트 스타일] 그룹-[색 변경🎨]을 클릭하고 ❷ [색상형]-[다양한 색상표 4]를 클릭합니다.

➕ 차트 색상이 변경됩니다.

✔ **엑셀 2010** 차트에서 각각의 데이터 계열을 선택하고 [차트 도구]-[서식] 탭-[도형 스타일] 그룹-[도형 채우기🖌]를 클릭한 후 원하는 색을 클릭합니다.

우선
순위

혼자
해보기

문서
작성

문서
편집
&
인쇄

수식
&
함수

차트

데이터
관리/
분석&
자동화

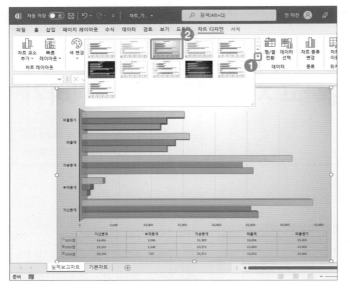

차트 스타일 변경하기

03 차트 스타일을 변경해보겠습니다. ❶ 차트 영역이 선택된 상태에서 [차트 디자인] 탭-[차트 스타일] 그룹-[자세히 ▼]를 클릭하고 ❷ [스타일 3]을 클릭합니다.

➕ 차트 스타일이 변경됩니다.

바로 **통** 하는 **TIP** 엑셀 버전에 따라 차트 스타일 목록이 다를 수 있습니다.

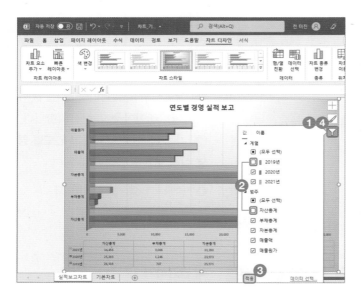

차트 데이터 필터링하기

04 차트 필터를 이용해 연도(2019년)와 자산총계를 제외하고 나머지 계열과 범주를 표시해보겠습니다. ❶ 차트 영역이 선택된 상태에서 [차트 필터 ▽]를 클릭합니다. ❷ [계열]에서 [2019], 범주에서 [자산총계]의 체크를 해제하고 ❸ [적용]을 클릭합니다. ❹ [차트 필터 ▽]를 다시 클릭하여 필터링을 마칩니다.

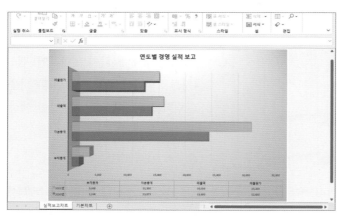

05 연도별(2020년, 2021년) 매출원가, 매출액, 자본총계, 부채총계로 필터링된 데이터 계열이 표시됩니다.

핵심기능

76

차트의 눈금 간격 조절 및 레이블, 범례 표시하기

실습 파일 4장 \ 차트_기본3.xlsx [실적보고차트] 시트
완성 파일 4장 \ 차트_기본3_완성.xlsx

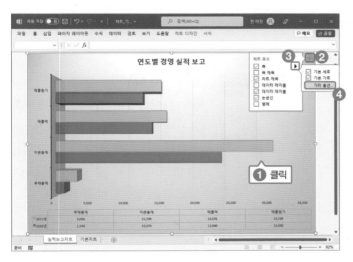

주 눈금 조정하기

01 세로축의 주 단위 눈금 간격을 조정해보겠습니다. ❶ [실적보고차트] 시트에서 차트 영역을 클릭한 후 ❷ [차트 요소⊞]를 클릭합니다. ❸ [축▶]을 클릭하고 ❹ [기타 옵션]을 클릭합니다.

➕ [축 서식] 작업 창이 나타납니다.

✅ **엑셀 2010** 차트의 [가로(값) 축]을 클릭하고 마우스 오른쪽 버튼을 클릭한 후 [축 서식]을 클릭합니다.

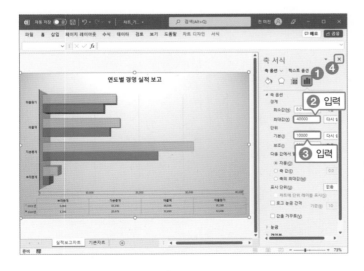

02 ❶ [축 서식] 작업 창에서 [축 옵션📊]을 클릭합니다. ❷ [경계]의 [최대값]에 **40000**을 입력하고 ❸ [단위]의 [기본]에 **10000**을 입력한 후 ❹ [닫기☒]를 클릭하여 [축 서식] 작업 창을 닫습니다.

➕ 축의 주 단위 눈금이 0부터 40000까지 표시되고, 10000 단위로 나눠 구분됩니다.

✅ **엑셀 2010** [축 서식] 대화상자에서 [축 옵션]의 [최대값]에 **40000**, [주 단위]에 **10000**을 입력합니다.

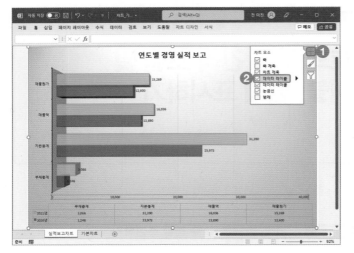

데이터 레이블 표시하기

03 데이터 계열 값을 명확히 보여
줄 수 있도록 데이터 레이블을 차트
에 표시해보겠습니다. ❶ 차트 영역
이 선택된 상태에서 [차트 요소⊞]를
클릭하고 ❷ [데이터 레이블]에 체크
합니다.

➕ 데이터 계열의 값이 표시됩니다.

✅ **엑셀 2010** [차트 도구]-[레이아웃] 탭-[레
이블] 그룹-[데이터 레이블]-[표시]를 클릭합니다.

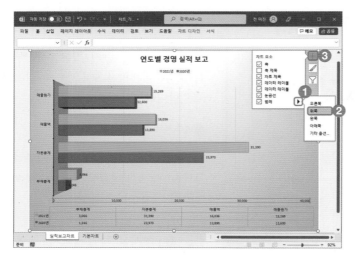

범례 위치 바꾸기

04 데이터 계열 위쪽으로 범례를
표시해보겠습니다. ❶ [범례▶]를
클릭하고 ❷ [위쪽]을 클릭합니다.
❸ [차트 요소⊞]를 다시 클릭하여
차트 요소 설정을 마칩니다.

➕ 범례가 제목 아래 표시됩니다.

✅ **엑셀 2010** [차트 도구]-[레이아웃] 탭-[레
이블] 그룹-[범례]-[위쪽에 범례 표시]를 클릭합
니다.

차트 배경 설정 및 눈금선 없애기

실습 파일 4장\차트_기본4.xlsx [실적보고차트] 시트
완성 파일 4장\차트_기본4_완성.xlsx

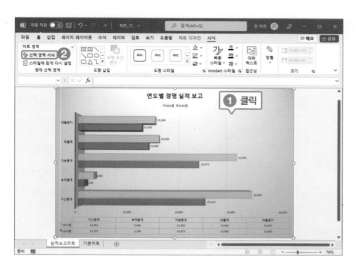

차트 배경 꾸미기

01 그림으로 차트 배경을 채워보 겠습니다. ❶ [실적보고차트] 시트에 서 차트 영역을 클릭합니다. ❷ [서 식] 탭-[현재 선택 영역] 그룹-[선택 영역 서식]을 클릭합니다.

➕ [차트 영역 서식] 작업 창이 나타납니다.

✔ **엑셀 2010** [차트 도구]-[레이아웃] 탭-[현 재 선택 영역] 그룹-[선택 영역 서식]을 클릭합 니다.

✔ **엑셀 2019** [차트 도구]-[서식] 탭을 클릭합 니다.

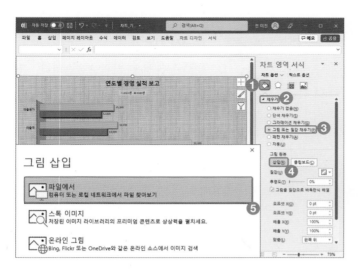

02 ❶ [차트 영역 서식] 작업 창에 서 [채우기 및 선 🖎]을 클릭하고 ❷ [채우기]를 클릭합니다. ❸ [그림 또는 질감 채우기]를 클릭하고 ❹ [삽입]을 클릭합니다. ❺ [그림 삽입] 대화상자 에서 [파일에서]를 클릭합니다.

✔ **엑셀 2010** [차트 영역 서식] 대화상자에서 [채우기] 항목을 클릭한 후 [그림 또는 질감 채우기] 를 클릭하고 [파일]을 클릭합니다.

03 ① [그림 삽입] 대화상자의 실습 폴더에서 '차트배경.jpg' 이미지 파일을 더블클릭하여 불러온 후 ② [닫기✕]를 클릭하여 [차트 영역 서식] 작업 창을 닫습니다.

➕ 차트 영역이 선택한 그림으로 채워집니다.

바로 통 하는 TIP 예제의 사진은 엑셀에서 제공하는 스톡 이미지입니다. 스톡 이미지는 [삽입] 탭-[일러스트레이션] 그룹-[그림]-[스톡 이미지▦]를 클릭하고 원하는 그림을 삽입할 수 있습니다.

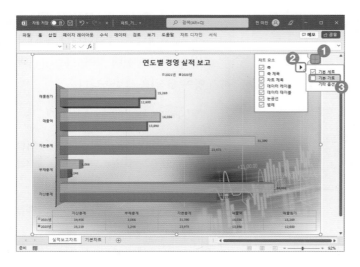

가로축 지우기

04 데이터 계열에 레이블 값이 표시되어 있으므로 가로축을 지워보겠습니다. ① 차트 영역이 선택된 상태에서 [차트 요소⊞]를 클릭합니다. ② [축▶]을 클릭하고 ③ [기본 가로]의 체크를 해제합니다.

➕ 가로축이 화면에서 숨겨집니다.

✅ **엑셀 2010** [차트 도구]-[레이아웃] 탭-[축] 그룹-[기본 가로 축]-[없음]을 클릭합니다.

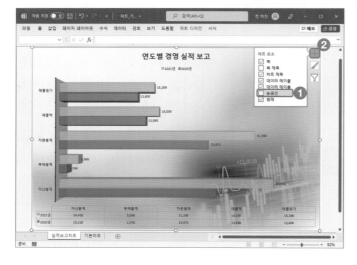

눈금선 지우기

05 눈금선을 지워보겠습니다. ① [눈금선]의 체크를 해제하고 ② [차트 요소⊞]를 클릭하여 차트 요소 설정을 마칩니다.

➕ 눈금선이 화면에서 숨겨집니다.

✅ **엑셀 2010** [차트 도구]-[레이아웃] 탭-[축] 그룹-[눈금선]-[기본 세로 눈금선]-[없음]을 클릭합니다.

우선순위

핵심기능

78

2010 \ 2013 \ 2016 \ 2019 \ 2021

원형 차트 3차원 서식 및
테마 바꾸기

실습 파일 4장\차트_원형.xlsx
완성 파일 4장\차트_원형_완성.xlsx

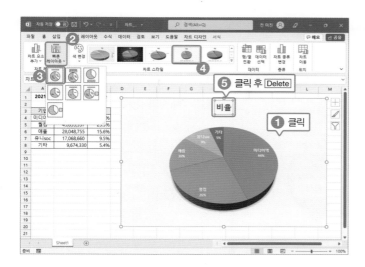

차트 레이아웃과 스타일 변경하기

01 스마트폰 AP 시장 점유율이 원형 차트로 표시되어 있습니다. 차트 레이아웃과 스타일을 변경해보겠습니다. ❶ 차트 영역을 클릭합니다. ❷ [차트 디자인] 탭-[차트 레이아웃] 그룹-[빠른 레이아웃 📊]을 클릭하고 ❸ [레이아웃 1]을 클릭합니다. ❹ [차트 디자인] 탭-[차트 스타일] 그룹-[스타일 9]를 클릭합니다. ❺ 차트 제목을 클릭하고 Delete 를 누릅니다.

➕ 범례가 표시되고 삭제한 제목 공간만큼 데이터 계열이 커집니다.

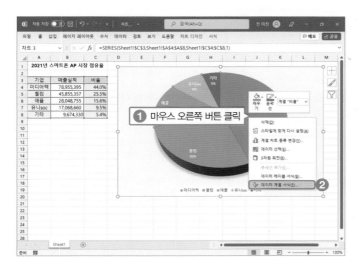

3차원 서식 지정하기

02 3차원 서식이 좀 더 두드러지도록 데이터 계열 서식에서 너비와 높이를 조절해보겠습니다. ❶ 원형 차트의 데이터 계열에서 마우스 오른쪽 버튼을 클릭합니다. ❷ [데이터 계열 서식]을 클릭합니다.

➕ [데이터 계열 서식] 작업 창이 나타납니다.

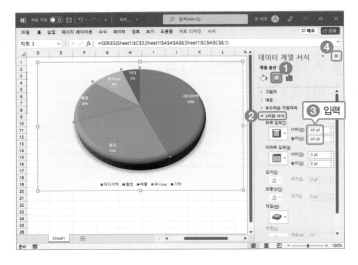

03 ❶ [데이터 계열 서식] 작업 창에서 [효과⬜]를 클릭한 후 ❷ [3차원 서식]을 클릭합니다. ❸ [위쪽 입체]의 [너비]와 [높이]에 각각 **40**을 입력하고 ❹ [닫기✕]를 클릭합니다.

➕ 차트에 부드러운 입체 효과가 적용됩니다.

✅ **엑셀 2010** [데이터 계열 서식] 대화상자에서 [3차원 서식]을 클릭합니다.

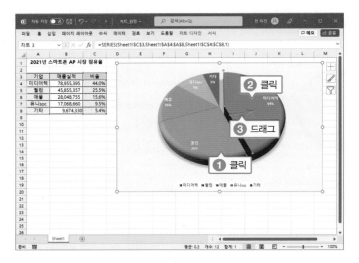

항목 조각내기

04 차트의 [미디어텍] 항목을 조각내서 보기 좋게 배치해보겠습니다. ❶ 원형 차트의 데이터 계열을 클릭한 후 ❷ [미디어텍] 항목을 클릭합니다. ❸ [미디어텍] 항목을 오른쪽으로 드래그하여 조각을 분리합니다.

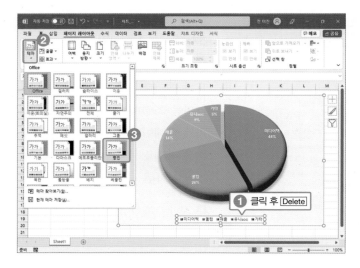

차트에 테마 적용하기

05 ❶ 범례를 클릭하고 Delete 를 누릅니다. ❷ [페이지 레이아웃] 탭-[테마] 그룹-[테마]를 클릭합니다. ❸ [명언]을 클릭해서 테마를 변경합니다.

➕ 테마에 따라 차트의 색상과 글꼴. 서식이 바뀝니다.

바로 통 하는TIP 엑셀 버전에 따라 테마 목록이 다를 수 있습니다.

핵심기능

79

이중 축 혼합 차트 만들기

실습 파일 4장\차트_혼합.xlsx
완성 파일 4장\차트_혼합_완성.xlsx

이중 축 혼합 차트 만들기

01 [증가율] 계열은 기본 축을 기준으로 막대가 표시되므로 데이터 값의 차이가 너무 커서 막대가 짧게 나타납니다. [증가율] 계열을 오른쪽 보조 축으로 지정한 후 꺾은선형으로 변경해보겠습니다. ❶ 차트 영역을 클릭하고 ❷ [차트 디자인] 탭-[종류] 그룹-[차트 종류 변경📊]을 클릭합니다.

➕ [차트 종류 변경] 대화상자가 나타납니다.

✅ **엑셀 2010** [증가율] 막대 계열에서 마우스 오른쪽 버튼을 클릭하고 [데이터 계열 서식]을 클릭한 후 [보조 축]으로 변경합니다. 같은 방법으로 [계열 차트 종류 변경]을 클릭한 후 차트의 종류를 [꺾은선형]-[표식이 있는 꺾은선형]으로 변경합니다.

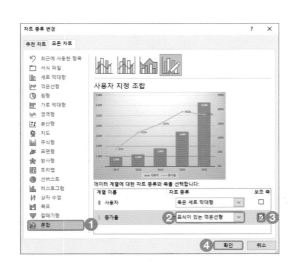

02 ❶ [차트 종류 변경] 대화상자의 [모든 차트] 탭에서 [혼합]을 클릭합니다. ❷ [계열 이름]에서 [증가율]의 [차트 종류]를 [표식이 있는 꺾은선형]으로 선택하고 ❸ [보조축]에 체크한 후 ❹ [확인]을 클릭합니다.

➕ 차트에 꺾은선 차트가 추가됩니다.

✅ **엑셀 2013, 2016** [차트 종류 변경] 대화상자의 [모든 차트] 탭에서 [콤보]를 클릭합니다.

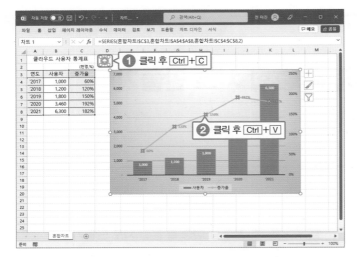

그림으로 표식 지정하기

03 꺾은선 차트의 표식을 그림으로 지정해보겠습니다. ❶ [D1] 셀에 있는 구름 그림을 클릭하고 Ctrl + C 를 누릅니다. ❷ [증가율]의 꺾은선형 데이터 계열을 클릭하고 Ctrl + V 를 눌러 그림으로 표식을 지정합니다.

➕ 표식에 복사한 구름 그림이 적용됩니다.

데이터 레이블 표시하기

04 ❶ [차트 요소⊞]를 클릭합니다. ❷ [데이터 레이블▶]을 클릭하고 ❸ [위쪽]을 클릭합니다. ❹ [차트 요소⊞]를 다시 클릭하여 차트 요소 수정을 마칩니다.

➕ 데이터 레이블이 차트와 서로 겹치지 않고 위치가 조정됩니다.

✅ **엑셀 2010** [증가율]의 꺾은선형 데이터 계열을 클릭한 후 [차트 도구]–[레이아웃] 탭–[레이블] 그룹–[데이터 레이블]–[위쪽]을 클릭합니다.

회사통

혼자 해보기

2010 2013 2016 2019 2021

분기별 매출과 영업이익의 추이를 그림 차트로 만들기

실습 파일 4장 \ 실습파일 \ 매출실적_그림차트.xlsx
완성 파일 4장 \ 실습파일 \ 매출실적_그림차트_완성.xlsx

예제 설명 및 완성 화면

혼합형 차트는 두 종류 이상의 차트를 사용하며 차트에 다른 정보가 있음을 강조합니다. 각 데이터 계열별로 서로 다른 유형의 데이터 값을 가지고 있거나 두 계열 간 데이터 값의 차이가 많이 나는 경우에는 이중 축(보조 축)을 사용합니다. 연도별, 분기별 매출 실적표에서 매출액은 그림 막대로, 영업이익율은 꺾은선으로 표시되는 이중 축 혼합 차트를 만들어보겠습니다.

00 건설 분기별 매출실적 및 영업이익율

(단위:억원)

	2020.1Q	2020.2Q	2020.3Q	2020.4Q	2021.1Q	2021.2Q
매출액	3,196	2,890	3,612	2,670	3,476	4,012
영업이익율	30%	22%	40%	16%	32%	45%

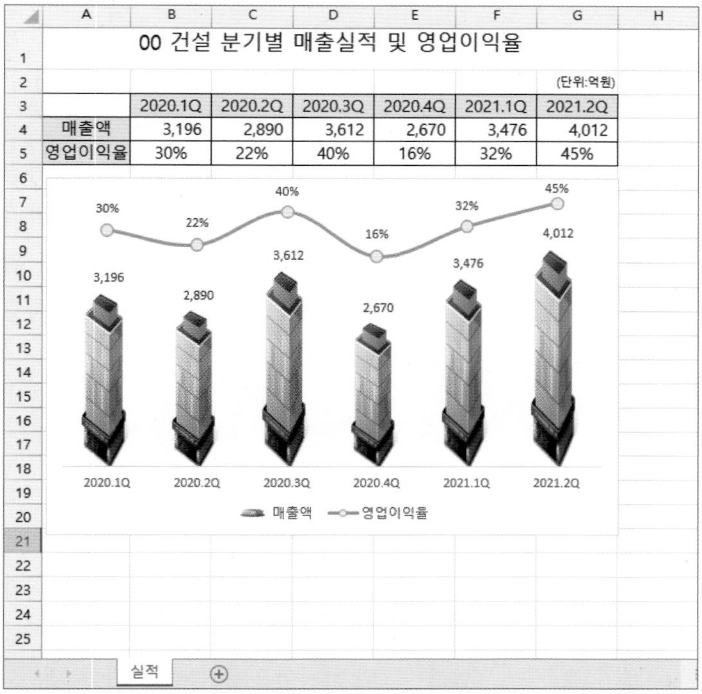

01 [A3:G5] 범위를 지정하고 [삽입] 탭-[차트] 그룹-[추천 차트 🗔]를 클릭합니다. [차트 삽입] 대화상자에서 [모든 차트] 탭-[혼합]을 클릭합니다. [매출액]은 [묶은 세로 막대형]을 선택하고 [영업이익율]은 [표식이 있는 꺾은선형]을 선택합니다. [보조 축]에 체크한 후 [확인]을 클릭해 차트를 삽입합니다.

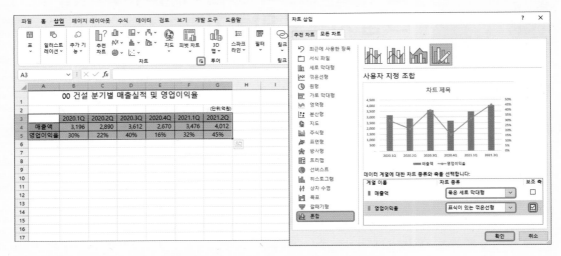

✅ **엑셀 2016&이전 버전** [차트 종류 변경] 대화상자에서 [모든 차트] 탭-[콤보]를 클릭합니다.

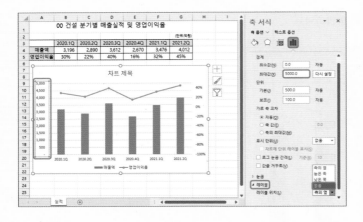

02 기본 세로(값)축을 클릭하고 마우스 오른쪽 버튼을 눌러 [축 서식]을 클릭합니다. [축 서식] 작업 창에서 [축 옵션 📊]을 클릭하고 [경계]-[최대값]에 **5000**을 입력합니다. [레이블]을 클릭하고 [레이블 위치]-[없음]을 클릭해 레이블을 숨깁니다.

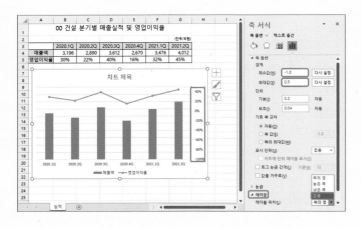

03 보조 세로(값)축을 클릭하고 [축 서식] 작업 창에서 [경계]-[최소값]에 **-1.0**, [최대값]에 **0.5**를 입력합니다. [레이블]을 클릭하고 [레이블 위치]-[없음]을 클릭해 레이블을 숨깁니다.

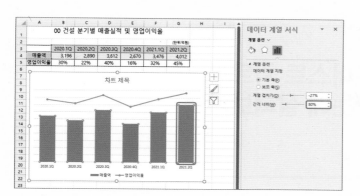

04 [매출액] 데이터 계열을 클릭하고 [데이터 계열 서식] 작업 창에서 [계열 옵션]-[간격 너비]에 **80**을 입력합니다.

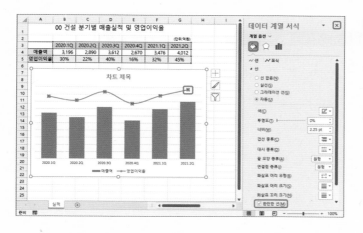

05 [영업이익율] 데이터 계열을 클릭하고 [데이터 계열 서식] 작업 창에서 [채우기 및 선 🖌]을 클릭합니다. [선]에서 [완만한 선]에 체크하고 [닫기 ✕]를 클릭합니다.

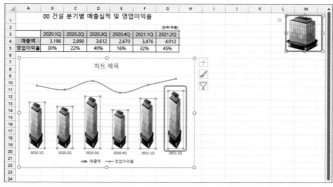

06 빌딩 그림을 클릭하고 Ctrl + C를 눌러 복사합니다. [매출액] 데이터 계열을 클릭하고 Ctrl + V를 눌러 막대를 그림으로 변경합니다. 원을 클릭하고 Ctrl + C를 눌러 복사합니다. [영업이익율] 데이터 계열을 클릭하고 Ctrl + V를 눌러 표식을 도형으로 변경합니다. 차트 제목, 원, 그림, 주 눈금선을 지우고, 각각의 데이터 레이블을 표시해 완성합니다.

핵심기능

80

선버스트 차트로 사업 영역 한눈에 살펴보기

실습 파일 4장 \ 차트_사업영역_선버스트.xlsx
완성 파일 4장 \ 차트_사업영역_선버스트_완성.xlsx

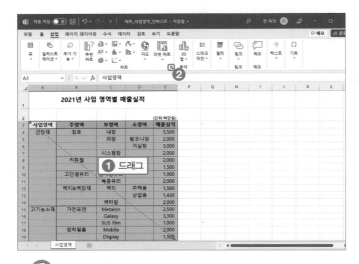

바로 통 하는TIP 선버스트 차트는 계층 구조로 데이터가 입력되어 있어야 합니다. 사업 영역에서 주영역–부영역–소영역의 항목을 계층 구조로 입력하고 항목의 내용이 없을 경우에는 빈 셀로 둡니다.

선버스트 차트 만들기

01 사업 영역별 구조와 매출실적을 한눈에 볼 수 있도록 선버스트 차트를 만들어보겠습니다. ❶ 차트로 만들 데이터인 [A3:E33] 범위를 지정합니다. ❷ [삽입] 탭-[차트] 그룹-[추천 차트 ⑤]를 클릭합니다.

➕ [차트 삽입] 대화상자가 나타납니다.

✅ **엑셀 2013&이전 버전** 엑셀 2013 버전을 포함한 이전 버전에서는 [선버스트] 차트를 삽입할 수 없습니다.

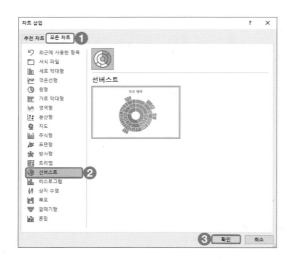

02 ❶ [차트 삽입] 대화상자에서 [모든 차트] 탭을 클릭하고 ❷ [선버스트]를 클릭합니다. ❸ [확인]을 클릭합니다.

➕ 선버스트 차트가 삽입됩니다.

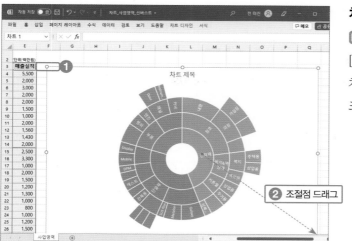

차트 위치와 크기 조절하기

03 ❶ 삽입한 차트를 드래그하여 [F3] 셀을 기준으로 배치합니다. ❷ 차트 조절점을 드래그해서 적당한 크기로 조절합니다.

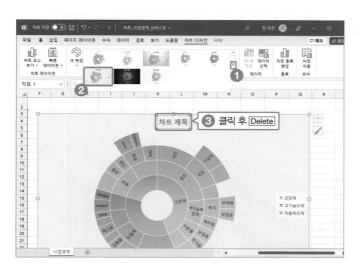

차트 스타일 변경하기

04 차트 스타일을 변경해보겠습니다. ❶ 차트 영역이 선택되어 있는 상태에서 [차트 디자인] 탭—[차트 스타일] 그룹—[자세히 ▾]를 클릭하고 ❷ [스타일 6]을 클릭합니다. ❸ 차트 제목을 클릭하고 Delete 를 누릅니다.

➕ 차트 스타일이 변경되고 삭제한 제목 공간만큼 데이터 계열이 커집니다.

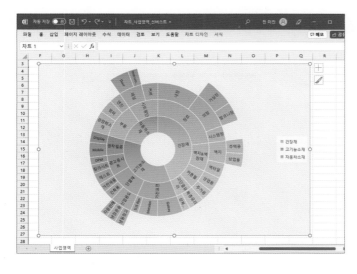

05 선버스트 차트가 완성되었습니다.

바로 통 하는 TIP 원이 계층 구조의 각 수준을 보여줍니다. 가장 안쪽의 원이 가장 상위 수준을, 가장 바깥쪽의 원이 가장 하위 수준을 나타냅니다.

회사통

혼자
해보기

영업이익의 추이를
폭포 차트로 만들기

실습 파일 4장 \ 실습파일 \ 실적추이.xlsx
완성 파일 4장 \ 실습파일 \ 실적추이_완성.xlsx

예제 설명 및 완성 화면

폭포 차트는 재무 데이터처럼 자금의 유입/출입 흐름이나 영업이익의 증가/감소 흐름 등에서 양수 및 음수 값의 누적 효과를 막대로 표시합니다. 2019년 4분기~2021년 2분기 영업이익의 흐름을 폭포 차트로 작성해보겠습니다.

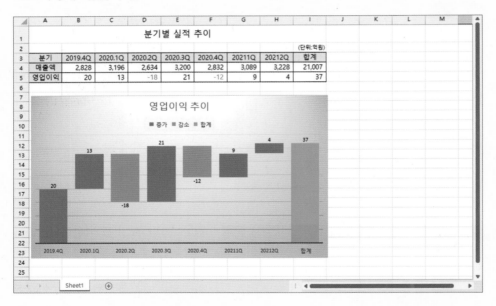

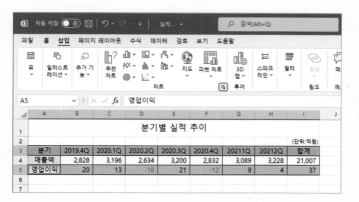

01 [A3:I3] 범위를 지정한 후 Ctrl 을 누른 상태에서 [A5:I5] 범위를 지정합니다. [삽입] 탭-[차트] 그룹-[추천 차트📊]를 클릭합니다. [차트 삽입] 대화상자가 나타납니다.

02 [차트 삽입] 대화상자에서 [모든 차트] 탭-[폭포]를 클릭한 후 [확인]을 클릭하면 폭포 차트가 삽입됩니다.

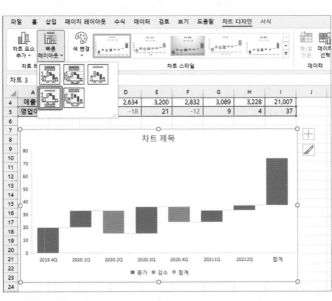

03 차트 영역을 클릭한 후 [차트 디자인] 탭-[차트 레이아웃] 그룹-[빠른 레이아웃📊]을 클릭한 후 [레이아웃 4]를 클릭해 기본 차트 레이아웃을 변경합니다.

우선 순위

혼자 해보기

문서 작성

문서 편집 & 인쇄

수식 & 함수

차트

데이터 관리/ 분석& 자동화

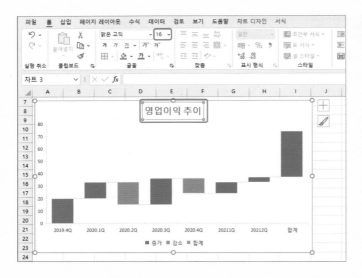

04 차트 제목을 **영업이익 추이**로 입력하고 [글꼴 크기]에 **16**을 입력합니다.

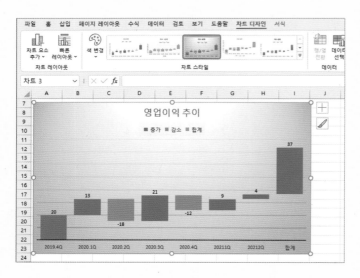

05 [차트 디자인] 탭-[차트 스타일] 그룹에서 [스타일 3]을 클릭해 차트 스타일을 변경합니다.

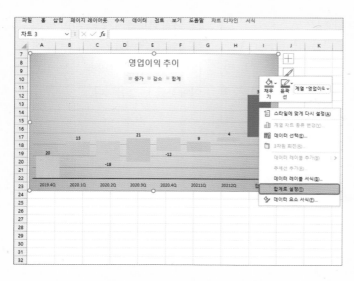

06 [합계] 데이터 계열을 클릭하고 한 번 더 클릭해 선택합니다. 마우스 오른쪽 버튼을 클릭하고 [합계로 설정]을 클릭합니다. 영업이익 합계(I5)의 데이터 계열을 합계로 설정하면 전 분기 영업 이익의 증감을 표시하지 않고, 첫 번째 데이터 계열인 2019년 4분기를 기준으로 전체 영업 이익을 막대로 표시합니다.

핵심기능

81

2010 \ 2013 \ 2016 \ 2019 \ 2021

스파크라인 차트 삽입하고 종류 변경하기

실습 파일 4장\차트_펀드수익률_스파크라인.xlsx [스파크라인1] 시트
완성 파일 4장\차트_펀드수익률_스파크라인_완성.xlsx

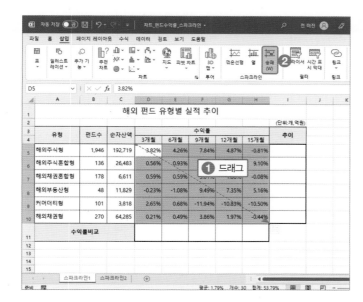

승패 스파크라인 차트 삽입하기

01 스파크라인 차트로 펀드 수익률을 비교해보겠습니다. ❶ [스파크라인1] 시트에서 [D5:H10] 범위를 지정합니다. ❷ [삽입] 탭-[스파크라인] 그룹-[승패圖]를 클릭합니다.

➕ [스파크라인 만들기] 대화상자가 나타납니다.

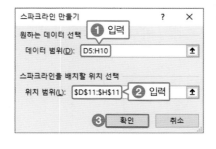

02 ❶ [스파크라인 만들기] 대화상자에서 [데이터 범위]에 **D5:H10**을 입력합니다. ❷ [위치 범위]에 **$D$11:$H$11**을 입력하고 ❸ [확인]을 클릭합니다.

➕ 승패 스파크라인 차트가 삽입됩니다.

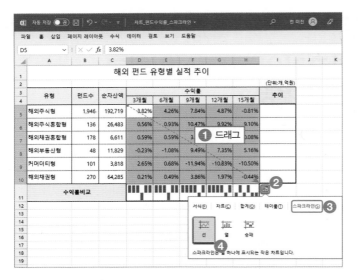

빠른 분석 도구로 스파크라인 차트 삽입하기

03 ❶ [D5:H10] 범위를 지정합니다. ❷ [빠른 분석圖]을 클릭합니다. ❸ [스파크라인]을 클릭하고 ❹ [선]을 클릭합니다.

➕ 지정한 범위의 오른쪽 열에 스파크라인 차트가 삽입됩니다.

✅ 엑셀 2010 [삽입] 탭-[스파크라인] 그룹-[선]을 클릭합니다. [스파크라인 만들기] 대화상자에서 [데이터 범위]에 **D5:H10**을 입력하고 [위치 범위]에 **$I$5:$I$10**을 입력한 후 [확인]을 클릭합니다.

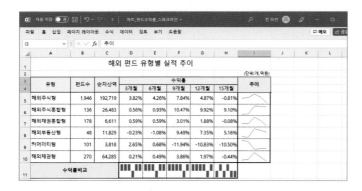

04 [D11:H11] 범위에서는 각 펀드의 같은 기간 동안 수익률을 승패 차트로 비교할 수 있고, [I5:I10] 범위에서는 각 펀드의 전체 기간 수익률 추이를 선 차트로 확인할 수 있습니다.

쉽고 빠른 엑셀 Note **스파크라인 차트**

셀에 작은 추세 차트(선, 열, 승패)를 삽입해 데이터를 강조하고 비교합니다. 열 스파크라인은 데이터 값의 크기를 비교할 때, 선 스파크라인은 데이터의 변화 추세를 나타낼 때 적합합니다. 승패 스파크라인은 음수를 표시해주므로 손익 등을 나타낼 때 적합합니다.

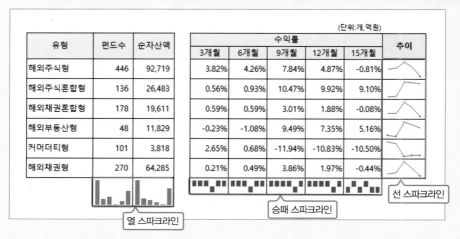

(단위:개, 억원)

유형	펀드수	순자산액	수익률					추이
			3개월	6개월	9개월	12개월	15개월	
해외주식형	446	92,719	3.82%	4.26%	7.84%	4.87%	-0.81%	
해외주식혼합형	136	26,483	0.56%	0.93%	10.47%	9.92%	9.10%	
해외채권혼합형	178	19,611	0.59%	0.59%	3.01%	1.88%	-0.08%	
해외부동산형	48	11,829	-0.23%	-1.08%	9.49%	7.35%	5.16%	
커머더티형	101	3,818	2.65%	0.68%	-11.94%	-10.83%	-10.50%	
해외채권형	270	64,285	0.21%	0.49%	3.86%	1.97%	-0.44%	

선 스파크라인

승패 스파크라인

열 스파크라인

핵심기능

82

스파크라인 차트 스타일과 디자인 변경하기

실습 파일 4장\차트_펀드수익률_스파크라인.xlsx [스파크라인2] 시트
완성 파일 4장\차트_펀드수익률_스파크라인_완성.xlsx

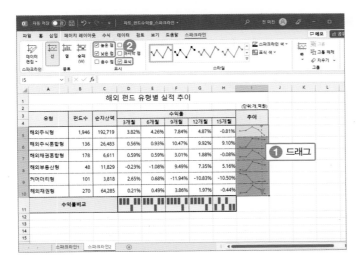

스파크라인 차트의 표식 강조하기

01 선 스파크라인 차트에서 표식을 강조해보겠습니다. ❶ [스파크라인2] 시트에서 [I5:I10] 범위를 지정합니다. ❷ [스파크라인] 탭-[표시] 그룹에서 [높은 점], [낮은 점], [표식]에 체크합니다.

➕ 스파크라인 차트에서 표식이 나타나며 높은 점과 낮은 점이 강조됩니다.

✅ **엑셀 2019** [스파크라인 도구]-[디자인] 탭을 클릭합니다.

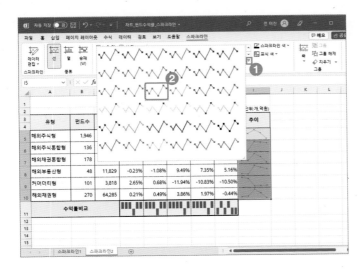

스파크라인 차트의 스타일 변경하기

02 ❶ [I5:I10] 범위가 지정된 상태에서 [스파크라인] 탭-[스타일] 그룹-[자세히 ▽]를 클릭하고 ❷ [회색, 스파크라인 스타일 강조 3]을 클릭합니다.

➕ 스파크라인 차트의 스타일이 변경됩니다.

우선 순위

혼자 해보기

문서 작성

문서 편집 & 인쇄

수식 & 함수

차트

데이터 관리/ 분석& 자동화

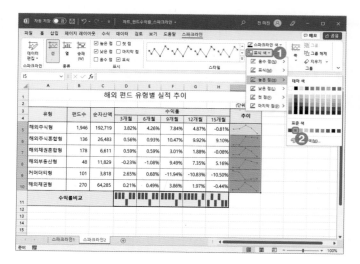

스파크라인 차트의 표식 색 변경하기

03 ❶ [스파크라인] 탭-[스타일] 그룹-[표식 색]을 클릭합니다. ❷ [높은 점]-[빨강]을 클릭합니다.

➕ 스파크라인 차트에서 가장 높은 점이 빨간색으로 표시됩니다.

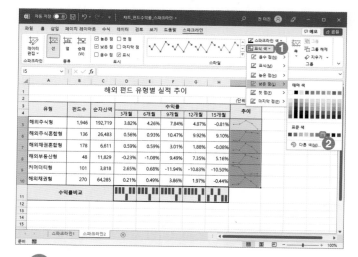

04 ❶ 다시 [표식 색]을 클릭하고 ❷ [낮은 점]-[연한 파랑]을 클릭합니다.

➕ 스파크라인 차트에서 가장 낮은 점이 연한 파란색으로 표시됩니다.

바로 통 하는 TIP 스파크라인 차트를 지우려면 [스파크라인] 탭-[그룹] 그룹-[지우기]를 클릭합니다. 스파크라인 차트의 일부 또는 전체를 지울 수 있습니다.

CHAPTER

05

데이터베이스 관리/분석 및 자동화하기

엑셀에서 제공하는 데이터베이스의 기능은 방대한 양의 자료를 관리하고 요약해서 데이터를 효과적으로 분석하기에 유용합니다. 또 반복된 작업을 한번에 처리할 수 있는 매크로를 사용하면 업무 시간을 단축하고 자동화할 수 있습니다. 여기에서는 텍스트 나누기, 중복 제거 및 데이터, 통합 기능을 사용하여 데이터베이스를 관리하고, 정렬, 필터, 부분합, 피벗 테이블로 데이터를 분석하는 방법과 통합 문서 내 자동화에 필요한 명령어들을 모아 매크로로 기록하고 실행, 편집하는 방법에 대해서 살펴보겠습니다.

핵심기능

83

텍스트 파일로
데이터베이스 만들기

실습 파일 5장\DB_텍스트_입출고.txt
완성 파일 5장\DB_텍스트_입출고_완성.xlsx

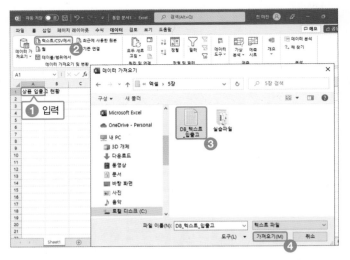

✓ **엑셀 2016** [데이터] 탭─[외부 데이터 가져오기] 그룹─[텍스트]를 클릭합니다.

텍스트 파일 데이터로 가져오기

01 ❶ 새 통합 문서를 열고 [A1] 셀에 **상품 입출고 현황**을 입력합니다. ❷ [데이터] 탭─[데이터 가져오기 및 변환] 그룹─[텍스트/CSV에서 🖳]를 클릭합니다. ❸ [데이터 가져오기] 대화상자에서 'DB_텍스트_입출고.txt' 텍스트 파일을 클릭하고 ❹ [가져오기]를 클릭합니다.

➕ [DB_텍스트_입출고.txt] 작업 창이 나타납니다.

02 [DB_텍스트_입출고.txt] 작업 창이 열리면 [파일 원본]에 언어코드 [949: 한국어]와 [구분 기호]에 [탭]을 자동으로 인식합니다. ❶ [로드 ⏷]를 클릭한 후 ❷ [다음으로 로드]를 클릭합니다.

➕ [데이터 가져오기] 대화상자가 나타납니다.

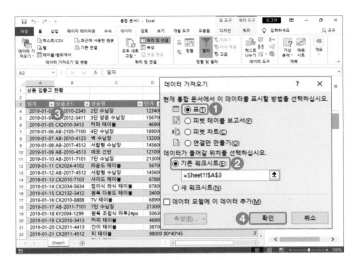

03 ❶ [데이터 가져오기] 대화상자에서 [표]를 클릭하고 ❷ [기존 워크시트]를 클릭합니다. ❸ 데이터가 시작될 위치로 [A3] 셀을 클릭하여 지정한 후 ❹ [확인]을 클릭합니다.

➕ [A3] 셀 위치에 표로 변환된 데이터가 로드되고 [쿼리 및 연결] 작업 창에 68개의 행이 로드되었다는 메시지가 표시됩니다.

바로 통하는 TIP 외부 데이터 연결을 위해 텍스트 파일을 워크시트로 가져온 경우에는 원본 텍스트와 워크시트 텍스트가 연결됩니다. 즉, 원본 텍스트 파일을 수정한 후 [데이터] 탭-[쿼리 및 연결] 그룹-[모두 새로 고침]을 클릭하면 현재 워크시트에 담긴 텍스트 데이터도 수정됩니다. 원본과 연결을 해제하려면 [쿼리 및 연결] 작업 창의 [DB_텍스트_입출고]에서 마우스 오른쪽 버튼을 클릭하고 [삭제]를 클릭합니다. 쿼리를 삭제할지 물어보는 경고 메시지가 나타났을 때 [삭제]를 클릭하면 텍스트 파일과 연결이 끊어집니다.

쉽고 빠른 엑셀 Note 엑셀 표(Table) 작성 규칙 알아보고 데이터 효율적으로 관리하기

데이터를 특정 용도에 맞게 체계적으로 정리하여 데이터를 처리할 수 있도록 테이블 구조로 표를 만듭니다. 테이블 구조는 필드명(머리글), 레코드(행), 필드(열) 등으로 구성되어 있습니다. 보통은 일반 표로 데이터를 입력하지만, 관련 데이터를 쉽게 관리하고 분석하려면 범위를 엑셀 표로 변환해서 사용하는 것이 좋습니다.

	일반 표						
NO	일자	구분	코드	품명	수량	할인율	단가	금액
1	01-02	매출	H607	외장하드	10	3%	131,000	1,270,700
2	01-04	매입	EF345	출퇴근기록기	5	0%	1,777,100	8,885,500
3	01-05	매입	BE500	지폐계수기	5	0%	286,000	1,430,000
4	01-06	매출	D204	문서 세단기	25	3%	217,800	5,281,650
5	01-08	매입	L451	코팅기	10	3%	74,000	717,800
6	01-10	매입	H607	외장하드	6	0%	131,000	786,000

	엑셀 표						
N	일자	구분	코드	품명	수량	할인율	단가	금액
1	01-02	매출	H607	외장하드	10	3%	131,000	1,270,700
2	01-04	매입	EF345	출퇴근기록기	5	0%	1,777,100	8,885,500
3	01-05	매입	BE500	지폐계수기	5	0%	286,000	1,430,000
4	01-06	매출	D204	문서 세단기	25	3%	217,800	5,281,650
5	01-08	매입	L451	코팅기	10	3%	74,000	717,800
6	01-10	매입	H607	외장하드	6	0%	131,000	786,000

머리글, 행, 열로 구성된 표로 범위가 고정적입니다. 범위의 이름을 정의하거나 함수를 사용해야 동적인 참조가 가능합니다.

머리글, 행, 열로 구성된 엑셀 표로 별도의 작업 없이 각 구성 요소를 참조할 수 있고, 데이터의 양에 따라 범위가 동적으로 변합니다.

엑셀 표(Table) 작성 규칙

데이터베이스로 관리할 표(Table)를 작성할 때는 다음과 같은 사항에 주의합니다.

① 필드명은 한 줄로 입력하고, 필드명이 입력된 셀은 병합하지 않아야 합니다.

② 각 셀에 입력한 데이터는 병합하지 않아야 하고, 빈 행이나 열이 없어야 합니다.

③ 셀 하나에는 하나의 정보만 입력해야 합니다. 외부에서 데이터를 가져왔을 때 셀 하나에 여러 정보가 있으면 텍스트를 나눠서 여러 필드에 입력합니다.

NO	일자	매입/매출 정보		수량	할인율
		구분	코드/품명		
1	01-02	매출	H607/외장하드	10	3%
2	01-04		EF345/출퇴근기록기	5	0%
3	01-05	매입	BE500/지폐계수기	5	0%
4	01-06	매출	D204/문서 세단기	25	
5	01-08	매입	L451/코팅기	10	3%
6	01-10	매입	H607/외장하드	6	
7	01-14	매출	RS130/제본기	4	0%

▲ 잘못 작성된 표

NO	일자	구분	코드	품명	수량	할인율
1	01-02	매출	H607	외장하드	10	3%
2	01-04	매입	EF345	출퇴근기록기	5	0%
3	01-05	매입	BE500	지폐계수기	5	0%
4	01-06	매출	D204	문서 세단기	25	3%
5	01-08	매입	L451	코팅기	10	3%
6	01-10	매입	H607	외장하드	6	0%
7	01-14	매출	RS130	제본기	4	0%

▲ 바르게 작성된 표

효율적으로 데이터 관리하기

데이터를 효율적으로 관리하려면 열 하나에 여러 정보가 담기지 않도록 데이터를 분리해야 합니다. 데이터가 중복되면 잘못된 결과가 나타나거나 검색 및 분석이 제대로 이뤄지지 않기 때문입니다. 데이터베이스를 관리하는 다양한 방법에 대해 살펴보겠습니다. 각각의 관리 방법에 대한 자세한 내용은 핵심기능 83~핵심기능 97을 참고합니다.

① **텍스트 나누기** : 열 하나에 여러 정보가 담겨 있을 때 이를 종류별로 나눠 관리합니다.

	D	E	F
3	단가	가로(cm)*세로(cm)*높이(cm)	
4	123,400	100*40*86	
5	156,700	100*60*86	
6	46,900	90*55*45	
7	189,000	100*80*86	
8	132,000	120*200*40	

▲ 셀에 여러 정보가 있는 데이터

	D	E	F	G	H	I
3	단가	가로(cm)	세로(cm)	높이(cm)	입고	출고
4	123,400	100	40	86	50	33
5	156,700	100	60	86	32	15
6	46,900	90	55	45	60	30
7	189,000	100	80	86	50	10
8	132,000	120	200	40	40	18

▲ 텍스트 나누기를 적용해 셀에 하나의 정보만 있는 데이터

② **중복 데이터 삭제하기** : 잘못된 결과를 불러오는 중복 데이터를 삭제합니다.

▲ 상품코드, 상품명 단가가 중복된 데이터

▲ 중복을 제거한 데이터

③ **통합하기** : 여러 워크시트의 결과를 첫 번째 필드 항목 기준으로 통합하고 서식을 지정합니다. 여러 워크시트의 결과를 합계, 개수, 평균, 최댓값, 최솟값, 곱, 수치 개수, 표본 표준 편차, 표준 편차, 표본 분산, 분산 등으로 요약하고 집계합니다.

▲ 통합 전의 1월~3월 매출 데이터

▲ 성명을 기준으로 통합한 데이터

④ **자동 필터를 이용한 필터링하기** : 전체 데이터에서 조건에 맞는 데이터 목록만 필터링합니다.

비품 리스트 현황

전체수량합계	554	전체건수	77
검색수량합계	554	검색건수	77

비품코드	분류	비품명	구매일자	수량	취득가액	취득총액	내용연	사용연	잔존가액
E00001	사무기기	데스크탑	2021-04-05	10	876,000	8,760,000	5	3	70,080
E00002	사무기기	노트북 13	2019-03-01	10	1,234,000	12,340,000	5	4	98,720
E00003	사무기기	태블릿 64G	2017-03-04	5	876,000	4,380,000	5	2	70,080
E00004	사무기기	레이저 프린터	2015-01-02	5	567,000	2,835,000	5	3	45,360
V00007	영상기기	LCD 모니터	2018-06-07	5	3,450,000	17,250,000	5	3	276,000
V00001	영상기기	LED 모니터 23	2019-05-04	10	432,000	4,320,000	5	4	34,560
V00002	영상기기	빔프로젝트 A100	2016-03-01	5	2,345,000	11,725,000	9	1	187,600
V00003	영상기기	캠코더	2019-05-06	2	875,000	1,750,000	9	4	70,000
V00004	영상기기	디지털카메라	2020-10-03	5	3,450,000	17,250,000	8	6	276,000
V00005	영상기기	LED TV	2019-04-05	10	2,560,000	25,600,000	8	4	204,800
V00006	영상기기	화이트스크린	2021-02-04	10	345,000	3,450,000	8	8	27,600
F00001	사무가구	1인용책상	2021-04-10	20	678,000	13,560,000	8	7	54,240
F00002	사무가구	라운드테이블	2021-04-10	20	456,000	9,120,000	8	7	36,480

▲ 자동 필터를 적용하고 조건을 지정하기 전의 데이터

비품 리스트 현황

전체수량합계	554	전체건수	77
검색수량합계	220	검색건수	8

비품코드	분류	비품명	구매일자	수량	취득가액	취득총액	내용연	사용연	잔존가액
F00001	사무가구	1인용책상	2021-04-10	20	678,000	13,560,000	8	7	54,240
F00002	사무가구	라운드테이블	2021-04-10	20	456,000	9,120,000	8	7	36,480
F00003	사무가구	1인용의자	2015-04-10	20	367,000	7,340,000	8	7	29,360
F00005	사무가구	회의용테이블	2021-05-21	30	2,134,000	64,020,000	8	5	170,720
F00006	사무가구	4단캐비넷	2019-12-10	30	245,000	7,350,000	8	4	19,600
F00007	사무가구	2단서랍장	2018-05-09	30	154,000	4,620,000	8	3	12,320
F00010	사무가구	캐비닛	2021-06-03	30	456,000	13,680,000	8	8	36,480
F00011	사무가구	파티션	2006-03-02	40	201,000	8,040,000	8	7	16,080

▲ 필드에 조건을 지정해 특정 분류의 목록만 추출한 데이터

⑤ **정렬 및 다중 부분합 작성하기** : 데이터를 분석하기 편한 기준으로 오름차순, 내림차순, 사용자 지정 순서로 정렬합니다. 정렬된 특정 필드를 그룹화해 분류하고 합계, 평균, 개수 등을 계산합니다.

보험상품 가입 고객 정보

지점	보험상품	가입금액	보험료(월)	납입횟수	납입액
강남점	무배당암보험	20,000,000	29,800	27	804,600
강남점	무배당암보험	40,000,000	45,600	63	2,872,800
강남점	무배당암보험	20,000,000	34,500	15	517,500
강남점	변액연금보험	30,000,000	89,000	27	2,403,000
강남점	연금보험	100,000,000	178,000	35	6,230,000
강남점	연금보험	10,000,000	178,000	10	1,780,000
강남점	의료실비보험	30,000,000	21,200	10	212,000
강남점	의료실비보험	30,000,000	16,700	2	33,400
강남점	종신보험	50,000,000	120,000	27	3,240,000
강남점	종신보험	50,000,000	134,000	35	4,690,000
강남점	종신보험	50,000,000	120,000	5	600,000
강동점	무배당암보험	20,000,000	23,800	51	1,213,800
강동점	무배당암보험	20,000,000	24,500	35	857,500
강동점	무배당암보험	30,000,000	38,900	5	194,500
강동점	여성건강보험	20,000,000	21,450	23	493,350
강동점	여성건강보험	20,000,000	43,200	10	432,000
강동점	여성건강보험	20,000,000	21,450	10	214,500

▲ 고객 정보를 지점, 보험상품 순서로 오름차순 정렬

보험상품 가입 고객 정보

지점	보험상품	가입금액	보험료(월)	납입횟수	납입액
강남점	무배당암보험	20,000,000	29,800	27	804,600
강남점	무배당암보험	40,000,000	45,600	63	2,872,800
강남점	무배당암보험	20,000,000	34,500	15	517,500
	무배당암보험 요약	80,000,000	109,900	105	4,194,900
강남점	변액연금보험	30,000,000	89,000	27	2,403,000
	변액연금보험 요약	30,000,000	89,000	27	2,403,000
강남점	연금보험	100,000,000	178,000	35	6,230,000
강남점	연금보험	10,000,000	178,000	10	1,780,000
	연금보험 요약	110,000,000	356,000	45	8,010,000
강남점	의료실비보험	30,000,000	21,200	10	212,000
강남점	의료실비보험	30,000,000	16,700	2	33,400
	의료실비보험 요약	60,000,000	37,900	12	245,400
강남점	종신보험	50,000,000	120,000	27	3,240,000
강남점	종신보험	50,000,000	134,000	35	4,690,000
강남점	종신보험	50,000,000	120,000	5	600,000
	종신보험 요약	150,000,000	374,000	67	8,530,000
강남점 요약		430,000,000	966,800	256	23,383,300

▲ 고객 정보에서 지점별, 보험상품을 그룹화하고 부분합을 계산한 데이터

⑥ **피벗 테이블로 크로스 탭 집계표 작성하기** : 기초 데이터를 분석해 행/열 구조의 크로스 탭 표로 요약하여 집계표를 작성합니다.

지점별 상품 판매 현황

판매일자	지점	구분	분류	상품명	사이즈	생산일자	단가	할인율	재고량	금액
01-03	대구지점	여성화	플랫슈즈	골지 리본 코사지 슈즈	230	2019-03-02	79,000	20%	7	442,400
01-03	광주지점	여성화	플랫슈즈	골지 리본 코사지 슈즈	230	2019-03-02	79,000	20%	20	1,264,000
01-03	서울지점	남성화	정장구두	메탈버클 슬립온	290	2019-02-26	215,000	3%	2	417,100
01-05	경기지점	남성화	정장구두	메탈버클 슬립온	275	2019-05-12	215,000	30%	60	9,030,000
01-08	경기지점	남성화	스니커즈	프레미엄 패션화	290	2019-01-03	234,000	5%	1	222,300
01-09	서울지점	남성화	부츠	벨트 장식 워커	290	2019-01-23	168,200	20%	8	1,076,480
01-11	경기지점	남성화	로퍼	천연소가죽 로퍼	260	2019-08-13	178,000	20%	40	5,696,000
01-12	경기지점	여성화	샌들	오픈 펌프스 샌들	225	2020-07-10	118,000	30%	10	826,000
01-13	부산지점	남성화	부츠	벨트 장식 워커	260	2019-05-22	168,200	20%	2	269,120
01-14	대전지점	남성화	부츠	벨트 장식 워커	270	2018-07-23	168,200	20%	8	1,076,480
01-15	대전지점	남성화	부츠	벨트 장식 워커	225	2018-03-05	168,200	10%	1	151,380
01-15	경기지점	남성화	정장구두	토 포인트 옥스포드	270	2019-11-17	156,000	5%	50	7,410,000
01-15	부산지점	남성화	스니커즈	프리뉴 화이트 스니커즈	280	2019-01-03	174,000	0%	3	522,000
01-16	경기지점	남성화	부츠	벨트 장식 워커	230	2019-08-12	168,200	10%	1	151,380
01-17	서울지점	남성화	부츠	벨트 장식 워커	250	2020-05-05	168,200	10%	1	151,380

▲ 일자별, 지점별 판매 현황 데이터

구분	남성화			
최대 : 재고	열 레이블			
행 레이블	로퍼	스니커즈	정장구두	총합계
1사분기	40	10	60	60
1월	40	10	60	60
2월		3	40	40
3월	5	3	10	10
2사분기	8	6	7	8
4월	7	5	7	7
5월	8	5	5	8
6월	8	6	2	8
3사분기	8	6	5	8
7월	1	6	2	6
8월	2	6	2	6
9월	8	4	5	8
4사분기	8	6	5	8
10월	2	6	5	6
11월	2	3	2	3
12월	8	3	2	8
총합계	40	10	60	60

▲ 피벗 테이블로 분기/상품명 수량의 합계를 요약한 집계표

우선순위

핵심기능

2010 / 2013 / 2016 / 2019 / 2021

텍스트 마법사로 텍스트 나누기

84

실습 파일 5장\DB_텍스트_입출고현황.xlsx
완성 파일 5장\DB_텍스트_입출고현황_완성.xlsx

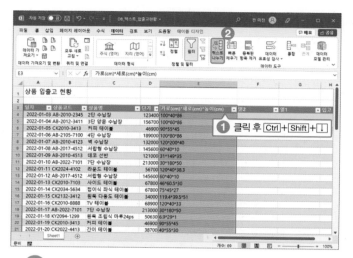

텍스트를 나눌 셀 범위 지정하기

01 일정한 너비나 기호를 기준으로 텍스트를 나눌 수 있습니다. 상품의 가로, 세로, 높이가 한 열에 입력되어 있으므로 각각 데이터를 나눠 보겠습니다. ❶ [E3] 셀을 클릭하고 Ctrl + Shift + ↓를 눌러 [E3:E71] 범위를 지정합니다. ❷ [데이터] 탭-[데이터 도구] 그룹-[텍스트 나누기 〓]를 클릭합니다.

➕ [텍스트 마법사] 대화상자가 나타납니다.

바로통하는TIP 텍스트를 나누려면 나누려는 데이터 개수만큼 오른쪽에 빈 열이 있어야 합니다. 만약 빈 열이 없을 경우에는 오른쪽 열이 나눠진 텍스트 값으로 대치되므로 주의합니다.

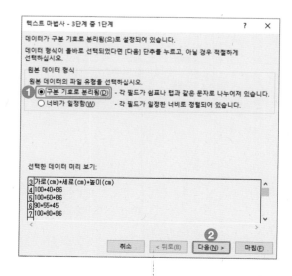

텍스트 마법사 – 3단계 중 1단계

02 ❶ [텍스트 마법사 – 3단계 중 1단계] 대화상자에서 [원본 데이터 형식]의 [구분 기호로 분리됨]을 클릭하고 ❷ [다음]을 클릭합니다.

◈ **엑셀 2016** [텍스트 마법사-3단계 중 1단계] 대화상자에서 원본 데이터의 파일 유형을 [구분 기호로 분리됨]으로 선택하고 [다음]을 클릭합니다. [텍스트 마법사-3단계 중 2단계] 대화상자에서 [구분 기호]의 [*]에 체크하고 [다음]을 클릭합니다. [텍스트 마법사-3단계 중 3단계] 대화상자에서 [데이터 미리 보기] 목록의 첫 번째 열인 [일자]를 클릭하고 [열 데이터 서식]을 [날짜]로 선택합니다. [마침]을 클릭해서 텍스트 마법사를 완료합니다.

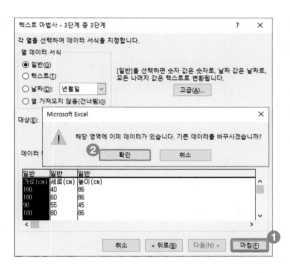

텍스트 마법사 – 3단계 중 2단계

03 ❶ [텍스트 마법사 – 3단계 중 2단계] 대화상자에서 [구분 기호]의 [기타]에 체크한 후 ❷ *를 입력합니다. ❸ [다음]을 클릭합니다.

➕ * 기호를 기준으로 텍스트가 분리됩니다.

텍스트 마법사 – 3단계 중 3단계

04 [텍스트 마법사 – 3단계 중 3단계] 대화상자의 [데이터 미리 보기] 목록에서 서식을 지정합니다. ❶ 여기서는 지정할 서식이 없으므로 텍스트 마법사를 완료하기 위해 [마침]을 클릭하고 ❷ 기존 데이터를 바꿀 것인지 확인하는 메시지가 나타나면 [확인]을 클릭합니다.

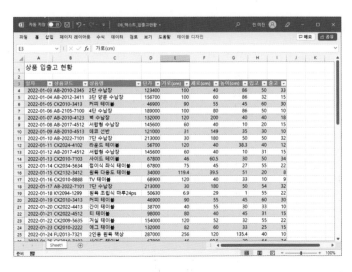

05 가로, 세로, 높이 항목이 나눠졌습니다.

우선순위

혼자해보기

문서작성

문서편집&인쇄

수식&함수

차트

데이터관리/분석&자동화

중복 데이터 제거하고
상품 목록표 만들기

실습 파일 5장\DB_중복제거_입출고현황.xlsx
완성 파일 5장\DB_중복제거_입출고현황_완성.xlsx

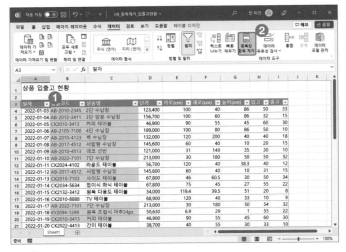

중복 데이터 제거하기

01 상품의 입출고 현황에는 일자별로 상품이 입고된 내역이 표시되어 있습니다. 목록에서 중복된 상품코드와 상품명 등의 중복 데이터를 제거하여 상품 목록표를 만들어 보겠습니다. ❶ [A3] 셀을 클릭합니다. ❷ [데이터] 탭-[데이터 도구] 그룹-[중복된 항목 제거📄]를 클릭합니다.

⊕ [중복 값 제거] 대화상자가 나타납니다.

바로 통하는TIP [B4:C50] 범위에는 [홈] 탭-[스타일] 그룹-[조건부 서식]-[셀 강조 규칙]-[중복 값]이 지정되어 있습니다.

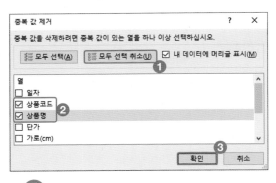

02 ❶ [중복 값 제거] 대화상자에서 [모두 선택 취소]를 클릭하고 ❷ [열]의 [상품코드], [상품명]에 체크합니다. ❸ [확인]을 클릭합니다.

⊕ 상품코드와 상품명 데이터 중 중복된 데이터가 제거됩니다.

바로 통하는TIP [일자]에 체크를 하더라도 일치하는 항목이 없으면 제거되지 않습니다. 체크한 항목에서 일치하는 레코드가 있을 때만 제거됩니다.

03 18개의 중복된 데이터가 제거되었다는 메시지가 나타나면 [확인]을 클릭합니다.

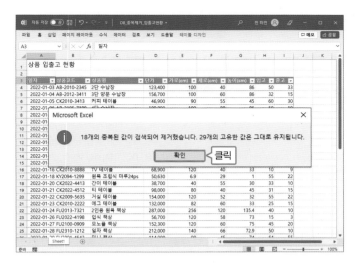

바로 통 하는 TIP 중복된 데이터를 제거하면 첫 번째 레코드 하나만 남고 두 번째 레코드부터는 삭제됩니다. 중복 값이 제거되었으므로 조건부 서식 규칙이 지워집니다.

상품 목록표 만들기

04 ❶ [A1] 셀을 클릭한 후 **상품 목록표**를 입력하고 ❷ Enter 를 누릅니다. ❸ [A4:A32] 범위를 지정한 후 ❹ Ctrl + − 를 눌러 일자 열을 삭제합니다. ❺ [H3:I32] 범위를 지정한 후 ❻ Ctrl + − 를 눌러 입고, 출고 열을 삭제합니다.

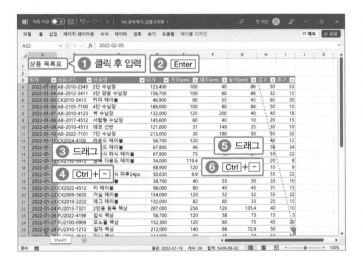

➊ 일자 열과 입고, 출고 열이 삭제되어 상품코드, 상품명, 단가와 상품 사양만 남습니다.

05 ❶ Alt + F2 를 누릅니다. ❷ [다른 이름으로 저장] 대화상자가 나타나면 [파일 이름]에 **상품목록표**를 입력한 후 ❸ [저장]을 클릭합니다.

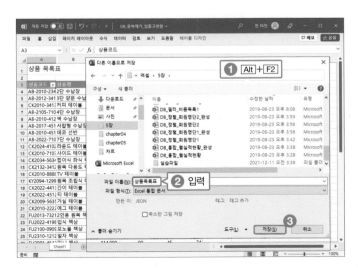

➊ '상품목록표.xlsx' 파일이 저장됩니다.

우선순위

혼자 해보기

문서 작성

문서 편집 & 인쇄

수식 & 함수

차트

데이터 관리/ 분석& 자동화

핵심기능

86

2010 \ 2013 \ 2016 \ 2019 \ 2021

동일 항목으로 데이터 통합하고 빠른 서식 적용하기

실습 파일 5장\DB_통합_월실적현황.xlsx
완성 파일 5장\DB_통합_월실적현황_완성.xlsx

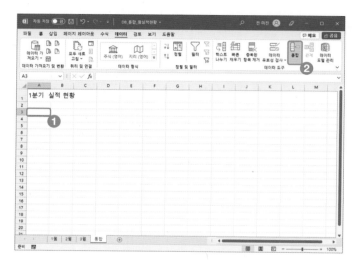

성명을 기준으로 1월~3월까지의 실적 통합하기

01 데이터를 통합하면 여러 워크시트에 담긴 결과를 요약하고 집계해서 볼 수 있습니다. 같은 통합 문서 내에 있는 [1월]~[3월] 시트의 데이터를 통합해보겠습니다. ❶ [통합] 시트에서 [A3] 셀을 클릭합니다. ❷ [데이터] 탭-[데이터 도구] 그룹-[통합]을 클릭합니다.

➕ [통합] 대화상자가 나타납니다.

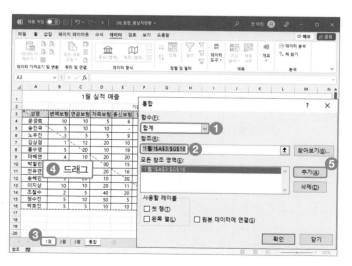

통합할 데이터 선택하기

02 ❶ [통합] 대화상자의 [함수]에서 [합계]를 선택하고 ❷ [참조]를 클릭합니다. ❸ [1월] 시트 탭을 클릭하고 ❹ [A3:G16] 범위를 지정한 후 ❺ [추가]를 클릭합니다.

➕ 선택한 범위가 [모든 참조 영역]에 추가됩니다.

바로 통 하는TIP 데이터를 통합하면 첫 번째 열을 기준으로 여러 데이터를 하나로 합칩니다.

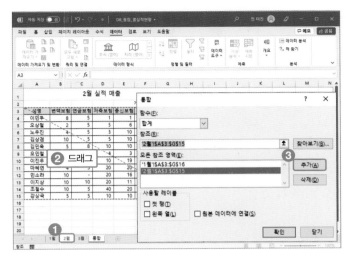

03 ❶ [2월] 시트 탭을 클릭하고 ❷ [A3:G15] 범위를 지정한 후 ❸ [추가]를 클릭합니다.

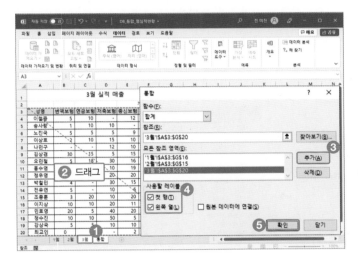

04 ❶ [3월] 시트 탭을 클릭하고 ❷ [A3:G20] 범위를 지정한 후 ❸ [추가]를 클릭합니다. ❹ [사용할 레이블]에서 [첫 행]과 [왼쪽 열]에 체크하고 ❺ [확인]을 클릭합니다.

➕ [통합] 시트에 통합된 데이터가 입력됩니다.

바로통하는TIP [사용할 레이블]에서 [첫 행]과 [왼쪽 열]에 체크하면 제목 행과 제목 열을 기준으로 통합됩니다. 그러나 레이블을 사용하지 않으면 행과 열 방향의 순서대로 데이터를 통합하기 때문에 잘못된 통합 결과를 얻을 수도 있습니다.

데이터 통합하여 서식 지정하기

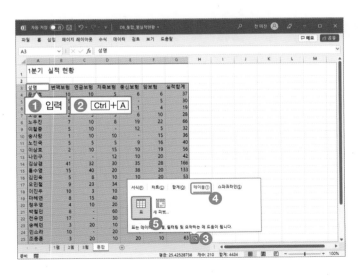

05 1월부터 3월까지의 데이터가 통합되어 [통합] 시트에 입력됩니다. ❶ 비어 있는 [A3] 셀에 **성명**을 입력합니다. ❷ Ctrl + A 를 눌러 [A3:G32] 범위를 지정하고 ❸ [빠른 분석 📊]을 클릭합니다. ❹ [테이블]을 클릭하고 ❺ [표]를 클릭합니다.

➕ 데이터가 엑셀 표로 변환되며 표 서식이 적용됩니다.

회사통

혼자
해보기

상품명으로 입출고 데이터 통합하고 빠른 서식 적용하기

실습 파일 5장 \ 실습파일 \ 입출고현황표.xlsx
완성 파일 5장 \ 실습파일 \ 입출고현황표_완성.xlsx

예제 설명 및 완성 화면

[1월]~[3월] 시트에는 상품별 입출고 데이터가 입력되어 있습니다. [1분기] 시트에서 각각의 시트에 있는 입출고 데이터를 상품명으로 통합한 후 월별 입출고 수량을 하나의 표로 집계해서 볼 수 있도록 전체 데이터를 통합합니다.

01 [1분기] 시트에서 [A3] 셀을 클릭한 후 [데이터] 탭-[데이터 도구] 그룹-[통합 💾]을 클릭합니다.
[통합] 대화상자가 나타납니다.

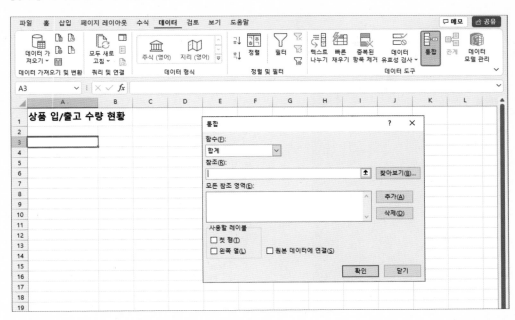

02 [통합] 대화상자의 [함수]를 [합계]로 선택하고 [사용할 레이블]에서 [첫 행]과 [왼쪽 열]에 체크한
후 [참조]를 클릭합니다. 표를 참고하여 [1월]~[3월] 시트의 데이터 영역을 각각 지정해서 [추가]를 클
릭한 후 [확인]을 클릭합니다.

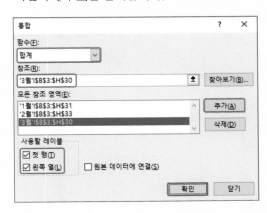

[1월] 시트	**[2월] 시트**	**[3월] 시트**
[B3:H31] 범위	[B3:H33] 범위	[B3:H30] 범위

03 [A3] 셀에 **상품명**을 입력한 후 [B:E] 열 머리글을 범위 지정합니다. Ctrl + – 를 눌러 불필요한 열을 삭제합니다.

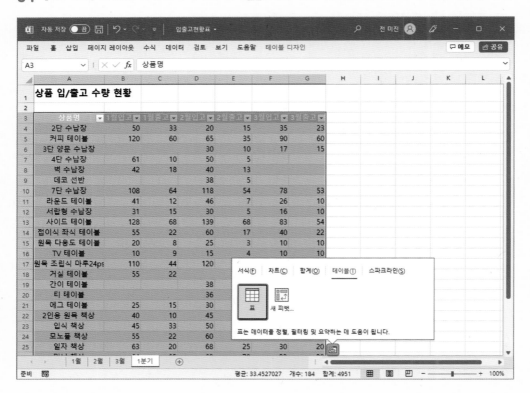

04 [A3:G32] 범위를 지정한 후 [빠른 분석圈]–[테이블]–[표]를 클릭하여 서식을 적용합니다.

핵심기능

87

셀 값을 기준으로 정렬하기

실습 파일 5장\DB_정렬_회원명단1.xlsx
완성 파일 5장\DB_정렬_회원명단1_완성.xlsx

회원등급 오름차순으로 정렬하기

01 회원명단의 회원등급을 기준으로 셀을 정렬해보겠습니다. ❶ [B3] 셀을 클릭합니다. ❷ [데이터] 탭-[정렬 및 필터] 그룹-[오름차순 정렬 ⤵]을 클릭합니다.

➕ 회원등급을 'ㄱ'~'ㅎ' 순서로 정렬합니다.

여러 조건을 정렬하기

02 ❶ 데이터에서 임의의 셀을 클릭하고 ❷ [데이터] 탭-[정렬 및 필터] 그룹-[정렬]을 클릭합니다.

➕ [정렬] 대화상자가 나타납니다.

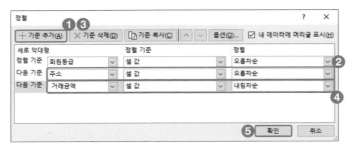

03 ❶ [정렬] 대화상자에서 두 번째 정렬 기준을 추가하기 위해 [기준 추가]를 클릭하고 ❷ [다음 기준]에서 [주소], [셀 값], [오름차순]을 선택합니다. ❸ 세 번째 정렬 기준을 추가하기 위해 [기준 추가]를 클릭하고 ❹ [다음 기준]에서 [거래금액], [셀 값], [내림차순]을 선택합니다. ❺ [확인]을 클릭합니다.

04 회원등급과 주소를 기준으로 오름차순, 거래금액을 기준으로 내림차순으로 데이터가 정렬됩니다.

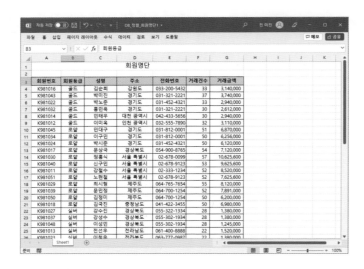

쉽고 빠른 엑셀 Note　　**데이터의 정렬 순서**

엑셀 데이터는 다음 표의 정렬 순서를 따릅니다.

숫자	가장 작은 음수에서 가장 큰 양수로 정렬됩니다.
날짜	가장 이전 날짜에서 가장 최근 날짜로 정렬됩니다.
문자 (문자와 숫자가 섞여 있는 경우)	0~9 (공백) ! # $ % & ( ) * , . / : ; ? @ [\ ] ^ _ ` { | } ~ + < = > a–z, A–Z 순서로 정렬됩니다.
논릿값	FALSE, TRUE 순서로 정렬됩니다.
오룻값	#N/A, #VALUE! 등의 오룻값은 정렬 순서가 모두 동일합니다.

핵심기능

88

사용자가 지정한 순서로 정렬하기

실습 파일 5장\DB_정렬_회원명단2.xlsx
완성 파일 5장\DB_정렬_회원명단2_완성.xlsx

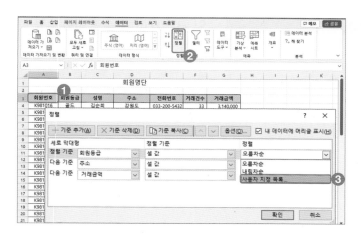

회원등급 사용자 지정 목록으로 정렬하기

01 회원등급을 사용자 지정 순서 (로얄~일반)로 정렬해보겠습니다. ❶ 데이터에서 임의의 셀을 클릭하고 ❷ [데이터] 탭-[정렬 및 필터] 그룹-[정렬 📊]을 클릭합니다. ❸ [정렬] 대화상자가 나타나면 [회원등급]의 [정렬]에서 [사용자 지정 목록]을 클릭합니다.

➕ [사용자 지정 목록] 대화상자가 나타납니다.

사용자 지정 목록 추가하기

02 ❶ [사용자 지정 목록] 대화상자의 [사용자 지정 목록]에서 [새 목록]을 클릭하고 ❷ [목록 항목]에 **로얄, 프리미엄, 골드, 실버, 일반**을 순서대로 입력한 후 ❸ [추가]를 클릭합니다. ❹ [확인]을 클릭합니다.

➕ [정렬] 대화상자가 나타납니다.

03 [정렬] 대화상자에서 [회원등급]의 [정렬]이 로얄~일반순으로 지정되었습니다. [확인]을 클릭해 [정렬] 대화상자를 닫습니다.

➕ 지정한 순서로 회원 등급이 정렬됩니다.

핵심기능

89

SUBTOTAL 함수로
부분합 계산하기

실습 파일 5장\DB_필터_비품목록1.xlsx
완성 파일 5장\DB_필터_비품목록1_완성.xlsx

SUBTOTAL 함수로 비품 수량 합계 계산하기

01 비품 수량의 합계를 구해보겠습니다. **①** [H3] 셀에 **=SUBTOTAL(9,E6:E82)**를 입력한 후 **②** Enter를 누릅니다.

➕ [E6:E82] 범위에 담긴 데이터의 합계(9)를 구합니다.

SUBTOTAL 함수로 비품 목록 개수 계산하기

02 전체 비품 목록의 개수를 구해보겠습니다. **①** [J3] 셀에 **=SUBTOTAL(3,A6:A82)**를 입력한 후 **②** Enter를 누릅니다.

➕ [A6:A82] 범위에 담긴 데이터의 개수(3)를 구합니다.

바로 통 하는TIP 검색수량합계와 검색건수의 값은 전체수량합계와 전체건수와 같습니다. 하지만 자동 필터 기능으로 지정 조건에 맞는 데이터를 검색할 경우 그 결과에 따라 SUBTOTAL 함수로 구한 검색수량합계와 검색건수의 값은 달라집니다. 자세한 내용은 핵심기능 90을 참고합니다.

자동 필터나 고급 필터 기능으로 데이터를 검색하여 원하는 데이터를 추출하면 결과에 따라 계산된 수식 값도 매번 달라져야 합니다. 하지만 일반적인 SUM 함수나 COUNT, AVERAGE 함수를 사용하면 데이터 검색으로 추출된 결과와 상관없이 전체 데이터의 계산 결과를 표시합니다. SUBTOTAL 함수는 현재 표시되는 데이터의 목록을 가지고 부분합을 계산하므로 자동 필터나 고급 필터에서 자주 사용하는 함수입니다.

범주	수학/삼각 함수			
형식	=SUBTOTAL(함수 번호,범위1,범위2…) 함수 번호 : 데이터 범위나 목록에서 부분합을 계산할 함수를 1~11 또는 101~111까지 지정할 수 있습니다. 1~11 : 숨겨진 행의 셀 값을 포함하여 계산(필터 기능 이외에 일부 행 숨기기를 한 경우)합니다. 101~111 : 숨겨진 행의 셀 값을 포함하지 않고 계산(필터 기능 이외에 일부 행 숨기기를 한 경우)합니다.			

fun_num(숨겨진 값 포함)	fun_num(숨겨진 값 무시)	함수 유형	계산
1	101	AVERAGE	평균
2	102	COUNT	수치 개수
3	103	COUNTA	개수
4	104	MAX	최댓값
5	105	MIN	최솟값
6	106	PRODUCT	수치 곱
7	107	STDEV	표본 표준 편차
8	108	STDEVP	표준 편차
9	109	SUM	합계
10	110	VAR	표본 분산
11	111	VARP	분산

자동 필터로 데이터 추출하기

실습 파일 5장\DB_필터_비품목록2.xlsx
완성 파일 5장\DB_필터_비품목록2_완성.xlsx

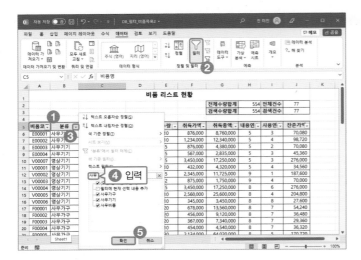

특정 문자가 포함된 데이터 표시하기

01 '사무'라는 문자가 포함된 레코드만 표시해보겠습니다. ❶ 데이터 목록에서 임의의 셀을 클릭합니다. ❷ [데이터] 탭-[정렬 및 필터] 그룹-[필터 ▽]를 클릭합니다. ❸ [분류] 필드의 필터 단추 ▼를 클릭하고 ❹ [텍스트 필터]의 검색란에 **사무**를 입력한 후 ❺ [확인]을 클릭합니다.

바로 통 하는TIP Ctrl+T를 눌러 범위를 표로 변환하면 자동으로 필터가 설정됩니다.

02 [분류] 필드에서 '사무'라는 문자가 포함된 레코드만 표시되면서 앞서 SUBTOTAL 함수로 수식을 입력한 [H3], [J3] 셀의 값이 검색된 레코드를 기준으로 다시 계산됩니다.

바로 통 하는TIP 자동 필터의 필터 단추가 ▼ 모양이면 아무 조건도 지정되지 않은 필드 열이라는 뜻이고, ▼ 모양이면 필드 열에 조건이 지정되어 있다는 뜻입니다.

특정 날짜의 데이터 표시하기

03 2019년~2021년에 구입한 비품을 검색해보겠습니다. ❶ [구매일자] 필드의 필터 단추 ▾를 클릭하고 ❷ [모두 선택]의 체크를 해제합니다. ❸ [2021년], [2020년], [2019년]에 체크한 후 ❹ [확인]을 클릭합니다.

➕ 2019년~2021년의 데이터만 표시됩니다.

바로 통 하는TIP 필드 열의 데이터가 날짜일 경우 일, 주, 월, 분기, 연 등의 값을 검색할 수 있습니다.

특정 수량의 데이터 표시하기

04 수량이 다섯 개 이상인 비품을 검색해보겠습니다. ❶ [수량] 필드의 필터 단추 ▾를 클릭합니다. ❷ [숫자 필터]를 클릭하고 ❸ [크거나 같음]을 클릭합니다. ❹ [사용자 지정 자동 필터] 대화상자에서 [찾을 조건]에 **5**를 입력하고 ❺ [확인]을 클릭합니다.

➕ 수량이 다섯 개 이상인 비품만 표시됩니다.

바로 통 하는TIP 필드 열의 데이터가 숫자일 경우 같은 값, 이상, 이하, 미만, 초과 등의 값을 검색할 수 있습니다.

05 '사무'라는 문자가 포함되고, 구매일자는 2019년~2021년, 수량이 다섯 개 이상인 비품이 목록에 표시됩니다.

바로 통 하는TIP [데이터] 탭-[정렬 및 필터] 그룹-[지우기]를 클릭하면 모든 데이터를 다시 표시합니다.

핵심기능

91

평균과 상위 10 기준으로
데이터 추출하기

실습 파일 5장\DB_필터_비품목록3.xlsx
완성 파일 5장\DB_필터_비품목록3_완성.xlsx

평균 초과 데이터 추출하기

01 ❶ 데이터 목록에서 임의의 셀을 클릭합니다. ❷ [데이터] 탭-[정렬 및 필터] 그룹-[필터 🔽]를 클릭합니다. ❸ [취득가액] 필드의 [필터 단추 🔽]를 클릭하고 ❹ [숫자 필터]-[평균 초과]를 클릭합니다.

➕ 취득가액이 평균 초과인 데이터를 추출합니다.

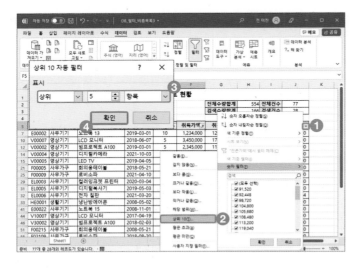

상위 5위 항목 추출하기

02 ❶ [잔존가액] 필드의 필터 단추 🔽를 클릭합니다. ❷ [숫자 필터]-[상위 10]을 클릭합니다. ❸ [상위 10 자동 필터] 대화상자의 [표시]에서 [상위], [5], [항목]을 선택한 후 ❹ [확인]을 클릭합니다.

➕ 비품 목록에서 취득가액이 평균 초과이고, 잔존가액이 상위 5위에 해당하는 데이터가 추출됩니다.

우선순위

핵심기능

92

여러 그룹으로 다중 부분합 작성하기

2010 \ 2013 \ 2016 \ 2019 \ 2021

실습 파일 5장 \ DB_부분합_고객정보1.xlsx
완성 파일 5장 \ DB_부분합_고객정보1_완성.xlsx

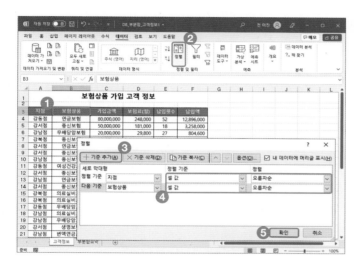

필드를 정렬하기

01 ❶ 데이터에서 임의의 셀을 클릭합니다. ❷ [데이터] 탭-[정렬 및 필터] 그룹-[정렬 📊]을 클릭합니다. ❸ [정렬] 대화상자에서 [기준 추가]를 클릭하고 ❹ [지점]과 [보험상품]의 [정렬 기준]을 [셀 값], [정렬]을 [오름차순]으로 각각 선택합니다. ❺ [확인]을 클릭합니다.

➕ 필드가 셀 값을 기준으로 오름차순 정렬됩니다.

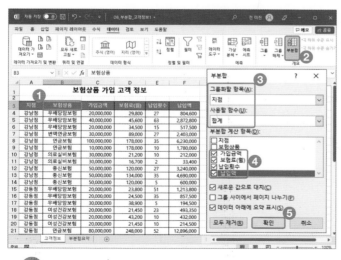

바로 **통** 하는TIP [부분합] 대화상자에서 [모두 제거]를 클릭하면 부분합을 제거할 수 있습니다.

✅ 엑셀 2016 [데이터] 탭-[윤곽선] 그룹-[부분합]을 클릭합니다.

첫 번째 부분합 구하기

02 각 항목의 소계가 표시되는 첫 번째 부분합을 구해보겠습니다. ❶ 데이터에서 임의의 셀을 클릭하고 ❷ [데이터] 탭-[개요] 그룹-[부분합 📖]을 클릭합니다. ❸ [부분합] 대화상자에서 [그룹화할 항목]을 [지점], [사용할 함수]를 [합계]로 선택하고 ❹ [부분합 계산 항목]에서 [가입금액], [보험료(월)], [납입횟수], [납입액]에 체크합니다. ❺ [확인]을 클릭합니다.

➕ 체크한 항목의 지점별 부분합이 구해집니다.

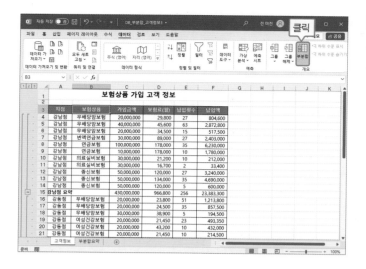

03 [데이터] 탭-[개요] 그룹-[부분합]을 클릭해 [부분합] 대화상자를 불러옵니다.

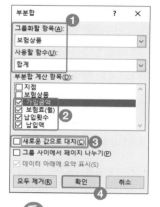

두 번째 부분합 구하기

04 보험상품별로 가입금액, 보험료, 납입횟수, 납입액의 소계가 표시되는 두 번째 부분합을 구해보겠습니다. ❶ [부분합] 대화상자에서 [그룹화할 항목]을 [보험상품], [사용할 함수]를 [합계]로 선택하고 ❷ [부분합 계산 항목]의 [가입금액], [보험료(월)], [납입횟수], [납입액]에 체크합니다. ❸ [새로운 값으로 대치]의 체크를 해제한 후 ❹ [확인]을 클릭합니다.

바로 통 하는TIP [새로운 값으로 대치]의 체크를 해제하면 여러 그룹으로 부분합을 구할 수 있습니다.

05 지점별, 보험상품별 가입금액 및 보험료, 납입횟수와 납입액의 합계가 나타납니다.

핵심기능

93

부분합의 요약된 결과만 복사하기

실습 파일 5장\DB_부분합_고객정보2.xlsx
완성 파일 5장\DB_부분합_고객정보2_완성.xlsx

윤곽 기호를 이용해 데이터 요약하기

01 부분합을 작성하면 그림과 같이 지점별, 보험상품별 가입금액, 보험료, 납입횟수, 납입액의 합계가 구해지고 윤곽 기호가 생깁니다. ❶ 윤곽 기호 [2번 ②]을 클릭하면 지점별 부분합 결과만 표시할 수 있습니다. ❷ [확장 +]이나 [축소 -]를 클릭해서 데이터를 확장하거나 축소할 수 있습니다.

> **바로통하는TIP** 윤곽 기호를 이용하면 그룹별로 하위 수준을 숨기거나 표시할 수 있습니다. ① 은 전체 결과(총합계), ② 는 지점 소계, ③ 은 보험상품별 소계, ④ 는 전체 데이터를 표시합니다.

화면에 보이는 셀만 범위로 지정하기

02 ❶ 윤곽 기호 [3번 ③]을 클릭해 보험상품별 소계만 표시합니다. ❷ 요약된 결과만 표시된 상태에서 [A3:F60] 범위를 지정하고 F5 를 누릅니다. ❸ [이동] 대화상자에서 [옵션]을 클릭합니다.

⊕ [이동 옵션] 대화상자가 나타납니다.

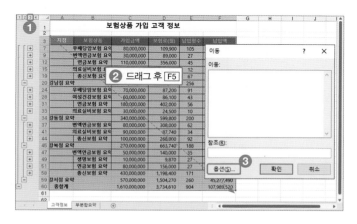

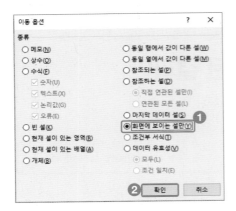

03 ① [이동 옵션] 대화상자에서 [화면에 보이는 셀만]을 클릭하고 ② [확인]을 클릭합니다.

➕ 화면에 보이는 셀만 범위로 지정됩니다.

바로 통 하는TIP 화면에 보이는 셀만 지정하는 단축키는 [Alt]+[;]입니다.

화면에 보이는 셀만 복사하기

04 화면에 보이는 셀만 선택된 상태에서 [Ctrl]+[C]를 눌러 복사합니다.

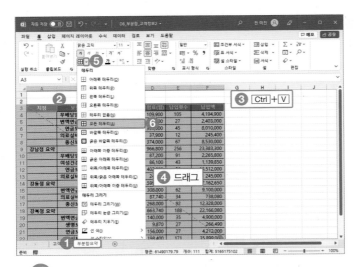

화면에 보이는 셀만 붙여 넣고 요약표 편집하기

05 ① [부분합요약] 시트 탭을 클릭하고 ② [A3] 셀을 클릭한 후 ③ [Ctrl]+[V]를 누르고 열 너비를 보기 좋게 조절합니다. ④ [A3:F24] 범위를 지정합니다. ⑤ [홈] 탭-[글꼴] 그룹-[테두리田]의 ☑을 클릭하고 ⑥ [모든 테두리]를 클릭합니다.

바로 통 하는TIP [고객정보] 시트의 부분합을 제거하려면 [데이터] 탭-[개요] 그룹-[부분합]을 클릭해 [부분합] 대화상자에서 [모두 제거]를 클릭합니다.

핵심기능

94

추천 피벗 테이블 만들기

실습 파일 5장 \ DB_피벗_상품재고관리1.xlsx
완성 파일 5장 \ DB_피벗_상품재고관리1_완성.xlsx

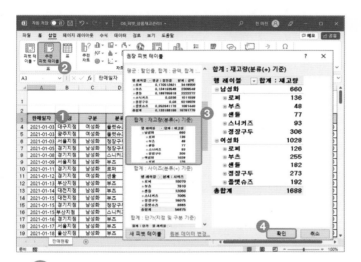

추천 피벗 테이블 만들기

01 엑셀에서 제공하는 추천 피벗 테이블로 피벗 테이블을 삽입해보겠습니다. ❶ 임의의 셀을 클릭하고 ❷ [삽입] 탭-[표] 그룹-[추천 피벗 테이블📊]을 클릭합니다. ❸ [권장 피벗 테이블] 대화상자에서 [합계 : 재고량(분류(+) 기준)]을 클릭하고 ❹ [확인]을 클릭합니다.

바로통하는TIP [권장 피벗 테이블] 대화상자에서 [새 피벗 테이블]을 클릭하면 사용자 지정 피벗 테이블을 만들 수 있습니다.

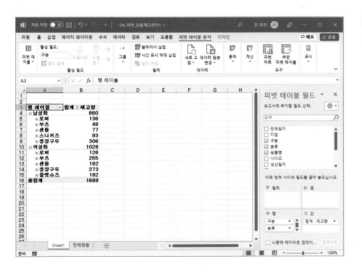

02 새로운 시트가 삽입되면서 피벗 테이블이 만들어집니다.

2010 \ 2013 \ 2016 \ 2019 \ 2021

사용자 지정 새 피벗 테이블 만들기

실습 파일 5장\DB_피벗_상품재고관리2.xlsx
완성 파일 5장\DB_피벗_상품재고관리2_완성.xlsx

표로 변환하기

01 상품 재고 데이터의 범위를 표로 변환해보겠습니다. ❶ 임의의 셀을 클릭하고 Ctrl+T를 누릅니다. ❷ [표 만들기] 대화상자에서 전체 범위가 지정된 것을 확인하고 ❸ [확인]을 클릭합니다.

➕ 피벗 테이블 보고서에서 데이터의 범위가 고정되지 않고 동적으로 참조하려면 데이터의 범위를 표로 변환하는 것이 좋습니다.

피벗 테이블 만들기

02 ❶ 데이터에서 임의의 셀을 클릭한 후 ❷ [삽입] 탭-[표] 그룹-[피벗 테이블📄]을 클릭합니다.

➕ [표 또는 범위의 피벗 테이블] 대화상자가 나타납니다.

03 ❶ [표 또는 범위의 피벗 테이블] 대화상자의 [표/범위]에 데이터 범위인 '표1'이 자동으로 지정되면 ❷ 피벗 테이블 보고서를 배치할 위치로 [새 워크시트]를 클릭한 후 ❸ [확인]을 클릭합니다.

➕ 피벗 테이블의 데이터 범위(A3:K225)는 앞서 변환한 표의 이름인 '표1'로 지정됩니다.

피벗 테이블 레이아웃 지정하기

04 새로운 시트가 삽입되면서 왼쪽에는 피벗 테이블 레이아웃을 설계할 영역이, 오른쪽에는 [피벗 테이블 필드] 작업 창이 나타납니다. ❶ 필드 목록에서 [구분]을 [필터] 영역으로 드래그하고 ❷ [판매일자]를 [행] 영역으로 드래그합니다. ❸ [분류]를 [열] 영역으로 드래그하고 ❹ [재고량]을 [값] 영역으로 드래그합니다.

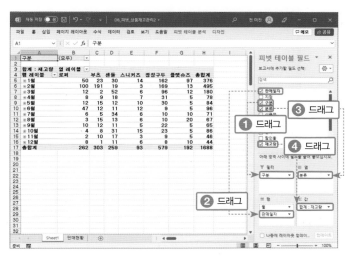

✔️ **엑셀 2013&이전 버전** 엑셀 2013 버전을 포함한 이전 버전에서는 [판매일자]가 개별 일자로 표시됩니다.

✔️ **엑셀 2016** 엑셀 2016 버전부터는 개별 일자로 입력되어 있던 [판매일자]가 자동으로 [월] 단위로 그룹화됩니다.

필드 추가하기

05 [사이즈]를 [열] 영역으로 드래그합니다. [피벗 테이블 필드] 작업 창에서 지정한 대로 피벗 테이블 레이아웃이 완성되었습니다.

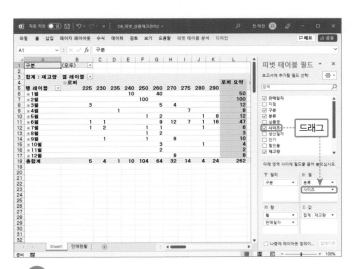

바로 통하는TIP [필터], [행], [열], [값] 영역에 있는 필드를 제거하려면 필드를 클릭할 때 나타나는 메뉴에서 [필드 제거]를 클릭합니다.

바로 통하는TIP [판매현황] 시트의 원본 데이터를 수정, 삭제, 추가한 후 피벗 테이블 보고서에 반영하려면 [피벗 테이블 분석] 탭─[데이터] 그룹─[새로 고침]을 클릭합니다.

엑셀에서 제공하는 추천 기능을 이용하거나 직접 피벗 테이블을 만들고 레이아웃을 설계할 수 있습니다. 피벗 테이블을 만들면 나타나는 [피벗 테이블 필드] 작업 창에서 보고서에 추가할 필드를 [필터], [열], [행], [값] 영역으로 드래그하여 피벗 테이블 레이아웃을 설계합니다.

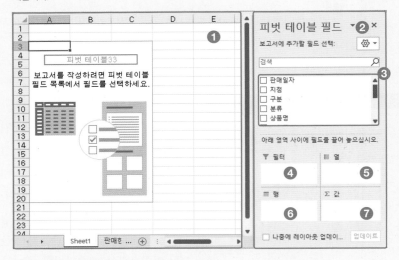

① 피벗 테이블의 결과가 표시되는 영역입니다.

② **피벗 테이블 필드** : 피벗 테이블을 만들기 위한 레이아웃을 설계합니다.

③ **필드 목록** : 피벗 테이블을 만들기 위한 원본 데이터의 필드 목록이 표시됩니다. 필드를 아래쪽의 [필터], [열], [행], [값] 영역으로 드래그합니다.

④ **필터** : 필터 전체의 데이터 영역을 요약할 보고서 필드입니다.

⑤ **열** : 피벗 테이블에서 열 방향으로 그룹화할 필드로 필드의 데이터 항목이 중복 없이 목록으로 표시됩니다.

⑥ **행** : 피벗 테이블에서 행 방향으로 그룹화할 필드로 필드의 데이터 항목이 중복 없이 목록으로 표시됩니다.

⑦ **값** : 일반적으로 숫자 값 필드가 위치합니다. 행과 열 레이블에서 지정할 필드를 분석하여 행과 열이 교차하는 위치에서 소계, 평균, 최대, 최소, 총계, 비율 등을 계산합니다. 만약 문자 값 필드가 위치하면 문자의 개수가 계산됩니다.

핵심기능

96

피벗 테이블 그룹 지정/해제 및 필드 필터링하기

실습 파일 5장\DB_피벗_상품재고관리3.xlsx
완성 파일 5장\DB_피벗_상품재고관리3_완성.xlsx

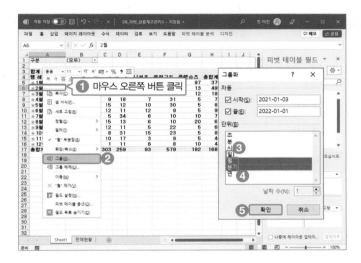

판매일자 필드 그룹화하고 해제하기

01 날짜와 같은 숫자 데이터는 직접 그룹화할 수 있습니다. 월별로 그룹화된 [판매일자]에 분기별 그룹화를 추가해보겠습니다. ❶ 행 레이블의 임의의 셀에서 마우스 오른쪽 버튼을 클릭하고 ❷ [그룹]을 클릭합니다. ❸ [그룹화] 대화상자의 [단위]에서 [일]을 클릭해 선택을 해제하고 ❹ [월], [분기]를 클릭한 후 ❺ [확인]을 클릭합니다.

➕ 판매일자 필드가 분기별로 그룹화됩니다.

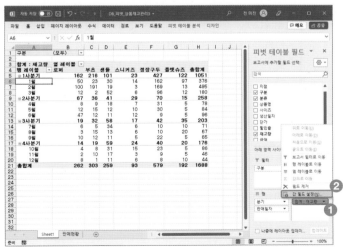

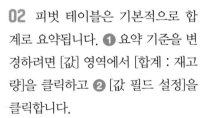

02 피벗 테이블은 기본적으로 합계로 요약됩니다. ❶ 요약 기준을 변경하려면 [값] 영역에서 [합계 : 재고량]을 클릭하고 ❷ [값 필드 설정]을 클릭합니다.

➕ [값 필드 설정] 대화상자가 나타납니다.

03 ① [값 필드 설정] 대화상자의 [값 요약 기준] 탭에서 [최대]를 클릭하고 ② [확인]을 클릭합니다.

➕ 값 필드의 요약 기준이 최댓값으로 변경되면서 월별, 분기별로 재고량이 가장 많은 데이터로 요약됩니다.

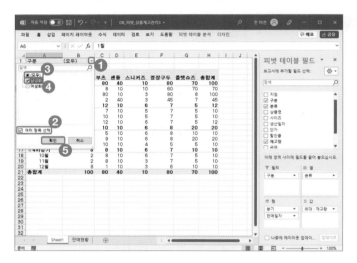

필드 필터링하기

04 남성화 중에서 로퍼와 스니커즈, 정장구두만 표시해보겠습니다. ① [구분] 필드의 필터 단추▼를 클릭합니다. ② [여러 항목 선택]에 체크하고 ③ [모두]의 체크를 해제합니다. ④ [남성화]에 체크한 후 ⑤ [확인]을 클릭합니다.

➕ 남성화에 해당하는 상품 분류가 표시됩니다.

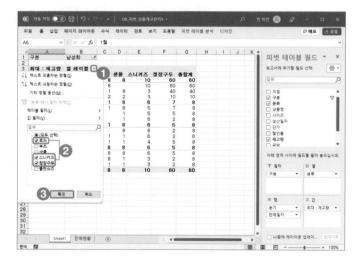

05 ① [열 레이블] 필드의 필터 단추▼를 클릭하고 ② [로퍼]와 [스니커즈], [정장구두]에 체크한 후 ③ [확인]을 클릭합니다.

➕ 로퍼, 스니커즈, 정장구두 항목만 표시됩니다.

바로 통 하는TIP 피벗 테이블에서 [확장⊞]과 [축소⊟]를 클릭하면 일부 하위 레코드를 확장/축소할 수 있습니다.

핵심기능

97

피벗 테이블 레이아웃 및 디자인 변경하기

실습 파일 5장\DB_피벗_상품재고관리4.xlsx
완성 파일 5장\DB_피벗_상품재고관리4_완성.xlsx

부분합 표시하기

01 분기별로 하단에 상품 재고량의 부분합을 구해보겠습니다. ❶ [디자인] 탭-[레이아웃] 그룹-[부분합 📊]을 클릭하고 ❷ [그룹 하단에 모든 부분합 표시]를 클릭합니다.

➕ 각 분기 하단에 분기별 재고량의 합계가 표시됩니다.

✅ **엑셀 2019&이전 버전** [피벗 테이블 도구]-[디자인] 탭을 클릭합니다.

열의 총합계만 표시하기

02 피벗 테이블에는 기본적으로 행과 열의 총합계가 표시됩니다. ❶ [디자인] 탭-[레이아웃] 그룹-[총합계📊]를 클릭하고 ❷ [열의 총합계만 설정]을 클릭합니다.

➕ H열에 표시되었던 행의 총합계가 사라지고 열의 총합계만 표시합니다.

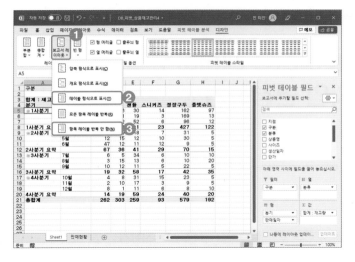

피벗 테이블을 테이블 형식으로 변경하기

03 ❶ [디자인] 탭-[레이아웃] 그룹-[보고서 레이아웃▤]을 클릭합니다. ❷ [테이블 형식으로 표시]와 ❸ [항목 레이블 반복 안함]을 각각 클릭합니다.

➕ 분기와 월을 분리하여 레이아웃을 테이블 형식으로 변경합니다. 분기명은 반복되지 않고 한 번만 표시됩니다.

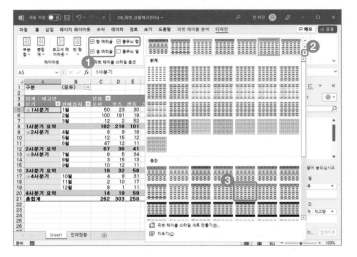

피벗 테이블 스타일 변경하기

04 ❶ [디자인] 탭-[피벗 테이블 스타일 옵션] 그룹-[행 머리글], [줄무늬 행], [열 머리글]에 체크하고 ❷ [피벗 테이블 스타일] 그룹에서 [자세히▾]를 클릭합니다. ❸ [피벗 스타일 보통 12]를 클릭합니다.

➕ 피벗 테이블 스타일이 변경됩니다.

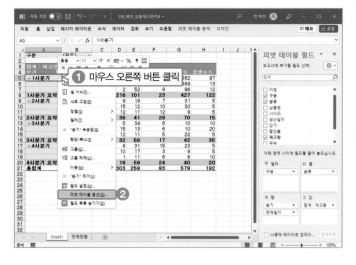

셀 병합하기

05 [행]과 [열] 영역에 두 개 이상의 필드가 있는 경우 첫 번째 항목으로 셀 병합을 할 수 있습니다. ❶ 피벗 테이블의 임의의 셀에서 마우스 오른쪽 버튼을 클릭하고 ❷ [피벗 테이블 옵션]을 클릭합니다.

➕ [피벗 테이블 옵션] 대화상자가 나타납니다.

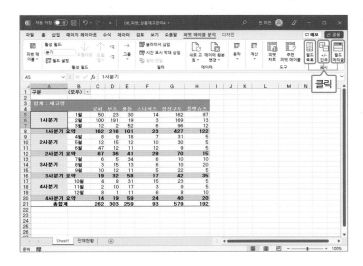

06 ❶ [피벗 테이블 옵션] 대화상자의 [레이아웃 및 서식] 탭-[레이아웃]-[레이블이 있는 셀 병합 및 가운데 맞춤]에 체크한 후 ❷ [확인]을 클릭합니다.

➕ 행 레이블이 분기별로 병합됩니다.

피벗 테이블 보고서 완성하기

07 [피벗 테이블 분석] 탭-[표시] 그룹에서 [필드 목록📋], [+/- 단추🖲], [필드 머리글📑]을 각각 클릭하여 숨깁니다.

✅ **엑셀 2010** [피벗 테이블 도구]-[옵션] 탭을 클릭합니다.

✅ **엑셀 2019** [피벗 테이블 도구]-[분석] 탭을 클릭합니다.

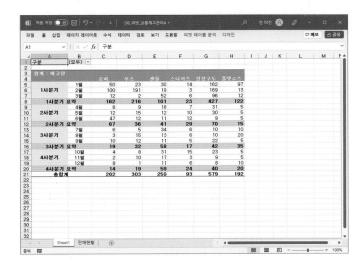

08 열 너비를 보기 좋게 조절하여 피벗 테이블 보고서를 완성합니다.

2010 \ 2013 \ 2016 \ 2019 \ 2021

피벗 테이블을 사용하여 연도/등급별 거래내역 통계표 작성하기

실습 파일 5장 \ 실습파일 \ 거래내역3.xlsx
완성 파일 5장 \ 실습파일 \ 거래내역3_완성.xlsx

예제 설명 및 완성 화면

데이터를 회원등급과 가입연도로 분류하여 등급별 인원수, 비율, 거래건수합계, 거래금액합계를 피벗 테이블로 만들어보겠습니다.

	A	B	C	D	E	F
1	연도/등급별 거래내역 통계표					
2						
3	가입연도	회원등급	인원수	비율	거래건수합계	거래금액합계
4	⊟ 2021		26	100.0%	1,290	118,878,400
5		로얄	8	30.8%	590	75,697,400
6		골드	4	15.4%	232	15,802,000
7		실버	4	15.4%	168	8,217,000
8		일반	10	38.5%	300	19,162,000
9	⊟ 2020		24	100.0%	1,168	97,324,000
10		로얄	8	33.3%	572	59,766,000
11		골드	2	8.3%	104	7,469,000
12		실버	4	16.7%	180	8,246,000
13		일반	10	41.7%	312	21,843,000
14	⊟ 2019		24	100.0%	1,053	78,563,200
15		로얄	3	12.5%	246	20,235,000
16		골드	6	25.0%	360	28,305,000
17		실버	2	8.3%	96	4,508,400
18		일반	13	54.2%	351	25,514,800
19	⊟ 2018		32	100.0%	1,802	160,157,200
20		로얄	8	25.0%	570	65,425,200
21		골드	16	50.0%	934	77,925,000
22		실버	4	12.5%	176	8,290,000
23		일반	4	12.5%	122	8,517,000
24	총합계		106		5,313	454,922,800
25						

◄ ► 거래내역 연도별거래내역통계 ⊕

01 [거래내역] 시트에서 [A3] 셀을 클릭한 후 Ctrl + T 를 눌러 [표 만들기] 대화상자를 불러옵니다. 전체 범위가 지정되면 [확인]을 클릭해 표를 만듭니다.

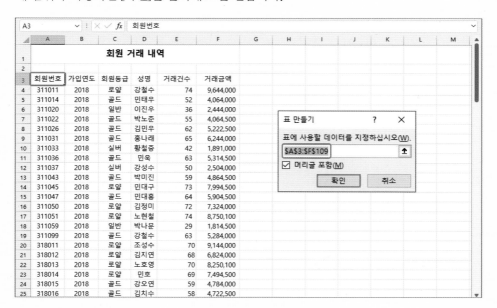

02 [삽입] 탭-[표] 그룹-[피벗 테이블🖽]을 클릭합니다. [표 또는 범위의 피벗 테이블] 대화상자에서 [표/범위]에 자동으로 데이터 범위(표 이름)인 '표1'이 지정됩니다.

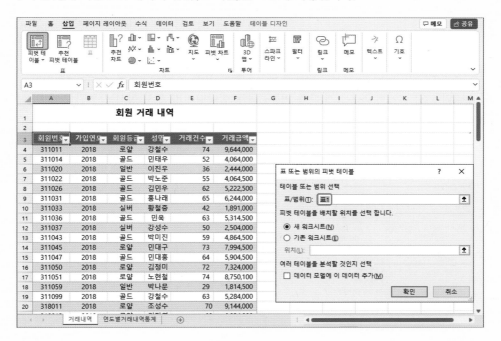

03 피벗 테이블 보고서를 넣을 위치로 [기존 워크시트]를 클릭한 후 [위치▲]를 클릭합니다. [연도별 거래내역통계] 시트 탭을 클릭하고 [A3] 셀을 클릭한 후 [확인]을 클릭합니다. [연도별거래내역통계] 시트에 피벗 테이블 보고서가 삽입됩니다.

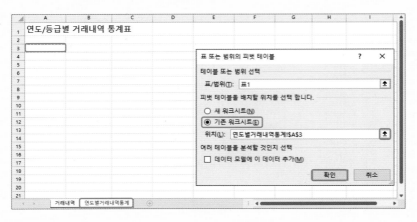

04 [피벗 테이블 필드] 작업 창에서 다음 표를 참고하여 피벗 테이블 레이아웃을 지정합니다.

[열]	[행]	[Σ 값]
[회원등급]	[가입연도] [값]	[개수:성명] [개수:성명] [합계:거래건수] [합계:거래금액]

05 피벗 테이블 보고서에서 [B3:E3] 범위의 이름을 각각 **인원수, 비율, 거래건수합계, 거래금액합계**로 수정합니다. [비율] 열의 [C3] 셀에서 마우스 오른쪽 버튼을 클릭합니다. [값 표시 형식]-[상위 합계 비율]을 클릭합니다. [값 표시 형식 (비율)] 대화상자가 나타납니다.

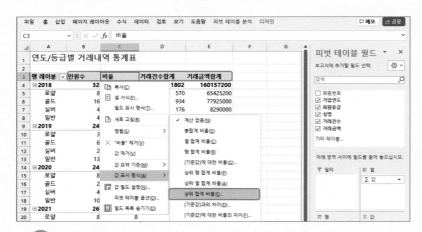

바로 **통** 하는TIP [값 표시 형식]은 [값] 영역의 필드 값의 총합계, 열 합계, 행 합계 등의 비율이나 차이, 누계를 요약해서 보여줍니다.

06 [값 표시 형식 (비율)] 대화상자에서 [기준 필드]를 [가입연도]로 선택하고 [확인]을 클릭합니다. [비율] 열에서 각각의 가입연도를 기준으로 회원등급별 가입 인원수의 합계 비율이 표시됩니다.

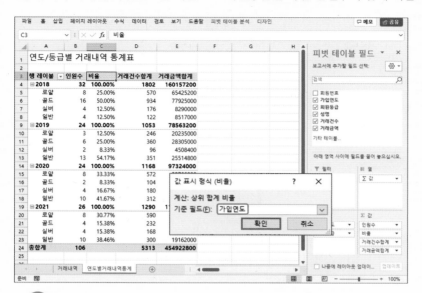

바로 **통** 하는TIP [상위 합계 비율]은 각 연도의 인원수 합계(100%)를 등급별 인원수로 나눠 비율을 표시합니다.

07 [A4] 셀에서 마우스 오른쪽 버튼을 클릭합니다. [정렬]-[숫자 내림차순 정렬]을 클릭해 내림차순으로 정렬합니다.

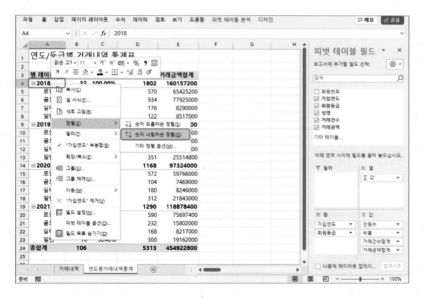

08 피벗 테이블 보고서에서 임의의 셀을 클릭하고 [디자인] 탭-[레이아웃] 그룹-[부분합📊]을 클릭한 후 [그룹 상단에 모든 부분합 표시]를 클릭합니다. 이어서 [디자인] 탭-[레이아웃] 그룹-[보고서 레이아웃📄]을 클릭한 후 [개요 형식으로 표시]를 클릭합니다. 피벗 테이블 보고서의 레이아웃이 보기 좋게 정리됩니다.

09 회원등급, 거래건수합계(C4:C24), 거래금액합계(E4:F24) 데이터 범위를 모두 지정한 후 [홈] 탭-[표시 형식] 그룹-[쉼표 스타일 **9**]을 클릭합니다. 비율(D4:D23) 데이터 범위를 지정한 후 [홈] 탭-[표시 형식] 그룹-[자릿수 줄임📉]을 클릭합니다.

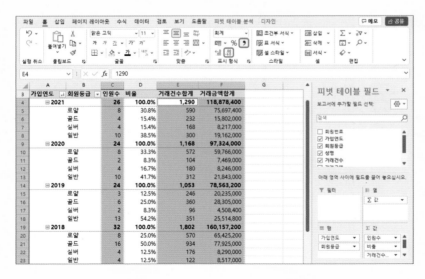

10 [디자인] 탭-[피벗 테이블 스타일] 그룹에서 원하는 스타일로 변경하고 열 너비를 조정하여 피벗 테이블 보고서를 완성합니다.

가입연도	회원등급	인원수	비율	거래건수합계	거래금액합계
2021		**26**	**100.0%**	**1,290**	**118,878,400**
	로얄	8	30.8%	590	75,697,400
	골드	4	15.4%	232	15,802,000
	실버	4	15.4%	168	8,217,000
	일반	10	38.5%	300	19,162,000
2020		**24**	**100.0%**	**1,168**	**97,324,000**
	로얄	8	33.3%	572	59,766,000
	골드	2	8.3%	104	7,469,000
	실버	4	16.7%	180	8,246,000
	일반	10	41.7%	312	21,843,000
2019		**24**	**100.0%**	**1,053**	**78,563,200**
	로얄	3	12.5%	246	20,235,000
	골드	6	25.0%	360	28,305,000
	실버	2	8.3%	96	4,508,400
	일반	13	54.2%	351	25,514,800
2018		**32**	**100.0%**	**1,802**	**160,157,200**
	로얄	8	25.0%	570	65,425,200
	골드	16	50.0%	934	77,925,000
	실버	4	12.5%	176	8,290,000
	일반	4	12.5%	122	8,517,000
총합계		**106**		**5,313**	**454,922,800**

연도/등급별 거래내역 통계표

거래내역 | 연도별거래내역통계

핵심기능

98

피벗 테이블 슬라이서와
시간 표시 막대 삽입/제거하기

실습 파일 5장\DB_피벗_상품재고관리5.xlsx
완성 파일 5장\DB_피벗_상품재고관리5_완성.xlsx

슬라이서 삽입하기

01 ❶ 피벗 테이블 목록에서 임의의 셀을 클릭합니다. ❷ [피벗 테이블 분석] 탭-[필터] 그룹-[슬라이서 삽입📈]을 클릭합니다.

➕ [슬라이서 삽입] 대화상자가 나타납니다.

✅ **엑셀 2010** [피벗 테이블 도구]-[옵션] 탭-[정렬 및 필터] 그룹-[슬라이서 삽입]을 클릭합니다.

✅ **엑셀 2019** [피벗 테이블 도구]-[분석] 탭을 클릭합니다.

바로 통하는TIP 슬라이서를 이용하면 피벗 테이블의 데이터 중에서 사용자가 원하는 자료를 필드 목록으로 세분화하고 필터링하여 필요한 내용만 표시할 수 있습니다.

슬라이서 항목 표시하기

02 ❶ [슬라이서 삽입] 대화상자에서 [구분], [사이즈]에 체크하고 ❷ [확인]을 클릭합니다.

➕ [구분], [사이즈] 필드에 입력된 데이터가 슬라이서의 항목으로 표시됩니다.

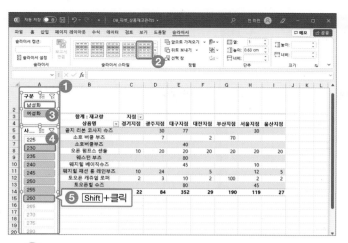

슬라이서 배치 및 필터링하기

03 ❶ [구분]과 [사이즈] 슬라이서를 드래그하여 A열에 각각 배치합니다. ❷ [슬라이서] 탭-[슬라이서 스타일] 그룹에서 원하는 스타일을 클릭합니다. ❸ [구분] 슬라이서에서 [남성화]를 클릭해 선택을 해제합니다. ❹ [사이즈] 슬라이서에서 [230]을 클릭한 후 ❺ Shift 를 누른 상태에서 [260]을 클릭합니다.

➕ 여성화 중 230~260 사이즈의 지점별 상품 재고량이 표시됩니다.

바로 통 하는TIP 슬라이서 창에서 [필터 지우기 ▽]를 클릭하면 조건이 해제되고 전체 목록이 나타납니다.

시간 표시 막대 삽입하기

04 날짜 필드인 '생산일자'를 시간 표시 막대로 삽입해보겠습니다. ❶ 피벗 테이블 목록에서 임의의 셀을 클릭합니다. ❷ [피벗 테이블 분석] 탭-[필터] 그룹-[시간 표시 막대 삽입 ▦]을 클릭하고 ❸ [시간 표시 막대] 대화상자가 나타나면 [생산일자]에 체크한 후 ❹ [확인]을 클릭합니다.

➕ [생산일자] 시간 표시 막대 창이 삽입됩니다.

✅ **엑셀 2013** 시간 표시 막대 삽입 기능은 엑셀 2013 이후 버전에서만 사용할 수 있습니다.

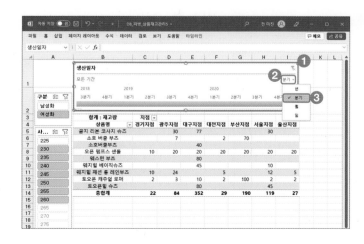

시간 표시 막대의 시간 수준 지정하기

05 ❶ [생산일자] 시간 표시 막대 창을 [B1:I2] 범위에 배치합니다. ❷ [분기]로 표시된 시간 수준 항목을 클릭하고 ❸ [분기]를 클릭합니다.

➕ 시간 표시 막대의 시간 수준이 연도와 분기 단위로 변경됩니다.

우선 순위

혼자 해보기

문서 작성

문서 편집 & 인쇄

수식 & 함수

차트

데이터 관리/ 분석& 자동화

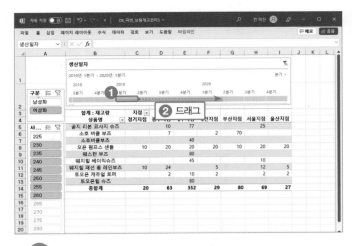

시간 표시 막대의 시작/종료 구간 설정하기

06 ❶ 시간 표시 막대의 [2019년 1분기]를 클릭하고 ❷ 종료 지점을 [2020년 1분기]까지 드래그합니다.

➕ 2019년 1분기~2020년 1분기에 생산된 상품의 재고량이 표시됩니다.

바로 통 하는TIP 시간 표시 막대는 날짜나 시간의 간격을 막대로 표시하여 사용자가 특정 기간의 데이터를 필터링하도록 도와줍니다. 이를 사용하면 네 개의 시간 수준(연, 분기, 월 또는 일) 중 하나를 기준으로 필터링할 수 있습니다. 시간 표시 막대의 시간 수준이 변경되면 피벗 테이블의 데이터도 변경됩니다.

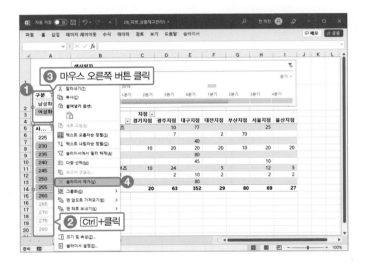

슬라이서와 시간 표시 막대 제거하기

07 ❶ [구분] 슬라이서를 클릭하고 ❷ Ctrl 을 누른 상태에서 [사이즈] 슬라이서를 클릭합니다. ❸ [구분] 슬라이서 창에서 마우스 오른쪽 버튼을 클릭하고 ❹ [슬라이서 제거]를 클릭합니다.

➕ 슬라이서가 제거됩니다.

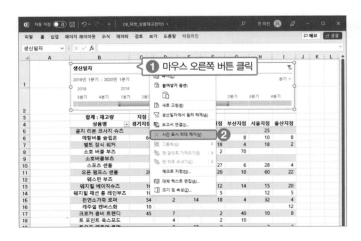

08 ❶ [생산일자] 시간 표시 막대 창에서 마우스 오른쪽 버튼을 클릭하고 ❷ [시간 표시 막대 제거]를 클릭합니다.

➕ 시간 표시 막대가 제거됩니다.

2010 \ 2013 \ 2016 \ 2019 \ 2021

우선
순위

혼자
해보기

문서
작성

문서
편집
&
인쇄

수식
&
함수

차트

데이터
관리/
분석&
자동화

핵심기능

99

개발 도구 탭 추가 및 매크로 보안 설정하기

실습 파일 없음
완성 파일 없음

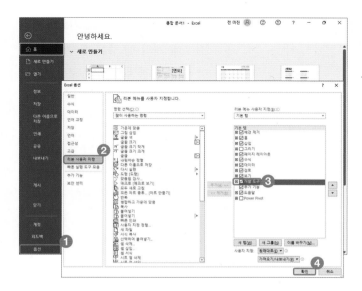

리본 메뉴에 [개발 도구] 탭 표시하기

01 ① [파일] 탭-[옵션]을 클릭합니다. ② [Excel 옵션] 대화상자의 [리본 사용자 지정]을 클릭합니다. ③ [기본 탭]-[개발 도구]에 체크한 후 ④ [확인]을 클릭합니다.

✚ 리본 메뉴에 [개발 도구] 탭이 표시됩니다.

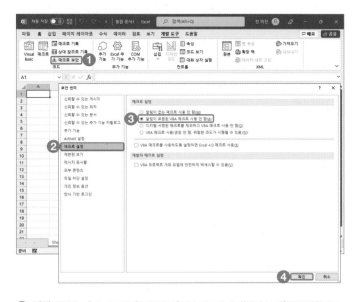

매크로 보안 설정하기

02 ① [개발 도구] 탭-[코드] 그룹-[매크로 보안⚠]을 클릭합니다. ② [보안 센터] 대화상자에서 [매크로 설정]을 클릭합니다. ③ [매크로 설정]에서 [알림이 포함된 VBA 매크로 사용 안 함]을 클릭하고 ④ [확인]을 클릭합니다.

바로 **통** 하는 **TIP** [알림이 포함된 VBA 매크로 사용 안함]은 매크로 보안의 기본 설정으로 가장 많이 사용하는 보안 설정입니다. 매크로가 포함된 통합 문서를 열 때마다 보안 경고 메시지가 나타나며 현재 문서가 신뢰할 만한 문서인지 확인한 후 매크로의 실행 여부를 상황별로 선택합니다.

✅ **엑셀 2019** [매크로 설정] 목록에서 [모든 매크로 제외(알림 표시)]를 클릭합니다.

핵심기능 100

자동 매크로 기록 및 저장하기

실습 파일 5장\매크로_도서목록1.xlsx
완성 파일 5장\매크로_도서목록1_완성.xlsm

조건부 서식 적용 매크로 기록하기

01 네 개의 행 중에 두 개의 행마다 셀의 배경색을 채워 구분하도록 매크로로 조건부 서식 적용 과정을 기록하겠습니다. ❶ [A1] 셀을 클릭합니다. ❷ [개발 도구] 탭-[코드] 그룹-[매크로 기록 🔲]을 클릭합니다.

➕ [매크로 기록] 대화상자가 나타납니다.

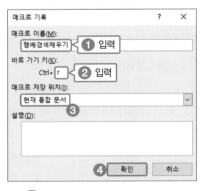

02 [매크로 기록] 대화상자에서 매크로의 이름, 바로 가기 키, 저장 위치를 지정합니다. ❶ [매크로 이름]에 **행배경색채우기**를 입력하고 ❷ [바로 가기 키]에 **r**을 입력합니다. ❸ [매크로 저장 위치]를 [현재 통합 문서]로 선택한 후 ❹ [확인]을 클릭합니다.

➕ [매크로 기록] 대화상자에서 [확인]을 클릭한 후부터 셀과 관련된 명령어, 메뉴 선택 등의 동작이 모두 매크로로 기록됩니다.

바로 통하는TIP [매크로 기록] 대화상자

- **매크로 이름**: 기록할 매크로 이름을 입력합니다. 매크로 이름의 첫 글자는 반드시 문자로 시작해야 하고 공백, 특수 문자(!, @, ?, %, & 등), 셀 주소는 사용할 수 없습니다.
- **바로 가기 키**: 매크로를 실행하는 바로 가기 키를 설정할 수 있으며 대소문자를 구별합니다.
- **매크로 저장 위치**: 자동 매크로가 기록될 위치를 [개인용 매크로 통합 문서], [새 통합 문서], [현재 통합 문서] 중에서 선택합니다.
- **설명**: 매크로에 대한 부연 설명을 입력합니다.

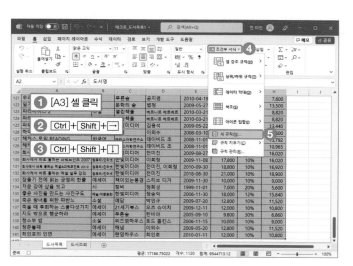

03 ❶ [A3] 셀을 클릭합니다. ❷ [A3:H141] 범위를 지정하기 위해 Ctrl + Shift + → 를 누른 후 ❸ Ctrl + Shift + ↓ 를 누릅니다. ❹ [홈] 탭 –[스타일] 그룹–[조건부 서식▦]을 클릭하고 ❺ [새 규칙]을 클릭합니다.

➕ [새 서식 규칙] 대화상자가 나타납니다.

04 ❶ [새 서식 규칙] 대화상자에서 [수식을 사용하여 서식을 지정할 셀 결정]을 클릭하고 ❷ 두 개의 행마다 행마다 배경색을 지정하기 위해 수식 입력란에 **=AND(MOD(ROW(A1),4)>=1,MOD(ROW(A1),4)<=2)**를 입력합니다. ❸ [서식]을 클릭합니다.

➕ [셀 서식] 대화상자가 나타납니다.

바로통 하는TIP 행 번호(ROW(A1))가 1이므로 행 번호를 4로 나눈(MOD(ROW(A1),4) 나머지 값이 1과 2일 때에만 규칙이 적용되도록 수식 **=AND(MOD(ROW(A1),4)>=1,MOD(ROW(A1),4)<=2)**를 입력합니다.

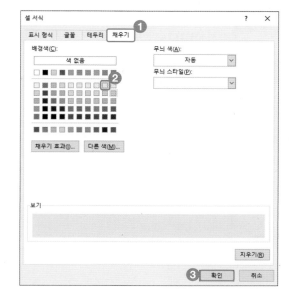

05 ❶ [셀 서식] 대화상자에서 [채우기] 탭을 클릭하고 ❷ [녹색, 강조5, 80% 더 밝게]를 클릭합니다. ❸ [확인]을 클릭하고 [새 서식 규칙] 대화상자에서도 [확인]을 클릭해 대화상자를 모두 닫습니다.

➕ 조건부 서식 규칙에 따라 셀에 강조색이 적용됩니다.

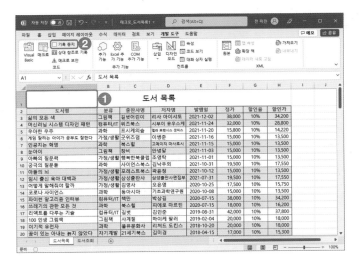

06 ① [A1] 셀을 클릭하고 ② [개발 도구] 탭-[코드] 그룹-[기록 중지 □]를 클릭하여 매크로 작성을 마칩니다.

➕ 기록한 매크로가 저장됩니다.

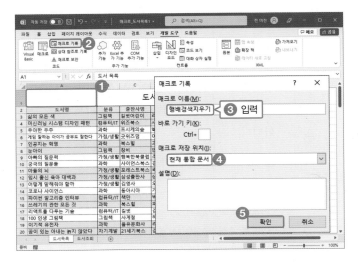

조건부 서식 제거 매크로 기록하기

07 조건부 서식의 규칙을 지우는 매크로를 기록하겠습니다. ① [A1] 셀을 클릭합니다. ② [개발 도구] 탭-[코드] 그룹-[매크로 기록 □]을 클릭합니다. ③ [매크로 기록] 대화상자에서 [매크로 이름]에 **행배경색지우기**를 입력하고 ④ [매크로 저장 위치]를 [현재 통합 문서]로 선택한 후 ⑤ [확인]을 클릭합니다.

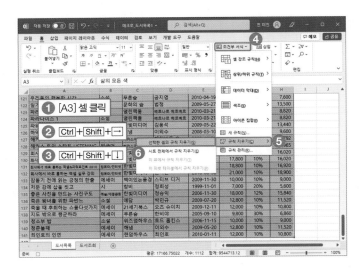

08 ① [A3] 셀을 클릭합니다. ② [A3:H141] 범위를 지정하기 위해 Ctrl + Shift + → 를 누른 후 ③ Ctrl + Shift + ↓ 를 누릅니다. ④ [홈] 탭-[스타일] 그룹-[조건부 서식 █]을 클릭하고 ⑤ [규칙 지우기]-[선택한 셀의 규칙 지우기]를 클릭합니다.

➕ 지정된 서식이 지워집니다.

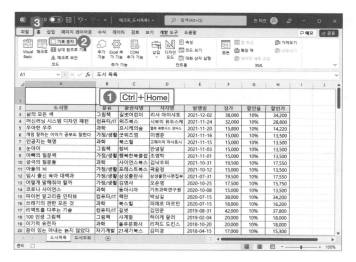

매크로 포함 문서 저장하기

09 ① `Ctrl`+`Home`을 누릅니다.
② [개발 도구] 탭-[코드] 그룹-[기록 중지□]를 클릭하여 매크로 작성을 마칩니다. ③ [파일] 탭을 클릭합니다.

☑ **엑셀 2010** `F12`를 누르고 [다른 이름으로 저장] 대화상자의 [파일 형식]에서 [Excel 매크로 사용 통합 문서(*.xlsm)]를 선택한 후 저장합니다.

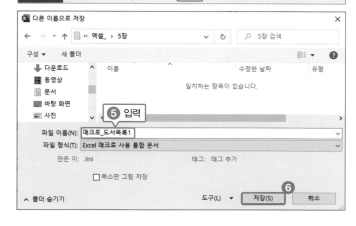

10 ① [내보내기]를 클릭하고 ② [파일 형식 변경]을 클릭한 후 ③ [매크로 사용 통합 문서 (*.xlsm)]를 클릭합니다. ④ [다른 이름으로 저장]을 클릭합니다. ⑤ [다른 이름으로 저장] 대화상자에서 [파일 이름]에 **매크로_도서목록1**을 입력한 후 ⑥ [저장]을 클릭합니다.

➕ 매크로가 포함된 통합 문서가 저장됩니다.

바로 통하는 TIP '*.xlsx' 형식으로 저장하면 현재 통합 문서에서 작성한 매크로가 저장되지 않습니다. 반드시 매크로 사용 통합 문서인 '*.xlsm' 형식으로 저장합니다.

핵심기능

101

바로 가기 키와 양식 컨트롤로 매크로 실행하기

실습 파일 5장\매크로_도서목록2.xlsm
완성 파일 5장\매크로_도서목록2_완성.xlsm

매크로 포함 통합 문서 실행하기

01 실습 파일을 열면 메시지 표시 줄에 보안 경고 메시지가 나타납니다. [콘텐츠 사용]을 클릭해서 매크로를 사용할 수 있도록 설정합니다.

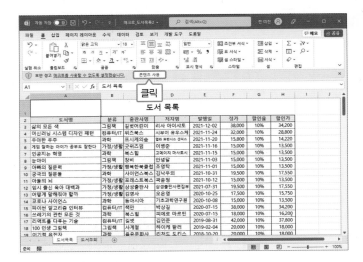

02 ❶ [개발 도구] 탭-[코드] 그룹-[매크로圖]를 클릭합니다. ❷ [매크로] 대화상자에 앞서 기록한 매크로 목록이 나타납니다. 여기서는 [취소]를 클릭해서 [매크로] 대화상자를 닫습니다.

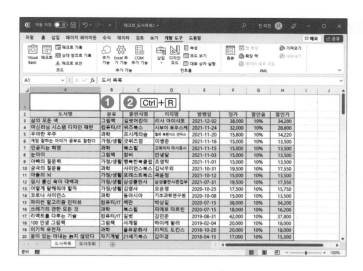

[행배경색채우기] 매크로를 바로 가기 키로 실행하기

03 ❶ [A1] 셀을 클릭하고 ❷ Ctrl +R을 눌러 매크로를 실행합니다.

➕ [행배경색채우기] 매크로가 실행되어 셀에 강조색이 적용됩니다.

바로통**하는TIP** [행배경색채우기] 매크로의 바로 가기 키는 소문자 'r'로 지정했습니다. 키보드로 매크로를 실행할 때는 Ctrl+R을 누릅니다.

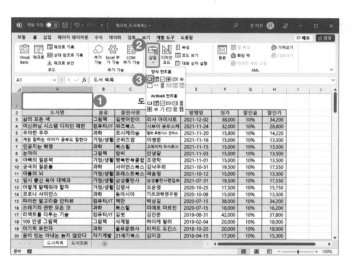

[조건부규칙지우기] 매크로를 양식 컨트롤로 실행하기

04 ❶ [A1] 셀을 클릭합니다. ❷ [개발 도구] 탭-[컨트롤] 그룹-[삽입]을 클릭한 후 ❸ [양식 컨트롤]의 [단추]를 클릭합니다.

바로통**하는TIP** ActiveX 컨트롤은 주로 VBA 프로그래밍에 사용됩니다. 양식 컨트롤은 매크로를 실행하거나 통합 문서에서 함수와 연동해 작업할 때 사용합니다.

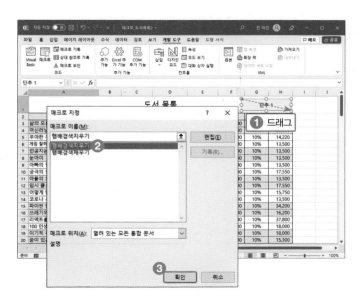

05 ❶ 오른쪽 상단에서 드래그해 단추를 삽입합니다. ❷ [매크로 지정] 대화상자가 나타나면 [매크로 이름] 목록에서 [행배경색지우기]를 클릭하고 ❸ [확인]을 클릭합니다.

➕ 단추에 [조건부규칙지우기] 매크로가 연결됩니다.

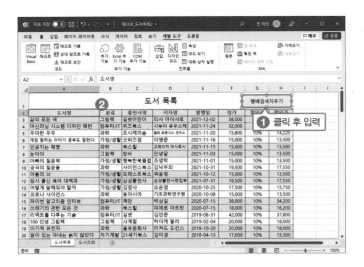

06 ① 단추 안을 클릭한 후 **행배경색지우기**를 입력합니다. ② 임의의 셀을 클릭하여 단추 선택을 해제합니다.

07 ① [A1] 셀을 클릭한 후 ② [행배경색지우기] 단추를 클릭하여 매크로를 실행합니다.

08 지정된 서식이 지워집니다.

핵심기능

102

매크로 편집하기

실습 파일 5장\매크로_도서목록3.xlsm
완성 파일 5장\매크로_도서목록3_완성.xlsm

매크로 편집하기

01 앞서 기록한 매크로의 조건부 서식 규칙 조건은 =AND(MOD(ROW(A1),4))=1,MOD(ROW(A1),4)<=2) 이므로 항상 두 개의 행마다 셀의 색을 채우는 매크로가 적용됩니다. 따라서 행의 개수를 입력받아서 원하는 행에 조건부 서식이 적용되도록 매크로를 편집해보겠습니다. Alt + F11 을 눌러 비주얼 베이식 편집기를 엽니다.

> **바로 통 하는TIP** [개발 도구] 탭-[코드] 그룹- [Visual Basic]을 클릭하거나 시트 탭에서 마우스 오른쪽 버튼을 클릭한 후 [코드 보기]를 클릭해도 비주얼 베이식 편집기를 열 수 있습니다.

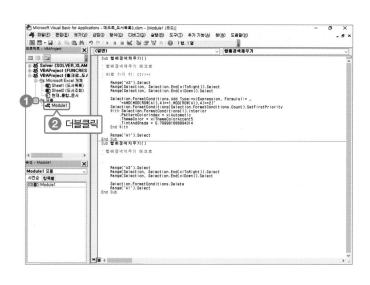

02 ❶ 프로젝트 창에서 [모듈] 폴더의 [확장➕]을 클릭하고 ❷ [Module1]을 더블클릭합니다.

➕ [행배경색채우기] 매크로 구문이 코드 창에 표시됩니다.

우선
순위

혼자
해보기

문서
작성

문서
편집
&
인쇄

수식
&
함수

차트

데이터
관리/
분석&
자동화

비주얼 베이식 편집기 창의 화면 구성은 다음과 같습니다.

① **프로젝트 탐색기 창** : 엑셀을 구성하는 통합 문서, 워크시트 그리고 모듈, 폼, 클래스 등의 개체를 계층 구조 형태로 표시합니다.

② **속성 창** : 프로젝트 탐색기 창에 나타나는 개체들의 각 속성을 설정합니다.

③ **코드 창** : 매크로가 VBA 코드로 기록되어 나타나는 창으로 매크로를 직접 수행하거나 삭제할 수 있으며 매크로를 만들 수 있습니다.

④ **프로시저** : 한 개의 프로시저는 Sub로 시작해서 End Sub 로 끝납니다. 그 사이에는 VBA 코드가 위치합니다. 앞서 매크로 기록으로 기록한 매크로에 해당합니다.

03 [행배경색채우기] 코드 창에 다음과 같이 빨간색으로 표기된 코드를 입력하여 매크로를 수정합니다.

```
Sub 행배경색채우기()
'
'행배경색채우기 매크로
'
'바로 가기 키: Ctrl+r
'
❶ Dim rowno1 As Integer, rowno2 As Integer
❷ Dim con As String
❸ rowno1 = Val(InputBox("배경색을 지정할 행의 배수 값을 숫자로 입력해주세요", "숫자 입력창", 2))
❹ rowno2 = rowno1 * 2
❺ con = "=AND(MOD(ROW(A1)," & rowno2 & ")>=1,MOD(ROW(A1)," & rowno2 & ")<=" & rowno1 & ")"
❻ 행배경색지우기
    Range("A3").Select
    Range(Selection, Selection.End(xlToRight)).Select
    Range(Selection, Selection.End(xlDown)).Select
❼ Selection.FormatConditions.Add Type:=xlExpression, Formula1:=con
    Selection.FormatConditions(Selection.FormatConditions.Count).SetFirstPriority
    With Selection.FormatConditions(1).Interior
        .PatternColorIndex = xlAutomatic
        .ThemeColor = xlThemeColorAccent5
        .TintAndShade = 0.799981688894314
    End With
    Range("A1").Select
End Sub
```

❶ **Dim rowno1 As Integer, rowno2 as Integer** 구문은 변수 rowno1, rowno2를 정수로 선언합니다.

❷ **Dim con As String** 구문은 변수 con을 문자로 선언합니다.

❸ **rowno1 = Val(InputBox("배경색을 지정할 행의 배수 값을 숫자로 입력해주세요", "숫자 입력창", 2))** 구문은 [입력 상자] 대화상자를 통해 행의 개수를 입력받아서 rowno1 변수에 넘겨줍니다.

❹ **rowno2 = rowno1 * 2** 구문은 입력 받은 행의 개수에 2를 곱해서 rowno2 변수에 넘겨줍니다.

❺ **=AND(MOD(ROW(A1),4)>=1,MOD(ROW(A1),4)<=2)**의 조건부 서식의 규칙을 입력받은 행의 개수에 따라 파랑색 숫자가 매번 바뀌도록 규칙을 수정합니다.

따라서 **con = "=AND(MOD(ROW(A1)," & rowno2 & ")>=1,MOD(ROW(A1)," & rowno2 & ")<=" & rowno1 & ")"** 구문은 조건부 서식 규칙에 따라 rowno1과 rowno2 값이 매번 바뀌도록 규칙을 수정하고 con 변수에 넘겨줍니다.

❻ **행배경색지우기** 구문은 조건부 서식을 적용하기 전에 조건부 서식을 지우는 매크로를 호출합니다.

❼ **Selection.FormatConditions.Add Type:=xlExpression, Formula1:=con** 구문은 조건부 서식 규칙에 con 변수값을 넘겨줍니다.

바로 통 하는 TIP 코드는 '매크로_도서목록__CODE.txt' 파일에서 복사하여 붙여 넣을 수 있습니다.

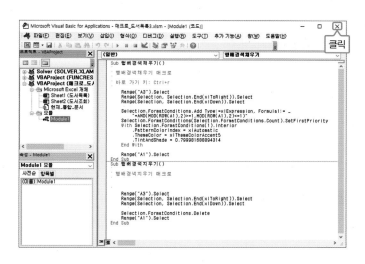

04 [닫기 X]를 클릭하여 비주얼 베이식 편집기를 닫습니다.

05 ❶ [A1] 셀을 클릭하고 ❷ Ctrl + R 을 누릅니다. ❸ [숫자 입력창] 대화상자가 나타나면 **5**를 입력하고 ❹ [확인]을 클릭합니다.

➕ 바로 가기 키로 매크로를 실행하면 5행마다 배경색이 채워지는 매크로가 실행됩니다.

핵심기능

103

매크로 삭제하기

실습 파일 5장\매크로_도서목록4.xlsm
완성 파일 5장\매크로_도서목록4_완성.xlsm

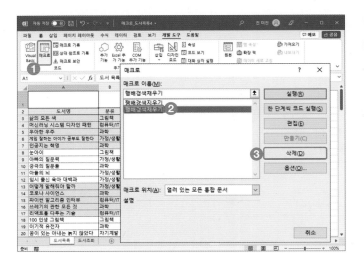

매크로 삭제하기

01 ❶ [개발 도구] 탭-[코드] 그룹-[매크로📖]를 클릭합니다. ❷ [매크로] 대화상자의 [매크로 이름] 목록에서 [행배경색채우기]를 클릭하고 ❸ [삭제]를 클릭합니다.

02 ❶ 매크로 삭제 경고 메시지가 나타나면 [예]를 클릭합니다. ❷ [개발 도구] 탭-[코드] 그룹-[매크로]를 클릭합니다. [매크로 이름] 목록에서 [행배경채우기]가 삭제되었습니다. ❸ [취소]를 클릭해서 [매크로] 대화상자를 닫습니다.

바로 통 하는 TIP 매크로를 삭제하면 Ctrl + R 바로 가기 키를 눌러도 매크로가 실행되지 않습니다.

회사통

혼자
해보기

테두리 구분 매크로 기록하고 바로 가기 키로 실행하기

실습 파일 5장 \ 실습 파일 \ 매크로_회원거래명부.xlsx
완성 파일 5장 \ 실습 파일 \ 매크로_회원거래명부_완성.xlsx

예제 설명 및 완성 화면

회원 거래 명부에서 회원등급에 따라 테두리의 굵기를 구분하는 매크로를 기록합니다. 기록한 매크로를 편집한 후 바로 가기 키로 매크로를 실행하고 매크로 문서를 저장합니다.

▲ 매크로 실행 전   ▲ [조건부서식테두리그리기] 매크로 실행

01 [A4] 셀을 클릭하고 [개발 도구] 탭-[코드] 그룹-[매크로 기록 ⬚]을 클릭합니다. [매크로 기록] 대화상자가 나타나면 [매크로 이름]에 **조건부서식테두리그리기**, [바로 가기 키]에 **t**를 입력하고 [매크로 저장 위치]는 [현재 통합 문서]를 선택합니다. [설명]에는 **셀의 값이 같으면 테두리를 점선으로 그리는 매크로**라고 입력한 후 [확인]을 클릭해 매크로 기록을 시작합니다.

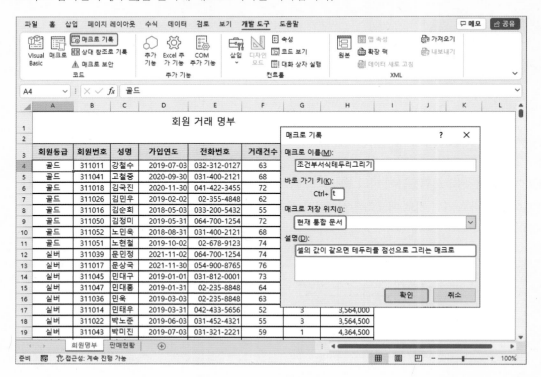

02 Ctrl + Shift + → 를 누른 후 Ctrl + Shift + ↓ 를 눌러 제목을 제외한 데이터 전체를 범위로 지정합니다.

회원등급	회원번호	성명	가입연도	전화번호	거래건수	반품건수	거래금액
골드	311011	강철수	2019-07-03	032-312-0127	63	3	4,784,000
골드	311041	고철중	2020-09-30	031-400-2121	68	1	4,664,500
골드	311018	김국진	2020-11-30	041-422-3455	72	2	7,604,500
골드	311026	김민우	2019-02-02	02-355-4848	62	4	4,722,500
골드	311016	김순희	2018-05-03	033-200-5432	55	4	3,764,500
골드	311050	김정미	2019-05-31	064-700-1254	72	2	6,824,000
골드	311052	노민욱	2018-08-31	031-400-2121	68	3	4,764,500
골드	311051	노현철	2019-10-02	02-678-9123	74	2	8,250,100
실버	311039	문민정	2021-11-02	064-700-1254	74	1	8,515,000
실버	311017	문상국	2021-11-30	054-900-8765	76	0	7,744,000
실버	311045	민대구	2019-01-01	031-812-0001	73	1	7,494,500
실버	311047	민대홍	2019-01-31	02-235-8848	64	2	5,404,500
실버	311036	민욱	2019-03-03	02-235-8848	63	4	4,814,500
실버	311014	민태우	2019-03-31	042-433-5656	52	3	3,564,000
실버	311022	박노준	2019-06-03	031-452-4321	55	3	3,564,500
실버	311043	박미진	2019-07-03	031-321-2221	59	1	4,364,500

03 [홈] 탭–[스타일] 그룹–[조건부 서식[圖]]을 클릭하고 [새 규칙]을 클릭합니다. [새 서식 규칙] 대화
상자에서 [수식을 사용하여 서식을 지정할 셀 결정]을 클릭합니다. 수식 입력란에 **=$A4=$A3**을 입력한
후 [서식]을 클릭합니다. [셀 서식] 대화상자에서 [테두리] 탭을 클릭하고 [스타일]–[점선]을 클릭한 후
[위쪽 테두리]를 클릭해 테두리를 그립니다. [확인]을 클릭한 후 [새 서식 규칙] 대화상자에서도 [확인]
을 클릭합니다.

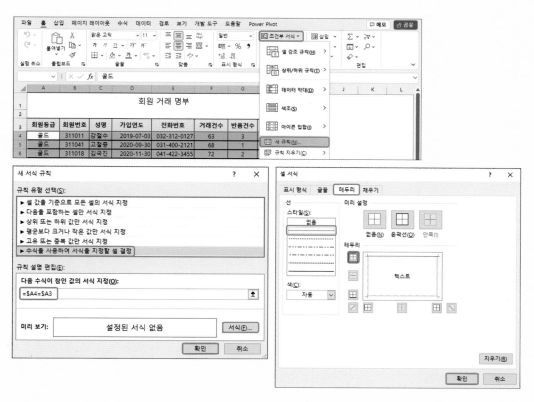

04 [개발 도구] 탭–[코드] 그룹–[기록 중지[□]]를 클릭해 매크로 기록을 완료합니다.

05 Alt + F11 을 눌러 비주얼 베이식 편집기를 불러옵니다. 프로젝트 창에서 [모듈] 폴더의 [확장🔳] 을 클릭한 후 [Module1]을 더블클릭합니다.

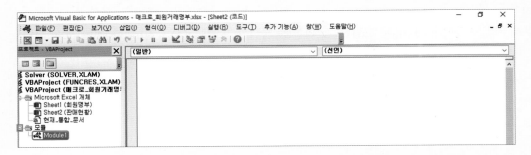

06 [조건부서식테두리그리기] 코드 창에서 다음과 같이 빨간색으로 표기된 코드를 입력하여 매크로 를 수정하고 [닫기ⓧ]를 클릭합니다.

```vba
Sub 조건부서식테두리그리기()
'
' 조건부서식테두리그리기 매크로
' 셀의 값이 같으면 테두리를 점선으로 그리는 매크로
'
' 바로 가기 키: Ctrl+t
'
❶ Dim 조건수식 As String
❷ 조건수식 = "=" & ActiveCell.Cells(0, 1).Address(False, True) & "=" & ActiveCell.Address(False, True)

    Range(Selection, Selection.End(xlToRight)).Select
    Range(Selection, Selection.End(xlDown)).Select


❸ Selection.FormatConditions.Add Type:=xlExpression, Formula1:=조건수식
    Selection.FormatConditions(Selection.FormatConditions.Count).SetFirstPriority
    With Selection.FormatConditions(1).Borders(xlTop)
        .LineStyle = xlContinuous
        .TintAndShade = 0
        .Weight = xlHairline
    End With
    Selection.FormatConditions(1).StopIfTrue = False


End Sub
```

❶ Dim 조건수식 As String
변수 조건수식을 문자로 선언합니다.

❷ 조건수식 = "=" & ActiveCell.Cells(0, 1).Address(False, True) & "=" & ActiveCell.Address(False, True)

현재 셀 한 행 전의 열 고정 셀(ActiveCell.Cells(0, 1).Address(False))과 현재 셀(ActiveCell.Address(False))의 열 고정 셀이 같다는 수식을 조건수식 변수에 넘겨줍니다.

❸ 03번 실습 단계의 수식 =$A3=$A4을 현재 셀의 위치가 바뀌더라도 조건부 서식 규칙이 적용되도록 수식을 수정합니다. 현재 셀의 이전 행(ActiveCell.Cells(0, 1))과 현재 셀(ActiveCell)의 주소(Address())는 절대 참조이므로, 행의 고정을 해제 (False)하고, 열은 고정(true)한 다음 두 셀이 같은지(=) 비교하는 수식을 조건수식 변수에 넘겨줍니다.

바로 통 하는 TIP 코드는 '매크로_회원거래명부_CODE.txt' 파일에서 복사하여 붙여 넣을 수 있습니다.

07 [판매현황] 시트 탭을 클릭하고 [A3] 셀을 클릭합니다. [조건부서식테두리그리기] 매크로의 바로 가기 키로 소문자 't'를 입력했으므로 Ctrl + T 를 눌러 매크로를 실행합니다. 지점의 이름이 같으면 점 선 테두리가 그려집니다. 지점 셀이 다르면 기존의 굵은 테두리가 표시되므로 지점별로 구분되어 표시 됩니다.

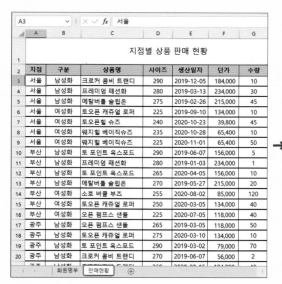 

바로 통 하는 TIP 파일을 저장할 때는 반드시 [파일 형식]을 [매크로 사용 통합 문서 (*.xlsm)]로 저장합니다.

찾아보기

찾아보기

회사통 OA 시리즈로
스펙을 업그레이드하라

OA 왕초보부터 시작해 실무에 강한 직장인이 되는 지름길!
수많은 독자가 검증한 실무 예제와 OA 실력 향상에 꼭 필요한 내용이 알차게 수록되어 있습니다.
사랑받는 한빛미디어 OA 시리즈로 차별화된 업무 능력을 쌓아보세요.

한 권으로 한번에!
엑셀+파워포인트
+워드&한글을
빠르게 익혀라!

170여 개 실무
템플릿으로
전문가의 노하우를
학습하라!

회사에서 바로 통하는
실무 엑셀+파워포인트+워드&한글
개념은 쉽게, 기능은 빠르게, 실무활용은 바로

22,000원 | 2022년 5월 | 전미진, 이화진, 신면철 지음

① 최고의 전문가가 선별한 우선순위 핵심기능으로 배운다!
② 500여 개의 실무 예제로 업무에 막힘없이 적용한다!
③ 실무 오피스 프로그램을 한 권으로 단숨에 마스터한다!

실무에 꼭 필요한 엑셀, 파워포인트, 워드, 한글을 한 권으로 쉽고 빠르게 학습한다. 실무에서 가장 많이 쓰는 우선순위 핵심기능을 선별해 당장 필요한 기능부터 익히면서 실무에 바로 적용할 수 있도록 구성했다. 500여 개 실무 템플릿 예제로 오피스 프로그램의 기초부터 실무활용 능력까지 단숨에 마스터할 수 있다.

회사에서 바로 통하는
실무 엑셀
모든 버전 사용 가능

19,800원 | 2019년 3월 | 한은숙 지음

① 170여 개의 기능을 실무 예제로 쉽게 배운다!
② 엑셀에 꼭 필요한 기능만 담아 빠르게 배운다!
③ 실무활용으로 전문가의 노하우를 빠르게 습득한다!

업무에 당장 써먹을 수 있는 최적화된 실무 예제로 엑셀의 기능을 쉽고 빠르게 학습하면서 동시에 실무활용 능력까지 업그레이드할 수 있도록 구성했다. 엑셀에서 데이터를 입력, 편집하는 방법 및 수식과 서식을 활용하여 문서를 작성하는 방법, 엑셀 기본 함수와 실무 함수의 활용 방법을 익힌다.